全国财政职业教育教学指导委员会审定

全国高职高专院校旅游与酒店管理专业规划教材

前厅客房服务与管理实训教程

费 寅 主编

李秀梅 副主编

中国财政经济出版社

图书在版编目（CIP）数据

前厅客房服务与管理实训教程/费寅主编．—北京：中国财政经济出版社，2008.2
全国高职高专院校旅游与酒店管理专业规划教材
ISBN 978-7-5095-0450-5

Ⅰ．前…　Ⅱ．费…　Ⅲ．①饭店-商业服务-高等学校：技术学校-教材②饭店-商业管理-高等学校：技术学校-教材　Ⅳ．F719.2

中国版本图书馆 CIP 数据核字（2008）第 010990 号

中国财政经济出版社 出版
URL：http：//www.cfeph.cn
E-mail：cfeph @ cfeph.cn

社址：北京市海淀区阜成路甲 28 号　邮政编码：100036
发行处电话：88190406　财经书店电话：64033436
北京富生印刷厂印刷　各地新华书店经销
787×1092 毫米　16 开　16 印张　290 000 字
2008 年 2 月第 1 版　2008 年 2 月北京第 1 次印刷
印数：1—3060　　定价：25.00 元
ISBN 978-7-5095-0450-5/F·0375
（图书出现印装问题，本社负责调换）

编委会名单

总 序

旅游业是一个全球性的朝阳产业。随着社会的发展，它已成为全球经济中发展势头最强劲和规模最大的产业之一。据世界旅游组织2007年初发表的年度报告统计，2006年世界各国和地区入境旅游人数达8.42亿人次，创历史最高纪录。时至今日，旅游业在经济发展中的产业地位、经济作用逐步增强，旅游业对经济的拉动性、社会就业的带动力以及对文化与环境的促进作用日益显现。

旅游业也是中国经济发展的支柱性产业之一。2005年我国旅游业保持了较快增长，入境旅游人数12 029.23万人次，实现国际旅游外汇收入292.96亿美元，分别比上年同期增长10.3%和13.8%。国内旅游人数12.12亿人次，收入5 286亿元人民币，分别比上年增长10%和12.2%；中国公民出境人数达到3 102.63万人次，比上年增长7.5%；旅游业总收入7 686亿元人民币，比上年增长12.4%，占国内生产总值比重的4.2%。

未来10年间，我国旅游业将保持年均10.4%的增长速度，其中个人旅游消费将以年均9.8%的速度增长，企业、政府旅游的年均增长速度将达到10.9%。到2010年，我国旅游总收入占GDP的比重将达到8%。到2020年，中国将成为世界第一大旅游目的地国和第四大客源输出国。快速发展的旅游业需要有一支专业素质高、数量足的从业人才队伍给予支撑。2005年全国旅游院校的在校生人数56.6万人，其中高等院校的在校生人数为30.8万人，中等职业学校的在校生人数为25.8万人。高等职业技术院校以为生产、建设、管理、服务第一线培养高技能专门人才为己任，因而在办学上，旅游与酒店管理专业应当贴近旅游行业，努力培养一大批适应旅游产业发展需要的高技能专门人才。

为了满足职业院校适应旅游产业发展、培养高技能专门人才对旅游教育教材的迫切需要，中国财政经济出版社精心组织、策划，汇集了全国旅游人才培养第一线、有代表性的高职院校的专家、学者，组织编写了一套旅游与酒店管理专业系列教材。本套教材在课程的选择上，涵盖了旅游管理、酒店管理和导游三个专业的基础理论课和基本技能课，还兼顾了国家旅游从业资格证考试内容，具有较完整的体系和较强的操作性、实用性。

本套旅游与酒店管理专业系列教材的主要特色如下：

1. 在体例上改变了传统教材固定的结构体系，每一章都由一系列的学习目标、关键概念和案例导读开始，向读者简要概括和提示本章的结构及关键知识，由案例及思考导入新课。每一章都穿插有图表、资料，章后还并附有小结和思考与练习，使全文尽可能易于理解且生动有趣，便于老师由浅入深地引入教学内容，也易于激发学生的学习兴趣。

2. 在内容的选取上，力求满足旅游产业活动的基本要求，确保科学性、实用性及一定的前瞻性，使三者达到有机的统一；在职业能力的培养上，注重实践性内容的教学编排，并为实践操作性强的课程专门编写了实训教材。力求技能培养实用与理论够用的有机统一，确保本专业核心能力培养目标的实现。

3. 为了使学生毕业就能就业、就业就能顶岗，各教材的章后思考与练习的设计更加注重分析问题能力和操作能力的培养；尤其是各实训教材的编写更加注重企业流程各环节的实际操作和各种问题及突发事件的处理，为学生就业提供了很好的岗前培训。

4. 为了给学生考取旅游与酒店管理专业各种职业资格证书提供帮助，相关教材专门配备了相关的题库及参考答案，供教师使用和学生练习。

5. 为了便于授课教师运用多媒体进行教学，每门课程均精心制作了电子教案（授课文件）。

同时，对于那些正致力于形成自己的专业能力和独立的专业见解的学生来说，书中所提到的参考书和网站为其提供了大量的资料，他们可以依靠这些资料拓展自己的学习空间。

本套教材可作为高等职业院校、高等专科院校、成人高等院校旅游专业学生学习用书，也可供五年制高职院校、中等职业技术学校及其他需要了解旅游产业的有关人员使用，还可作为政府旅游管理部门和科研机构、旅游学校、旅游培训机构以及有志于从事旅游行业的人员的参考资料 。

由于水平所限，书中难免有疏漏之处，敬请广大读者批评指正。

旅游与酒店管理专业教材
编审委员会
2007 年 7 月

编写说明

本书是全国高职高专院校旅游与酒店管理专业规划教材的配套实训教材，是为高职高专院校的旅游与酒店管理专业及相关专业开设前厅客房服务与管理课程而编写的。

酒店业作为旅游业的重要组成部分，行业特点非常突出；高新技术的发展、劳动岗位的复合、消费变动的频繁，又使得其发展具有极大的动态性，要求从业人员必须具备动态适应能力。教育部《高等学校教学质量和教学改革工程》、《关于加强高职高专教育人才培养工作的若干意见》以及《关于开展高职高专教学改革试点工作的意见》的有关精神，要求学生不仅要具备系统的理论知识，而且需要具有较强的实践能力和职业素养。

《前厅客房服务与管理实训教程》（以下简称《教程》）和《前厅客房服务与管理》是一门课程的两个组成部分，前者是实操部分，后者是理论部分。《教程》适用于以普高生及三类生为生源的三年制、二年制酒店管理及相近专业的高职生和大专生，也可以供酒店管理和旅游专业的五年一贯制学生以及夜大学和函授大学专科学生使用。本书的最大特色是：第一，可操作性强。在编写中坚持“用什么，编什么”的原则。理论知识言简意赅，以够用为度，在实操环节中，条理清晰，操作规范，重在学生服务技能的培养。第二，内容简洁。本教材文字简练且生动，书中没有过多文字描述，主要运用各种流程表，说明技能操作的步骤及服务质量标准，并且针对重要技能拍摄技术分解动作图片，使学员能模仿训练。第三，紧扣职业技能鉴定。本教材紧紧围绕国家职业技能鉴定的内容和要求，着眼于技能操作，突出针对性、实用性。

本教材由无锡商业职业技术学院费寅老师担任主编，并负责全书的大纲制订和统稿工作，山东省贸易职工大学李秀梅老师任副主编。编写分工如下：费寅老师（第五、六、八单元），李秀梅老师（第二、三、四单元），无锡商业职业技术学院梅玲玲老师（第七单元），无锡商业职业技术学院张蕾老师（第一单元）。

本教材所有图片都是由无锡商业职业技术学院费寅、王丽、张蕾等老师负责组织、设计和拍摄。图片场景均由无锡商业职业技术学院旅游管理系实验实训中心提供。本教材的出版还得到中国财政经济出版社编辑以及无锡邮政局马玲女士等大力支持与帮助，在此深表谢意。本教材还参考了相关著述和文献，在此向这些著述和文献的作者一并表示感谢！

由于编写时间仓促，书中不当之处，敬请读者不吝赐教。

编　者

2008年1月

目 录

前 厅 篇

客 房 篇

前厅篇

第一单元

前　厅　礼　仪

实训课题　迎送礼仪

实训项目一	迎送服务礼仪
实训目的	通过模拟演示及训练，掌握店外的接送程序、店门的迎送程序。
实训学时	实训授课1学时，共计45分钟。其中，教师示范10分钟，学员分组练习30分钟，考评5分钟。
实训要求	掌握接站、送站的礼仪规范；掌握店门的迎送礼仪。
实训方法	教师示范、分组练习、考评测试。

知识链接

一、陪车礼仪

客人抵达后，从机场到住地，以及访问结束由住地到机场，有时安排主人陪同乘车，也有不陪同乘车的。

二、陪车的坐法

1. 如果主人陪车，应该请客人坐在主人的右侧。

2. 有司机的时候，后排右位为第一。

3. 主人开车时，司机旁边为第一位置。

4. 如果有翻译，三排座的轿车，译员坐在主人前面的座上；二排座的轿车，译员坐在司机旁边。

5. 陪同客人时，通常陪同人位于客人的左侧。

6. 车内的座席，面向车前方最右边为上席。但在陪同人员充当驾驶员时，司机旁的助手席为上席（这样安排是对陪同人尊敬，不把陪同看做司机）。

7. 上车时，最好客人从右侧门上车，主人从左侧门上车，避免从客人座前穿过。遇客人先上车，坐到了主人的位置上，则也不必请客人挪动位置。

操作流程

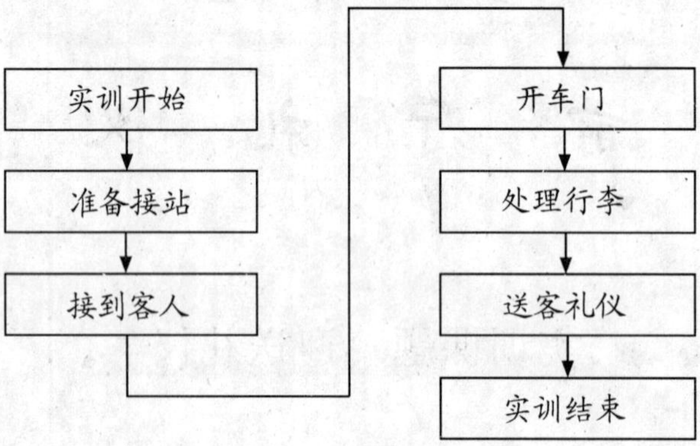

操作规范

操作项目	主要操作内容	注意要点
一、准备接站	1. 掌握抵达时间，在班机、火车、轮船到达前15分钟赶到。 2. 事先制作接机、接站标志牌。标志牌应制作规范，符合饭店的形象设计。 3. 提前到达指定地点迎候客人，平稳举拿标志牌，抬头挺胸，站姿端正，微笑着目视出站口。 4. 服饰要求，应考虑不同国别客人所能接受的服饰颜色的习惯。	1. 抵达时间如有变化，应及时通知。 2. 迎接贵宾可事先安排贵宾休息室，准备饮料和一些最新报纸、杂志。 3. 接站车辆的规格应符合客人事先的要求。
二、接到客人	1. 见到客人主动问候，正确称呼客人的姓名或职务，得体地进行自我介绍。 2. 派人代替办理相关手续和提取行李。 3. 为客人提拿行李时，轻拿轻放，保证完好。 4. 为客人引路时，与客人保持适当的距离，根据客人的性别、职位、路况和环境等因素，选择合适的站位和走位。	1. 接站车辆应按照交通法规的规定合理停放，停靠位置应方便客人上车。 2. 尊重客人的意愿提供行李服务。
三、开车门	1. 载客车辆到店，应接员应迅速走向车辆，微笑着为客人打开车门，向客人表示欢迎。 2. 来酒店的车辆停在正门时，必须上前开启车门，迎接客人下车，先开启右车门，用右手挡住车门的上方，提醒客人不要碰头。	1. 牢记常来本店客人的车牌号和颜色，以便提供快捷、周到的服务。 2. 逢雨天要为到店客人打伞。

续表

操作项目	主要操作内容	注意要点
四、处理行李	1. 遇到车上装有行李，应立即招呼门口的行李员为客人搬运行李，协助行李员装卸行李。 2. 如暂时没有行李员，应主动帮助客人将行李卸下车，并携行李引导客人至接待处办理登记手续，行李放好后，即向客人交接及解释。	注意有无遗漏的行李物品。
五、送客礼仪	1. 保证客人的行李准确完好。 2. 根据客人的走向随时调整站位，微笑着注视客人，祝客人一路平安。 3. 客人走出视线后再转身离开。	1. 送站车辆应按照交通法规的规定合理停放，停靠位置应方便客人下车。 2. 等车船开远之后，才能够离开。

能力测试

【场景一】 一天，酒店的几位工作人员到机场为一位重要的客人送行。客人的飞机刚刚启动发动机，参加送行的人员便自行散开返回。这种欢送方法是否正确？请根据此场景进行模拟训练，并纠正其做法。

【场景二】 在一个秋高气爽的日子里，迎宾员小贺着一身剪裁得体的新制服，第一次独立地走上了迎宾员的岗位。一辆白色高级轿车向饭店驶来，司机熟练而准确地将车停靠在饭店豪华大转门的雨棚下。小贺看到后排坐着两位男士，前排副驾驶座上坐着一位身材较高的外国女宾。小贺一步上前，以优雅姿态和职业性动作，先为后排客人打开车门，做好护顶姿势，并目视客人，礼貌亲切地问候，动作麻利而规范、一气呵成。

关好车门后，小贺迅速走向前门，准备以同样的礼仪迎接那位女宾下车，但那位女宾满脸不悦，使小贺茫然不知所措。

通常后排座为上座，一般凡有身份者皆在此就座。优先为重要客人提供服务是饭店服务程序的常规，这位女宾为什么不悦？小贺错在哪里？请演示正确的做法。

考考你

1. 如果派你去车站接你不认识的客人，你将做哪些准备工作？
2. 迎接初次入住的客人时，采取哪些措施可以增加其亲切感？
3. 安排迎送有哪些注意事项？

实训项目二	进店服务礼仪
实训目的	通过模拟演示及训练，掌握店门的迎接程序、客人抵店的各项服务。

续表

实训学时	实训授课 1 学时，共计 45 分钟。其中，教师示范 10 分钟，学员分组练习 30 分钟，考评 5 分钟。
实训要求	掌握客人进店时的迎接程序；掌握客人进店时的各项陪同服务。
实训方法	教师示范、分组练习、考评测试。

知识链接

酒店行礼

1. 15°的行礼：表示示意，用于迎接宾客、接受命令，站立时大腿不会感到疼痛。
2. 30°的行礼：表示敬礼，含有感谢，经常是客人将要离开时所用。
3. 45°的行礼：是最高的行礼，不经常见，因其含有非常抱歉的谢罪含义。
4. 低头行礼无论是哪种，都不需要弯动脖子，而是脊背笔直地弯腰。

操作流程

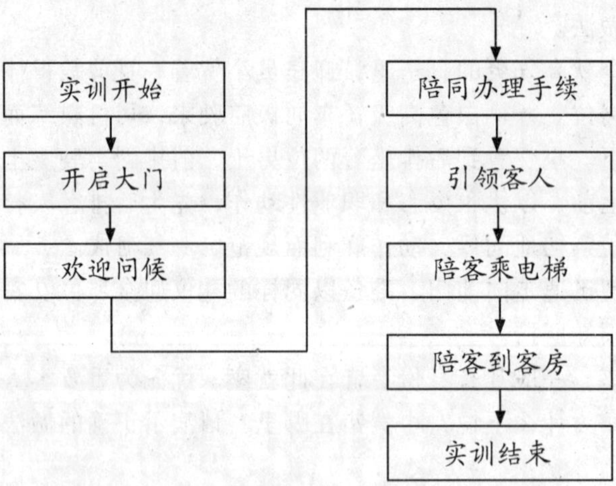

操作规范

操作项目	主要操作内容	注意要点
一、开启大门	1. 客人进店时，为客人开启大门。 2. 面带笑容，热情而友好地致欢迎词，并配以 15°的鞠躬礼。	服装整洁，精神饱满。
二、欢迎问候	1. 笑脸相迎，按先主宾后随员、先女宾后男宾的顺序欢迎问候。 2. 重要客人或团队到达时，组织服务员列队欢迎，鼓掌，必要时总经理和有关领导出面迎接。	接待团队时，应连续点头致意，行鞠躬礼，不厌其烦反复多次问候，关注每一位客人。

续表

操作项目	主要操作内容	注意要点
三、陪同办理手续	陪同客人到总服务台办理手续，侍立在宾客身后两三步处等候，以便随时接受宾客的吩咐。	
四、引领客人	1. 引领客人时，走在客人的左前方一两步处，伴随客人的步子。 2. 遇转弯，要微笑面向客人示意。	如引领的客人较少，可向客人简要介绍饭店服务概况。
五、陪宾客乘电梯	1. 同宾客乘电梯时，按住电钮，用手势请客人先入电梯。 2. 到达时，示意宾客先出。	对行动不方便的客人主动携扶入电梯。
六、陪宾客到客房	陪宾客到客房后，将行李放在行李柜上，并当面向客人交待清楚，微笑告别，面对客人，后退一二步再转身退出房间，将房门轻轻拉上。	

现场直播

开门问候

陪同登记

引领客人

乘坐电梯

能力测试

【场景一】 一个会议团队入住某家酒店。大堂副理正在大堂巡视，看到一位老先生拿着房卡走向安全楼梯，大堂副理很纳闷，为什么他不乘坐电梯呢？于是马上赶过去询问。这才了解到，这位老先生患有心脏病，不能乘坐电梯，但是他的房间在11楼。大堂副理得知这一情况应该如何处理？请设置场景，进行模拟训练。

【场景二】 日本人讲礼貌，行鞠躬礼司空见惯。一天，一位留学生来到日航大阪饭店的前厅。正值旅游旺季，大厅里宾客进进出出，络绎不绝。一位手提皮箱的客人走进大厅，行李员立即微笑地迎上前去，鞠躬问候，并跟在客人身后问客人是否要帮助提皮箱。这位客人也许有急事，嘴里说了声："不用，谢谢。"头也没回径直朝电梯走去，那位行李员朝着那匆匆离去的背影深深地鞠了一躬，嘴里还不断地说："欢迎，欢迎！"这位留学生看到这情景困惑不解，便问身旁的日本经理："当面给客人鞠躬是为了礼貌服务，可那位行李员朝客人的后背深鞠躬又是为什么呢？""既是为了这位客人，也是为了其他客人。"经理说，"如果此时那位客人突然回头，他会对我们的热情欢迎留下印象。同时，这也是给大堂里的其他客人看的，他们会想，当我转过身去，饭店的员工肯定对我一样礼貌。"请模拟场景进行训练，并分析经理和行李员的服务理念。

考考你

1. 酒店是一个服务性行业，服务的对象是不同地区、不同民族、不同个性的宾客，不同的宾客对同一事物可能会有完全不同的看法，而酒店业服务人员却要照顾所有到酒店来的顾客，让所有的宾客都感到满意。你认为，理想的酒店人员服务形象应该是怎样的？

2. 引领客人行走时有哪些要领？

3. 思考前厅服务员的礼仪规范形成的原因及为酒店经营和管理带来的利弊。

实训项目三	离店服务礼仪
实训目的	通过模拟演示及训练，掌握客人离店时的行李服务程序、店门的送别程序。
实训学时	实训授课1学时，共计45分钟。其中，教师示范10分钟，学员分组练习30分钟，考评5分钟。
实训要求	掌握如何为离店客人准备行李；掌握送别客人的礼仪规范。
实训方法	教师示范、分组练习、考评测试。

知识链接

客人离店时礼仪知识

1. 送客。客人离店，负责离店的门卫应主动上前向客人打招呼并代客人叫车。待车停稳后，替客人打开车门，请客人上车；如客人有行李，应主动帮客人将行李放上车，并与客人核实行李件数。待客人坐好后，为客人关上车门，但不可用力过猛，不可夹住客人手脚。车辆即将开动，门卫躬身立正，站在车的斜前方一米远的位置，上身前倾 15°，双眼注视客人，举手致意，微笑道别，说："再见"、"一路平安"、"一路顺风"、"谢谢您的光临"、"欢迎您再来"、"祝您旅途愉快!" 等道别语。

2. 送团队。当团队客人、大型会议、宴会的与会者集中抵达或离开时，要提高工作效率，尽量减少客人的等候时间。对重点客人车辆抵达或离店要先行安排，重点照顾。

3. 特殊情况。当候车人多而无车时，应有礼貌地请客人按先后次序排队乘车。载客车多而人少时，应按汽车到达的先后顺序安排客人乘车。

操作流程

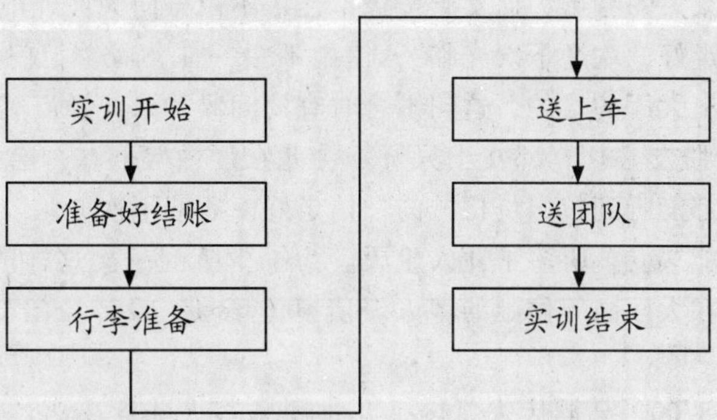

操作规范

操作项目	主要操作内容	注意要点
一、准备好结账	及时准备做好客人离店前的结账，包括核对小酒吧饮料使用情况等。	切不可在客人离开后，再赶上前去要求客人补"漏账"。
二、行李准备	1. 行李员接到要上楼层去房间搬运行李的通知时，进房前，无论关门与否，均要按门铃或用手指节敲门通报。 2. 问清宾客行李件数后，小心提携并负责安全运送到车上。 3. 放好行李后，要向宾客作好交待，躬身施礼，感谢宾客光顾和致告别语。	
三、送上车	1. 负责离店的门卫主动上前向客人打招呼，并代为客人叫车。 2. 待车停稳后，替客人打开车门，请客人上车，待客人坐好后，为客人关上车门。	1. 关车门时不可用力过猛，不可夹住客人手脚。 2. 当候车人多而无车时，

续表

操作项目	主要操作内容	注意要点
三、送上车	3. 主动帮客人将行李放上车，并与客人核实行李件数。 4. 车辆即将开动时，躬身立正，站在车的斜前方一米远的位置，上身前倾 15°，双眼注视客人，举手致意，微笑道别，说："再见"、"一路平安"、"一路顺风"、"谢谢您的光临"、"欢迎您再来"、"祝您旅途愉快！"等道别语。	应有礼貌地请客人按先后次序排队乘车；载客的车多而人少时，应按汽车到达的先后顺序安排客人乘车。
四、送团队	1. 团队客人、大型会议、宴会的与会者集中抵达或离开时，尽量减少客人的等候时间。 2. 对重点客人车辆抵达或离店要先行安排，重点照顾。	要提高工作效率。

能力测试

【场景一】 S大酒店是一座按四星级标准设计兴建的商务型饭店，邱女士某天上午进店，入住不久接到老朋友陈太太打来的电话，说马上来酒店探望她。邱女士放下电话想着就要见到阔别多年的老朋友，显得有些激动，匆忙更衣，直奔大堂，等候陈太太的光临。10分钟过去了，未见陈太太的身影，邱女士按捺不住，不由得向大厅外雨棚下走去，拉门员适时而礼貌的一句"请走好，欢迎下次光临"，使她不由一怔，看着拉门员微笑的表情，她明白接门员误解了她走出大厅的目的，这句不合时宜的问候并未使她反感。正值深秋时节，雨棚下不能久停，由于盼友心切，邱女士只好一会儿在厅内等候，一会儿又到厅外盼迎。这样往返多次，而每次都能听到拉门员机械的"请走好，欢迎下次光临"的问候。这语不达意的"礼貌"听一次尚能接受，听多了让人生厌。为了少听到一次这样的"问候"，邱女士只好收住脚步，耐心地在大厅内等候她的客人。请模仿场景，设计拉门员应采取的正确做法，并进行训练。

【场景二】 早上8:00，某酒店大堂内，几批团队客人陆续离店，酒店大堂角落处同时堆了4堆行李，其中3堆都加了行李网，有一堆是日本团的行李，因马上就要装车就没有加网罩。离日本团一米处的是加了行李网的美国团的行李，行李员小陈和小张根据日本团领队的意思将该团的行李装车，并清点数目后，请领队签字。领队因为正忙着其他结账事宜，未仔细核对就在"行李运送纪录"上匆匆签了字。10分钟后，美国团也要结账离店。小陈和小张将网掀掉后将行李装车，共30件，与进店时的行李相符，请领队签字。可是领队却说他的团进店的时候是30件，但是刚才有一名客人又放了一个行李在行李堆中，所以行李件数应该是31件。小陈和小张又清点了一遍，还是30件，而且行李运到大厅的时候已经加了行李网，也没有见别人动过，因此这堆行李的件数应该不会错的。领队急忙叫刚才少了一件行李的客人来询问。客人说确实把行李放到本团的行李堆旁边了。小张又问客人有没有放到网罩内，客人说没有。小陈与小张马上明白了，客人的这一件行李一定是被误装到日本团的行李中去了。对此情况，小陈和小张应采取什么补救措施？请根据场景进行设计，并模拟练习。

考考你

1. 当客人离开酒店的时候，行李员如何为客人服务？
2. 送客离开时，行李员应有何种礼仪？
3. 酒店中的任何一名服务员遇到客人离店，应如何表达恭送礼？

实训课题　接待问讯礼仪

实训项目一	接待住宿礼仪
实训目的	通过模拟演示及训练，掌握为客人办理住宿登记的礼仪规范和要求。
实训学时	实训授课 1 学时，共计 45 分钟。其中，教师示范 10 分钟，学员分组练习 30 分钟，考评 5 分钟。
实训要求	掌握登记入住时的各项礼仪要求。
实训方法	教师示范、分组练习、考评测试。

知识链接

一、住宿登记表

住宿登记表（Registration Form）一般一式两联，一联留酒店前台收银处保存，一联交公安部门备案。

二、住宿登记表的作用

1. 房号：便于查找、识别住店客人及建立客账，保障客人安全。

2. 房价：是结账、预测客房收入的重要依据。

3. 抵离店日期、时间：正确记录客人抵离店日期、时间，对结账及提供邮件查询服务是非常必要的，因此，客人办理完入住手续后，接待员应按规定在登记表的一端，用时间戳打上客人的入住时间。

4. 通讯地址：掌握客人准确的通讯地址，有助于客人离店的账务及遗留物品的处理，还有助于向客人提供离店后的邮件服务及便于向客人邮寄促销品等。

5. 接待员签名：可以加强员工的工作责任心，是酒店质量控制的措施之一。

6. 住宿登记表是有关客人最基本、最原始的资料，一般都要求客人用正楷字填写，尤其是客人的姓名必须填写清楚，易于辨认。

操作流程

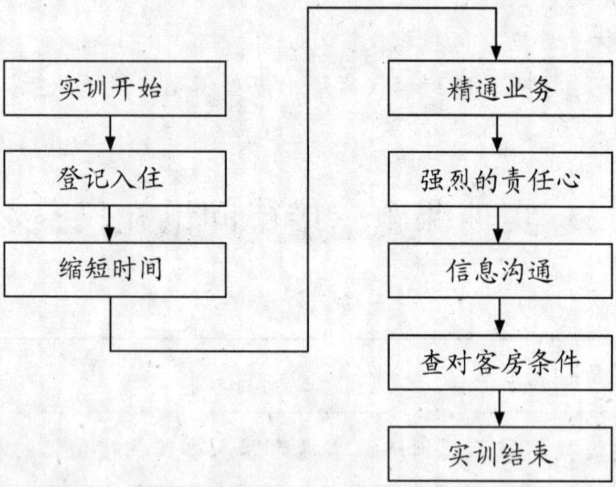

操作规范

操作项目	主要操作内容	注意要点
一、登记入住	客人一抵店就迅速为其办理住房登记手续，保证总服务台经营高效率，使客人满意。	登记表设计必须简单、科学、合理化。
二、缩短时间	总服务台要与客房部多联系、多协调，保证快速敏捷地为客人分配房间，避免部门之间沟通不完善，导致客人登记住房所花时间太长。	总服务台员工要迅速为客人办理下榻登记，分配房间，所用时间限制在2分钟以内。
三、精通业务	1. 应该知道如何操作电话总机室的设备及电脑。 2. 除本职工作以外，也必须对于一些突发情况，即客人的特殊要求作出反应，提供协助和服务。	如有可疑人物及不正常的事件，必须及时向主管汇报。
四、强烈的责任心	有强烈的责任心，员工每次上班后，核实分房、客人抵达情况和结账情况，看看是否一切无误、完全正常。	
五、信息沟通	1. 在入住登记、控制信息沟通中，客房部的人员必须及时地将可出租的房间通知总台，总台员工可将客房租给客人。 2. 迅速更新有关客人迁出和换房的信息，保持客房和客人住房情况的最新记录。 3. 查验客房房态与实际客房之间有关客人住宿情况的准确性，以便纠正住店客人账单上的差错。	保证出租所有可供出租的客房。
六、查对客房条件	总服务台必须确定并查对客人所下榻的客房条件是否符合客人所需。	如房间的类别、等级、价格等。

能力测试

【场景一】 某教授赴某地讲学，下榻一家开张不久的饭店。当时陪他进店的有当地一位分管酒店业的领导。在大堂总台接待处，很快就办理好了入店手续。当地领导临时有急事，暂时离去。教授来到所住楼层服务台。服务员事先得到通知，将有一位饭店管理专家入住，但面对教授仍然照章办事，收取了教授客房钥匙的押金。教授感到有些意外，但依然从命。教授进客房正欲坐下休息，服务员又敲门进来说请教授到服务台填写登记表。教授回答说一会儿下楼时会补登记的，服务小姐不肯离去。教授不得不再次强调："我洗过脸后，会去登记的。"请分析此场景，如果你是服务员，请设计出你的服务方法。

【场景二】 一位客人来到总台，在办理入住手续时向服务员提出房价打七折的要求。按酒店规定，只向住房六次以上的常住客提供七折优惠。这位客人声称自己也曾多次住店，服务员马上在电脑上查找核对，结果没有发现这位先生的名字，当服务员把调查结果当众道出时，这位先生顿时恼怒起来。此时正值总台入住登记高峰期，由于他的恼怒、叫喊，引来了许多不明事由好奇的目光。作为工作人员，你认为应该怎样处理类似的事情？请根据场景进行设计，并模拟训练。

考考你

1. 客人入住登记押金不够，称晚上朋友带钱来补交，可以让他入住吗？你该怎样处理？
2. 客人登记入住时房间尚未打扫完毕，他表示可先入住再打扫，怎么办？
3. 如何缩短入住登记的时间，作到快捷、准确，使客人满意？

实训项目二	接待问讯礼仪
实训目的	通过模拟演示及训练，掌握接待客人问讯时的服务技巧，尽可能地满足客人的需求。
实训学时	实训授课1学时，共计45分钟。其中，教师示范10分钟，学员分组练习30分钟，考评5分钟。
实训要求	掌握回答客人问讯时的礼仪规范；掌握当对客人提问不能解答时的礼仪要求；根据客人的问讯，掌握客人便于为其提供个性化服务的详细资料。
实训方法	教师示范、分组练习、考评测试。

知识链接

一、客史档案

建立客史档案是酒店了解客人、掌握客人的需求特点，从而为客人提供针对性服务的重要途径。对于力图搞好市场营销、千方百计使自己的一切活动都针对每个客人个性的酒店经理和工作人员来说，客史档案是一个珍贵的工具。建立客史档案对提高酒店服务质量、改善酒店经营管理水平具有重要意义。

二、档案内容

1. 常规档案。包括客人姓名、性别、年龄、出生日期、婚姻状况以及通讯地址、电话号码、公司名称、头衔等。搜集这些资料有助于了解目标市场的基本情况，了解“谁是我们的客人”。

2. 预订档案。包括客人的订房方式，介绍人，订房的季节、月份和日期以及订房的类型等。掌握这些资料有助于酒店选择销售渠道，做好促销工作。

3. 消费档案。包括包价类别，客人租用的房间，支付的房价、餐费以及在商品、娱乐等其他项目上的消费；客人的信用、账号；喜欢何种房间和酒店的哪些设施等，从而了解客人的消费水平、支付能力以及消费倾向、信用情况等。

4. 习俗、爱好档案。这是客史档案中最重要的内容，包括客人旅行的目的、爱好、生活习惯、宗教信仰和禁忌、住店期间要求的额外服务。了解这些资料有助于为客人提供有针对性的个性化服务。

5. 反馈意见档案。包括客人住店期间的意见、建议、表扬和赞誉、投诉及处理结果等。

操作流程

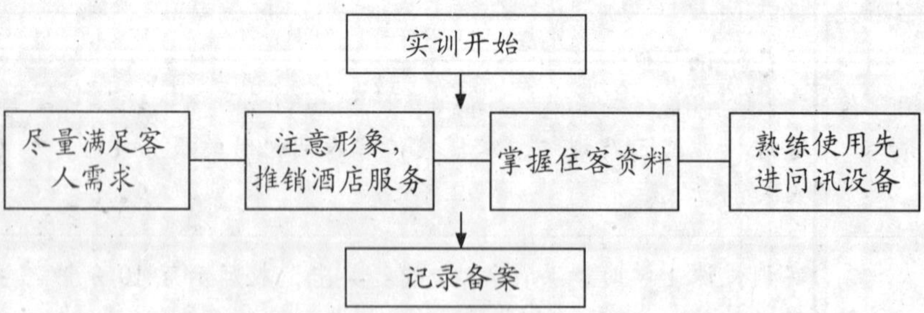

操作规范

操作项目	主要操作内容	注意要点
一、尽量满足客人需求	1. 问询处必须是酒店主要的信息源，必须为客人提供关于酒店设施及服务项目的准确信息。 2. 有关酒店所在地的各种资料和重要活动，也都是客人询问的内容。	问询处能提供的信息越多，便越能够满足客人的需求。

续表

操作项目	主要操作内容	注意要点
二、注意形象，推销酒店服务	1. 努力推销酒店的设施和服务。 2. 应熟练掌握店内各设施的位置、服务项目和营业时间，以提高工作效率。	问询处的酒店员工必须对酒店的形象负责。
三、掌握住客资料	通过住店客人名单和问询来掌握住店客人的资料。	住店客人的名单可以按姓名的字母顺序排列。
四、熟练使用先进问询设备	1. 会使用问询架。 2. 会操作电脑，提高工作效率。	随时准备提供客人的确切情况。

能力测试

【场景一】 北京某饭店的一位问讯员每天都要接到若干问讯电话。一次接到驻外地的一位外商打来的长途电话，询问他夫人所住该饭店的房间号，说有急事要找。问讯员几经翻阅登记簿，未有其人，便如实相告。不料这位外商竟然用不怎么熟练的中国话骂了起来。在这种情况下，问讯员应采取什么应对态度？应如何处理？请设置场景，进行模拟训练。

【场景二】 一天，住酒店的外地客人张先生询问服务员小赵："请问石人山风景区怎么走？"小赵抱歉地笑了笑说："对不起，先生，我不知道。"张先生扫兴地摇了摇头。请设置场景，完善小赵的做法，进行模拟训练。

考考你

1. 访客要求告之保密房客或重要客人的房号，怎么办？
2. 总台电话是内外联系的主要枢纽，话务员必须讲究哪些礼仪？
3. 需婉拒的口信和留言有哪些？

实训项目三	离店结账礼仪
实训目的	通过模拟演示及训练，掌握结账工作人员的礼仪规范。
实训学时	实训授课 1 学时，共计 45 分钟。其中，教师示范 10 分钟，学员分组练习 30 分钟，考评 5 分钟。
实训要求	掌握结账员基本的仪表、服务态度、服务技能；掌握结账时出现差错的处理方式。
实训方法	教师示范、分组练习、考评测试。

知识链接

结账员的礼仪规范

1. 服饰整洁，仪容端庄，微笑站立，恭候客人。
2. 客人来结账时，笑脸相迎，热情问候，提供快速准确的服务。
3. 住店日期当场核对，收款项目当面说清。
4. 如客人提出一些饭店无法接受的要求，婉转地予以解释。
5. 客人较多时，礼貌示意客人等候。
6. 结账完毕，向客人道别。
7. 忙闲不等，坚守岗位。

操作流程

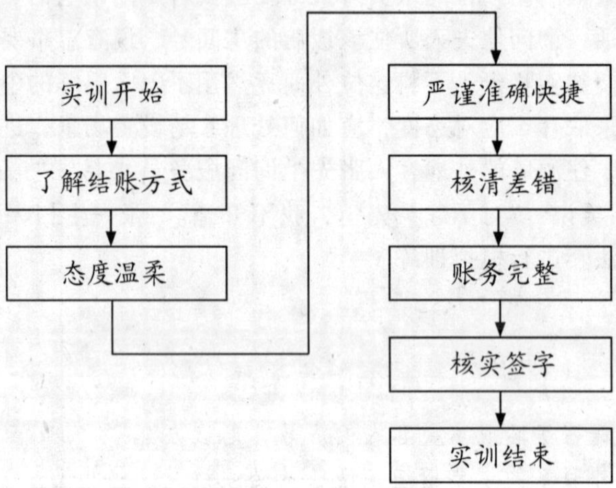

操作规范

操作项目	主要操作内容	注意要点
一、了解结账方式	1. 总服务台员工在客人登记入住时，必须正确了解客人选择的结账方式。 2. 客人选择现金结账，要求客人在入住时一次付齐。 3. 客人要求转账结算，要确认事先已经批准的转账地址以及转账安排。 4. 掌握酒店允许使用的一些信用卡每天支付酒店消费的最大限额。	1. 一般不给付现金的客人赊账权。 2. 在接受转账付款要求时要特别谨慎。
二、态度温柔	时时保持冷静、自信，同时态度要温柔、和蔼可亲，不论客人表现如何或态度令人难以忍受，酒店员工都要和蔼、亲切地为客人提供服务。	

续表

操作项目	主要操作内容	注意要点
三、严谨、准确、快捷	1. 应双手收回钥匙牌后迅速通知楼层服务员客人退房，热情、周到、迅速、准确地处理客人退房事宜。 2. 结账尽可能迅速快捷，尽可能方便客人，简化手续，同时又要保障酒店的利润收入。 3. 凡涉及客人费用账目的建立，有关现金、支票、信用卡、直接转账以及团队付款凭证等等复杂事宜，都要认真检查核实。	1. 涉及金钱问题，一定要精心、小心、耐心。 2. 客人的脸面、自尊心都与钱有关，要小心处理。
四、出现错误要弄清楚	1. 若在客人的房价、账单或是其他方面出现差错，要在客人离店以前审核清楚，并让客人满意付款离开酒店。 2. 如果在账单方面出现极大分歧，领班或主管就要进行调查核实，或者向客人解释酒店方面的管理制度和情况。	
五、保持账务完整	1. 检查客人是否有结账前最后一刻的留言、信件或还未入账的临时费用，如餐厅、酒吧、长途电话等临时费用，以保持账务完整。 2. 如果客人又出现其他临时费用，但这些费用账单转账到总服务台之前客人已经离开了酒店，即需要追账。	追账会损害酒店的声誉，使客人误认为酒店管理不善，应尽量避免。
六、核实签字	总服务台员工要进一步核实客人在费用记账传票上的签字与他本人的信用卡上的签字是否一致。	结账完毕，应向客人道谢告别。

能力测试

【场景一】 一位美籍华人客商在海天宾馆入住两个半月。那天，他在两位朋友的陪同下到总台结账，账台服务小姐经查核电脑资料告诉他："先生，您的支票只剩300余元了，而您手头这笔账就有400多元，请准备好现金再结账。"客商说："那就给我赊账吧。"服务员答道："先生，对不起，根据宾馆有关规定，您不能赊账。"客商大为不悦，觉得在朋友面前丢了面子，下不了台，便带着客人气冲冲地回到客房。客商马上给宾馆公关销售部打电话，将刚才在总台发生的事诉说了一遍，最后说"难道我连这点房费都付不起吗？"假设你是总台接到此电话的工作人员，请设计应对方法。

【场景二】 某日，一位在饭店长住的客人到前台出纳部支付这段时间里的用餐费用。当他看到账单上的总金额时，马上火冒三丈："你们真是乱收费，我不可能有这么多的高消费！"面对这种情况，出纳员应采取什么态度？如何应对？请模拟场景进行设计、训练。

考考你

1. 客人要结账，但是刷卡机出了故障，客人所带现金不够，又不愿意将有效的身份证件押在酒店。你将如何处理？

2. 客人结账时出示贵宾卡、要求打折，应怎么处理？

3. 楼层服务员报告：有一位客人将浴巾带走，并已走进大堂结账，怎么办？

实训项目四	递物礼仪
实训目的	通过模拟演示及训练，掌握递交和接收各种物品的礼仪要求。
实训学时	实训授课 1 学时，共计 45 分钟。其中，教师示范 10 分钟，学员分组练习 30 分钟，考评 5 分钟。
实训要求	掌握递物的礼仪规范；掌握接物的礼仪规范。
实训方法	教师示范、分组练习、考评测试。

知识链接

一、名片礼仪

名片是一个人身份、地位的象征，也是获得社会尊重的一种方式。对于酒店工作人员来说，名片是酒店的招牌，是酒店形象的缩影。

二、名片携带三不准

1. 残缺折皱的名片不准使用。把名片直接装进公文包里或装进裤兜里会导致名片折皱或残缺。名片相当于一个人的脸面，残缺折皱的名片宁可不给。

2. 不准涂改。有时候可能会更换电话号码或者地址，但不可在名片上将这些更改的内容直接涂掉重新写，不但影响个人的形象，也影响酒店形象。

3. 原则上讲，不提供私宅电话，如果关系特别好，可以口头告知，但不要写在名片上。

操作流程

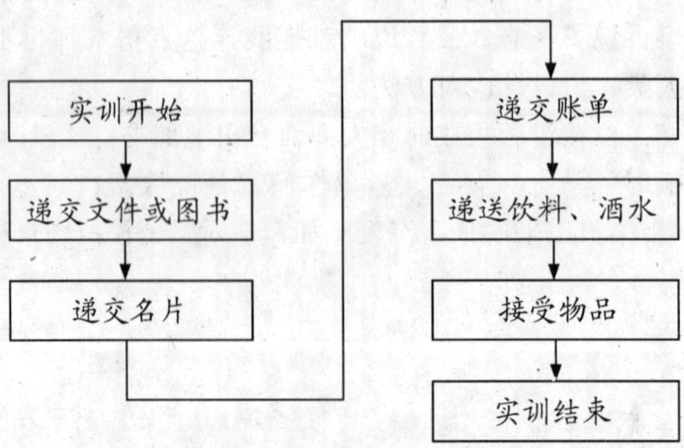

操作规范

操作项目	主要操作内容	注意要点
一、递交文件或图书杂志	应使文字正面朝着对方。	不可倒置。
二、递交名片	1. 递送名片要起身或欠身，面带微笑，正视对方。 2. 名片的正面朝着对方，用双手的拇指和食指分别捏住名片上端的两角送到对方胸前。	不要用名片盒发名片。
三、递送账单或票据	1. 上身前倾。 2. 账单文字正对着客人。 3. 若客人签单，应把笔套打开，笔尖对着自己，然后以右手递给客人。	递交笔、刀剪之类的尖利物品时，将尖头朝向自己，不要指向对方。
四、递送饮料、酒水	1. 将商标朝向客人。 2. 左手托底，右手握在距瓶口 1/3 处。	
五、接受物品	1. 将对方恭敬递过来的物品，同样恭敬地用双手去接，同时点头示意或道谢。 2. 当接受他人名片时，应当恭恭敬敬，双手捧接，然后从上向下、从正到反认真观看，以表示对赠送者的尊重，还可就名片上的某些问题当面请教。	不可接过名片后看都不看就塞入口袋，或到处乱扔。

现场直播

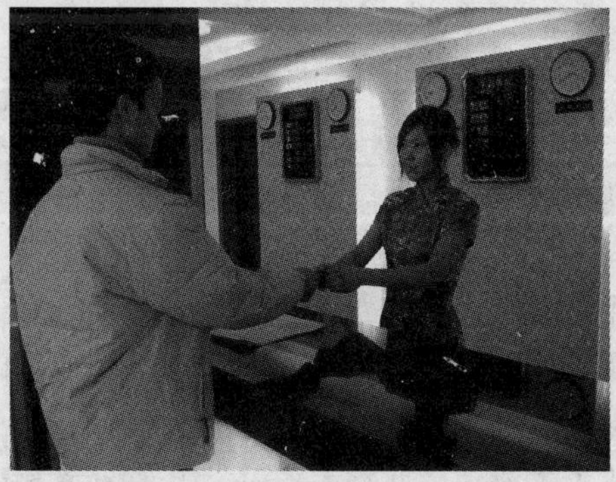

接物礼仪

递物礼仪

能力测试

【场景一】 某会务负责人赵先生至 A 酒店，打算在该酒店举行一个为期一周的大型会议，并接待来自各地的多名与会人员。与酒店经理商谈一切顺利，临别时赵先生发现对方在收拾资料准备离开时，将自己刚才递上的名片不小心掉在了地上，对方却并没发觉，走时还无意从名片上踩了过去。但这个不小心的失误，却令赵先生改变了初衷，A 酒店几乎到手的生意告吹了。模拟场景进行训练，并在模拟中纠正酒店经理的做法。

【场景二】 某酒店接待了一个来自中东地区某国家考察团。当办理入住手续的时候，服务员小王不假思索便伸出左手去接对方递过来的证件，考察团领队见此情景脸色骤变，立即带团离开了该酒店。模拟场景进行训练，并设计正确的做法。

考考你

1. 当对方递物给你的时候，刚好你的右手很脏，你将如何应对？
2. 向客人递送签字笔等带尖、带刃的物品时，笔尖应如何朝向？
3. 递送有文字的物品时，是否应将正面朝向对方？

案例解析

礼仪礼貌周

1996 年 3 月 1 日，在宁波东港大酒店员工餐厅的通道上，一位 20 来岁的姑娘肩上斜挎着一块宽宽的绸带，上面绣着：礼仪礼貌规范服务示范员。每当一位员工在此经过，示范员小姐便展露微笑问候致意。餐厅里，喇叭正在播放一位女员工朗诵的一篇描写饭店员工文明待客的散文诗。不一会儿，另一位员工在广播中畅谈自己对礼仪礼貌的认识和体会。原来，东港大酒店正在举办“礼仪礼貌周”，今天是第一天。

东港大酒店自被评为四星级饭店以后，一直处于营业的高峰期，个别员工过于劳累，原先的服务操作程序执行得有点走样，宾客中出现了一些关于服务质量的投诉。饭店领导觉察到这一细微变化后，马上进行整改，在员工中间开展“礼仪礼貌周”活动。“礼仪礼貌周”定于每月的第一周，届时在员工通道上有一位礼仪礼貌示范员迎送过往的员工，每天换一位示范员，连总经理们都轮流充当服务员，在员工中引起很大反响。为配合“礼仪礼貌周”，员工餐厅在这一周利用广播媒介，宣传以礼仪礼貌为中心的优质服务，有发言，有表演，有报道和介绍，内容生动活泼，形式丰富多彩，安排相当紧凑，员工从中获得很大启迪和教育。饭店同时在员工进出较频繁的地方张挂照片，宣传文明服务的意义，示范礼仪礼貌的举止行为，介绍礼仪礼貌方面表现突出的员工。

1996 年 5 月 1 日，又一个“礼仪礼貌周”开始了。一月一度的“礼仪礼貌周”活动在东港大酒店已成为一项雷打不动的制度，整个饭店的礼仪礼貌水平大大提高。

【评析】 礼仪礼貌是饭店服务质量的集中体现。有些饭店一味追求经济效益，在营业情况较理想之时，往往会忽视服务质量。四星级的东港大酒店就不一样，生意红火时更加注重服务质量。“礼仪礼貌周”就是在客房率和餐饮上座率居高不下的时候推出的。

每月第一周作为“礼仪礼貌周”，在饭店内开展这样的活动，有助于礼仪礼貌意识在员工头脑中牢牢扎根，通过不断的强化活动，使讲究礼仪礼貌成为员工的一种自觉行为。另一方面，饭店领导以身作则示范礼仪礼貌，这对广大员工是一股强大的鞭策力。再则，在这个活动期间，通过视觉和听觉等方面的刺激，强化礼仪礼貌意识，其效果必将胜过单纯的课堂教育或培训。

第二单元

客　房　预　订

■ 实训课题　客房预订方式

实训项目一	来店预订
实训目的	通过模拟来店预订的情景训练，了解来店预订的基础知识，掌握来店预订的受理程序，达到独立完成来店预订手续的办理。
实训学时	实训授课1学时，共计45分钟。其中，教师示范10分钟，学员分组练习30分钟，考评5分钟。
实训要求	掌握来店预订业务的受理过程；熟悉来店预订的办理程序。
实训方法	教师示范、分组练习、考评测试。

知识链接

一、来店预订

来店预订是客户亲自到酒店，与订房员面对面地洽谈订房事宜。这种订房方式能使订房员有机会详尽地了解客人的需求，并当面解答客人提出的问题，有利于推销酒店产品。

二、与客户面谈订房事宜时的原则

1. 讲究礼节礼貌，态度热情，语音、语调适当、婉转。

2. 把握客户心理，运用销售技巧，灵活地推销客房和酒店其他产品。必要时，还可向客人展示房间及酒店其他设施与服务，以供客人选择。

3. 受理此方式的订房时，应注意避免向宾客作具体房号的承诺，否则，如因情况变化而失信于宾客，会影响服务信誉。若宾客不能确定逗留的具体天数，也应设法让其说出最多和最少天数，以利于前厅排房；若宾客不能讲定具体抵达时间，在用房紧张时期，可明确提醒宾客：预订的客房保留到当天的18:00。

操作流程

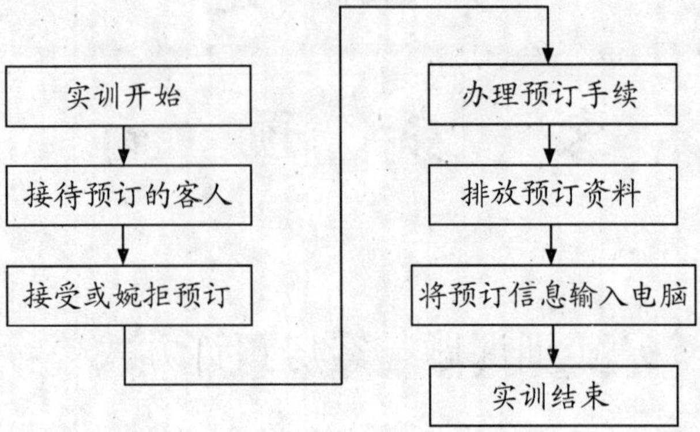

操作规范

操作步骤	主要操作内容	注意要点
一、接待问候客人	1. 热情礼貌地使用问候语：“早上好”、“下午好”、“晚上好”。 2. “请问您要预订客房吗?”	如果有其他客人，要跟客人打声招呼说声“请稍等。”“让您久等了。”
二、询问客人预订要求	1. 确认客人预订抵店日期。 例：请问您何时抵店，预住几天，同行几人。 2. 查看计算机及客房预订控制板。	确认预住日期、天数、房间种类、房间数。
三、询问客人姓名提供帮助	1. 询问客人姓名、联系方式。 例：请问住店客人姓名、电话号码。 2. 复述确认。 3. 确认是否曾住过本店，并查询客史档案。	1. 仔细查阅客史档案。 2. 准确填写预订单。
四、推销房间	1. 介绍房间种类和房价，从高价房到低价房。 例：我们酒店有豪华套房，每间每晚 400 美元；普通套房每间每晚 350 美元；标准间每间每晚 200 美元。 2. 询问客人公司名称。 3. 查询计算机，确认是否属于合同单位，以便确定优惠价。	1. 把握客人特点。 2. 对房间的要求。 3. 报价方式。 4. 根据规定确定优惠价格。
五、询问付款方式	1. 询问客人付款方式，在预订单上注明。 例：“您以什么方式付款?” 2. 公司或旅行社承担费用者，要求客人抵店前，电传书面信函，作付款担保。	1. 分清预订种类。 2. 付款方式。 3. 担保手续是否完整。
六、询问客人抵达情况	1. 询问抵达航班及时间。 例：您于某月某日乘何种交通工具，几时抵达? 2. 向客人说明：无明确抵达时间和航班，酒店只能保留到入住当天下午 6：00。 3. 如果客人预订的抵达时间超过下午 6：00，向客人索要信用卡号码作担保预订。	1. 准确记录航班班次、时间。 2. 向非保证类客人说明截房时间。

续表

操作步骤	主要操作内容	注意要点
七、询问特殊要求	1. 询问客人特殊要求。 例：是否需要接机服务等。 2. 对有特殊服务要求者，详细记录并复述。	1. 在备注栏注明。 2. 避免向宾客作具体房号的承诺。
八、询问预订代理人情况	1. 预订代理人姓名，单位和电话号码。 例：请问您是为自己订的房吗？不是；请问该如何称呼您，电话号码。 2. 对上述情况作好记录。	记录代理人姓名、联系方式。
九、复述预订内容	将预订内容复述一遍。 例：某某先生，您将于某月某日某时乘坐 BC25 次航班抵达本地。预订了两个普通套房，预住 3 天，同行 4 人。房费每间每晚是 350 美元，使用现金结账。您的电话是 021 – 88889988，是这样吗？	1. 复述一遍预订内容及代理人情况。 2. 要简明扼要、清晰。
十、完成预订	向客人致谢，对客人下榻本酒店表示欢迎。	准确将原始资料输入电脑。

能力测试

【场景一】 3 月 10 日，预订员刘小明正在值班，来了一位陈先生要替别人预订两个房间，抵店时间是 5 月 1 日，预住 3 天。请以此来设计一段订房场景，并模拟散客当面预订对话。

【场景二】 6 月 23 日 18：00 左右，2004 房间客人王先生来到总台，说是月底要在这里举行一次招聘会，具体时间是 29—30 日，到时总经理要来，还需要一间普通套房和一个小型会议室。请以此来设计一段订房场景。

考考你

1. 如果客人要预订的普通套房和小型会议室都已订完，只有豪华套房和大型会议室还空着，该如何处理？（讨论）

2. 4 月 3 日，住在 2006 房的王先生来到总台退房，并向服务员提出，5 月 1 日还要回来，看能不能还安排在 2006 房？作为服务员的你，该如何答复客人？

3. 4 月 20 日，国旅的张先生来办理预订，要订 30 个标准间，抵店时间是 5 月 1 日。预住一天，这时空房间已为数不多，还要不要接受此次预订？（讨论）

实训项目二	电话订房
实训目的	通过模拟电话预订受理的情景训练，了解电话预订的基础知识，掌握电话预订的受理程序，达到独立完成电话预订手续的办理。

续表

实训学时	实训授课1学时，共计45分钟。其中，教师示范10分钟，学员分组练习30分钟，考评5分钟。
实训要求	掌握电话预订业务的受理过程；熟悉电话预订的办理程序。
实训方法	教师示范、分组练习、考评测试。

知识链接

一、电话订房

订房人通过电话向酒店订房，这种方式应用最为广泛，特别是提前预订的时间较短时，这种方式最为有效。这种方式的优点是直接、迅速、清楚地传递双方信息，酒店可当场回复客人的订房要求。

二、电话订房时应掌握的原则

1. 与客人通话时，要热情礼貌地使用问候语，每一位订房员必须明确，预订服务虽然不是与客人面对面进行交流，却是客人接触酒店的第一个人。要当好这个角色，就必须通过电话声音给客人送上热情的服务。

2. 准确掌握客房预订状况，预订单、航班表等用品和资料要放置于便于取用或查找的地方，以保证预订服务工作快速和敏捷。

3. 立即给订房人以明确的答复，绝不可让客人久等。若对宾客所提预订要求不能及时答复时，应请对方留下电话号码，并确定再次通话的时间；若因客满需婉拒订房时，应征询客人是否可以列入等候名单。

4. 通话结束前，应重复客人的订房要求，以免出错。

由于受电话的清晰度以及受话人的听力水平等因素的影响，电话预订容易出错，故应事先健全受理电话预订的程序及其相关标准，以确保预订的有效性。

操作流程

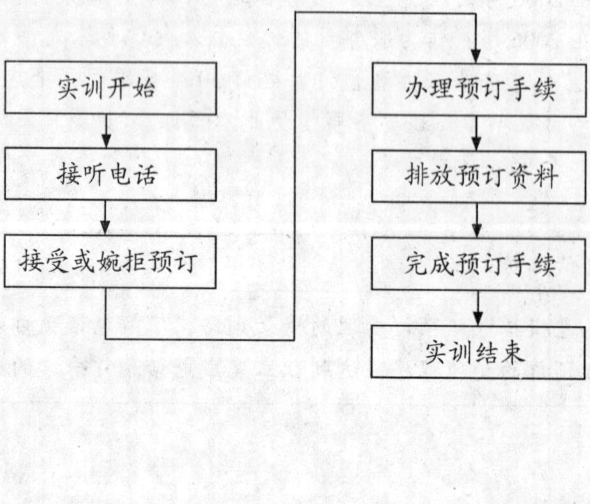

操作规范

1. 散客电话预订。

操作步骤	主要操作内容	注意要点
一、接电话	电话铃一响立即拿起听筒。	铃响三声以内接听。如超过三声，要对客人说声“对不起，让您久等了。”
二、问候客人	1. 热情礼貌地使用问候语：“早上好”、“下午好”、“晚上好”。 2. 报部门：某某酒店预订部。 例：“早上好，北京酒店预订部，请问您有何要求?”	注意使用礼貌用语，语音、语调运用要婉转，口齿要清晰，语言要简明扼要。
三、聆听客人自报单位	确认旅行社名称。	准确填写客人名称。
四、聆听客人预订要求	1. 请问您的团队何时抵店。 2. 预住几天。 3. 大约多少人。 4. 需要多少个房间。	1. 确认预住日期、天数。 2. 预订房间种类、房间数。
五、查看房态	1. 根据客人提出的订房要求查看计算机或客房预订控制板。 2. 确定是否有所需要的房间。	1. 仔细查阅客史档案。 2. 准确填写预订单。
六、决定预订确认或是重新推销客房，或婉拒	1. 根据实际房态确认预订。 2. 如果标准间数量不够，可以向旅行社推销与标准间差不多的普通套房，尽量满足其要求。 3. 确实没有空房，向客人表示歉意。	1. 是否有敌对国客人。 2. 宗教信仰。
七、填写预订单	根据实情准确填写预订单。	
八、确定价格	1. 按照团队房价报价。 2. 在自己的权限内给予预订折扣。 3. 确定价格后，填写在预订单上。	1. 不得随意报价。 2. 根据规定确定优惠价格。
九、确定付款方式	问客人是使用现金、支票、还是转账方式结账，并填写在预订单上。	1. 确定付款方式。 2. 团队客人统一结账。
十、请客人作担保付款	1. 请客人从旅行社发一份担保付款确认函（传真过来）。 2. 要求客人在抵店前确定人数，并发送客人资料，以备分配房间。	1. 担保手续完整。 2. 准确的客人资料。
十一、询问客人抵店情况	1. 询问抵达航班及时间。 2. 询问接机服务所需的车辆。 3. 将情况写在预订单上。	1. 准确记录航班班次、时间。 2. 车型（多少座位）。

续表

操作步骤	主要操作内容	注意要点
十二、询问特殊要求	1. 每日三餐是否需要在酒店就餐。 2. 用餐标准等情况。 3. 登记在预订单上。	1. 准确记录计价方式。 2. 用餐标准。 3. 有无清真餐等特殊要求。
十三、询问预订代理人情况	1. 预订代理人姓名、电话号码。 2. 对上述情况做好记录。 例："请问该如何称呼您?""电话号码是多少?"	记录代理人姓名、联系方式。
十四、复述预订内容	将预订内容复述一遍 例：某某先生，您在本店预订了 40 个标准间，6 月 1 日抵店，预住 3 天，每天每间的费用是 98 美元，包括美式早餐。您采用支票付款，需要接机服务，客人乘坐的航班号是 DC123，下午 2：00 到，您的电话是 98989988，是这样吗?	1. 复述一遍预订内容及代理人情况。 2. 要简明扼要、清晰。
十五、完成预订	向客人致谢 例："谢谢，在您给我们发了付款担保后，我们会及时回复预订确认函的。"	发确认函。

2. 旅游团队电话预订。

操作步骤	主要操作内容	注意要点
一、接电话	立即接听电话。	铃响三声以内接听。
二、问候客人	1. 问候语："早上好"、"下午好"、"晚上好"。 2. 报部门：某某酒店预订部。	注意使用礼貌用语，语音、语调运用要婉转，口齿要清晰，语言要简明扼要。
三、聆听客人自报单位	确认旅行社名称。	准确填写团队名称。
四、聆听客人预订要求	1. 确认住店客人抵店日期。 2. 确认预住天数。 3. 确认人数。 4. 确认房间种类，所需房间数量。	1. 确认预住日期、天数。 2. 房间种类、房间数。
五、查看房态	1. 查看计算机或客房预订控制板。 2. 确定是否有所需的房间。	1. 仔细查阅房态。 2. 是否有空房，确定预订。
六、决定预订确认或是重新推销客房，或婉拒	1. 根据实际房态确认预订。 2. 标准间数量不够，可以向旅行社推销与标准间差不多的普通套房，尽量满足其要求。 3. 确实没有空房，表示歉意。	1. 接受或婉拒。 2. 发婉拒信。
七、填写预订单	根据实情准确填写预订单。	

续表

操作步骤	主要操作内容	注意要点
八、确定价格	1. 按照团队房价报价。 2. 在自己的权限内给予预订折扣。 3. 确定价格后，填写在预订单上。	1. 不得随意报价。 2. 根据规定确定优惠价格。
九、确定付款方式	确定付款方式（现金、支票、转账），并填写在预订单上。	1. 确定付款方式。 2. 团队客人统一结账。
十、请客人作担保付款	1. 请客人从旅行社发一份担保付款确认函（传真）。 2. 要求客人在抵店前确定人数，并发送客人资料，以备分配房间。	1. 担保手续完整。 2. 准确的客人资料。
十一、询问客人抵店情况	1. 询问抵达航班及时间。 2. 接机服务所需的车辆。 3. 将情况写在预订单上。	1. 准确记录航班班次、时间。 2. 车型（多少座位）。
十二、询问特殊要求	1. 每日三餐是否需要在酒店用餐。 2. 用餐标准等情况。 3. 登记在预订单上。	1. 准确记录计价方式。 2. 用餐标准。 3. 有无清真餐等特殊要求。
十三、询问预订代理人情况	1. 预订代理人姓名、电话号码。 2. 对上述情况做好记录。	记录代理人姓名、联系方式。
十四、复述预定内容	1. 抵店时间、航班（车次）。 2. 房间种类、数量、房价。 3. 付款方式。 4. 离店时间。 5. 接机车型、数量。 6. 用餐标准。 7. 代理人情况。	1. 复述一遍预订内容及代理人情况。 2. 要简明扼要、清晰。
十五、完成预订	向客人致谢。	

3. 会议团队电话预订。

操作步骤	主要操作内容	注意要点
一、接听电话	铃响三声以内接听。	铃响三声以内接听。如超过三声，要对客人说声“对不起，让您久等了。”
二、问候客人	1. 致问候语：“早上好”、“下午好”、“晚上好”。 2. 自报部门：某某酒店预订部。	注意使用礼貌用语，语音、语调运用要婉转，口齿要清晰，语言要简明扼要。
三、聆听客人自报单位	确认公司名称。	准确填写单位名称。

续表

操作步骤	主要操作内容	注意要点
四、聆听客人预订要求	1. 确认会议名称。 2. 确认会议天数。 3. 确认会议人数、房间数。	仔细确认会议名称、会议日期、天数、房间数。
五、介绍推销房间	1. 查看计算机或客房预订控制板。 2. 根据房况向客人推销房间。	仔细查阅房态。
六、决定预订确认或是重新推销客房，或婉拒	1. 客人接受推销，确认预订。 2. 客人对所推销的客房不满意，提供其他选择。 3. 尽量满足客人要求，如无法满足其要求，则婉拒。	1. 仔细查阅房态。 2. 确定预订。
七、确定预订	根据实情准确填写预订单。	
八、确定价格	1. 按照会议团队报出房价。 2. 在规定的范围内给予一定的折扣。 3. 确定价格后填写在预订单上。	根据规定确定优惠价格。
九、确认付款方式	1. 一般采用支票结账。 2. 请客人在抵店前支付酒店一张空白支票。 3. 将付款方式填写在预订单上。	1. 确定付款方式。 2. 团队客人统一结账。
十、请客人在抵店前将有关资料书面传真	传真一份客人资料，以备分配房间。	1. 担保手续完整。 2. 准确的客人资料。
十一、询问会议所用会议室的规模、布置等情况	1. 据会议性质安排会议室，并报费用。 2. 将会场布置的情况确认下来，并填在预订单上。	准确报出会议室费用。
十二、询问三餐标准	1. 确定一日三餐标准，并记录。 2. 确定每餐费用，并记录。 3. 确定三餐用餐地点，并记录。	1. 准确记录计价方式。 2. 用餐标准。 3. 有无清真餐等特殊要求。
十三、询问客人抵店情况	1. 询问抵店时间和所用交通工具。 2. 询问是否需接机（车、船）服务。 3. 将情况写在预订单上。	1. 准确记录航班班次、时间。 2. 车型（多少座位）。
十四、询问预订代理人情况	1. 预订代理人姓名、电话号码。 2. 对上述情况做好记录。	记录代理人姓名、联系方式。
十五、复述预订内容	1. 抵店时间，交通工具。 2. 房间种类、数量、房价。 3. 预住天数。 4. 会议名称，所用会议室时间、地点及费用。 5. 用餐标准及费用。 6. 付款方式。 7. 接站车型及数量。 8. 代理人情况。	1. 复述一遍预订内容及代理人情况。 2. 要简明扼要、清晰。
十六、完成预订	向客人致谢。	

能力测试

【场景一】 2006年3月15日，姜先生打来电话，说他们有一个大约40人的旅游团队，要求预订5月1日到5月3日的标准间20间，预订员张静接到电话后马上查看客房状况，能够接受，便为姜先生办理了相关预订手续。请设计一段场景，并进行旅游团队电话预订模拟对话，进行模拟训练。

【场景二】 3月23日15:00左右，张先生打来电话，说有个团队因特殊情况需要预订24日的10间客房。预订员查看了客房状况，还有空房。因离抵店时间还有一天，一些手续来不及办理。预订员告诉张先生，请他马上用传真发一份付款担保（支票）复印件来。请依此来设计一段团队临时预订的场景，并进行模拟训练。

考考你

1. 场景二里的团队订房用支票复印件作担保，如果这位张先生没有按预订员说的回去马上办，或是根本就没发支票复印件，该怎么办？（讨论）

2. 假如“五一”期间酒店只剩下20多间客房，是将房间预订出去，还是留给临时来的散客？（讨论）

3. 会议预订与旅游团队预订有什么不同？会议预订要注意什么？

实训项目三	传真、信函预订
实训目的	通过模拟散客传真、信函预订受理的情景训练，了解传真、信函预订的基础知识，掌握电传、传真、信函预订的预订方式，达到独立完成传真、信函预订手续的办理。
实训学时	实训授课1学时，共计45分钟。其中，教师示范10分钟，学员分组练习30分钟，考评5分钟。
实训要求	掌握传真、信函预订业务的受理过程；熟悉传真、信函预订的办理方式。
实训方法	教师示范、分组练习、考评测试。

知识链接

一、传真订房

传真是一种现代通讯技术，目前得到广泛地使用。其特点是：操作方便，传递迅速，即发即收，内容详尽，并可传递发送者的真迹，如签名、印鉴等，还可传递图表。因此，传真已成为订房联系的最常用的通讯手段。

二、信函订房

信函预订是宾客或其委托人在离预期抵店日期尚有较多时间的情况下采取的一种古老而正式的预订方式。此方式较正规，如同一份合约，对宾客和酒店起到一定的约束作用。

三、信函预订时应掌握的原则

1. 及时复信。越早让宾客收到回信，就越能赢得宾客的好感，对宾客的住宿选择影响也最大。多数酒店规定了24小时内须寄出复信，并使用打时机或时间戳来控制回信速度。

2. 避免给宾客留下公函式信件的印象。复信应使收件人感到信件是专门为他所写的，是一封私人信函。如预订员不能用“Dear Sir”做信头称谓，而应正确使用宾客的头衔与称呼，并准确写出或拼写其姓名。

3. 复信的格式必须正确，注意中英文书信格式的差异。

4. 复信的内容应明确，简洁且有条理。对宾客来信中所提要求，一定要给予具体的答复，即使是不能应允或不能满足的要求，也须婉转地表示歉意，做到谦恭有礼，避免含糊不清，最好使用书面用语。

5. 复信的地址、日期要书写完整、准确。

6. 注意信纸、信封的质量，邮票的选择及复信者的亲笔签名。

操作流程

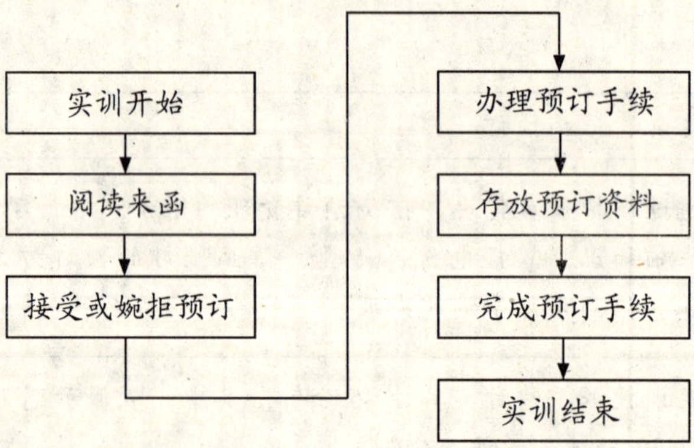

操作规范

1. 传真。

操作步骤	主要操作内容	注意要点
一、接受传真预订信息	1. 仔细阅读电函内容。 2. 确认预订内容：抵离店时间、人数、房间种类、房间数量。	1. 仔细阅读传真内容。 2. 明确预订要求。
二、根据房态确认或婉拒预订	查看预订房态状况，决定确认或婉拒。	房态准确。

续表

操作步骤	主要操作内容	注意要点
三、回复传真	1. 收到传真，确定预订后，当日回复确认函。 2. 收到传真，婉拒预订，当日回复婉拒函。	1. 回复要及时。 2. 答复要明确。
四、记录存档	1. 确认预订的信息登录在预订单上，并输入计算机。 2. 将客人发来的传真预订要求函与预订单订在一起，按日期存档。	1. 准确录入。 2. 按日期、姓氏字母顺序排列存档。

2. 信函。

操作步骤	主要操作内容	注意要点
一、接受信函	1. 仔细阅读信函内容。 2. 确认预订内容：抵离店时间、人数、房间种类、房间数量。	1. 仔细阅读信函内容。 2. 明确预订要求。
二、根据房态确认或婉拒预订	查看预订房态状况，决定确认或婉拒。	房态准确。
三、回复信函	1. 收到信函，确定预订后，当日回复确认函。 2. 收到信函，婉拒预订，当日回复婉拒函。	1. 回复格式要正确。 2. 答复要及时、明确。
四、记录存档	1. 将确认预订的信息登录在预订单上，并输入计算机。 2. 将客人发来的预订信函与预订单订在一起，按日期存档。	1. 准确录入。 2. 按日期、姓氏字母顺序排列存档。

能力测试

【场景一】 3月27日，服务员小张如往常一样，接到送来的邮件便开始往上打时间戳，然后开始分发，其中有一封是寄给酒店预订处的，小张习惯地看了一眼来信地址和发信时间，是台湾3月20日寄来的，呀！路上用了这么长时间，一个星期啦。小张没敢耽搁，赶紧送给预订员小王。小王拆开一看，是封订房信函，说是要预订4月2日的两个标准间，预住3天。小王仔细查看了客房预订状况，还有房间。请依此来设计一段信函预订并及时回复的场景，并模拟训练。

【场景二】 山东的李先生计划“十一”全家出去旅游，到杭州玩3天。为了这次旅游顺利，专门郑重地写了一封预订信，用传真发给杭州一家酒店。要预订10月1—3日的3个标准间，发信的时间是9月22日。

国庆期间，杭州的宾馆几乎家家爆满。预订员接到李先生的传真时，酒店的标准间客房已全部订满。当时，刚好是一位有经验的预订员小马当班，她竟欣然地接受了此次订房。请依此来设计一段传真预订的场景，并模拟训练。

考考你

1. 请问预订员小马为什么会受理李先生的预订？（讨论）
2. 李先生的预订能够接受，怎样办理预订手续，还要不要发确认函？
3. 场景一中宾客采用的是信函订房，因离客人抵店的日期很近，还要发确认函吗？

实训项目四	网络预订
实训目的	通过模拟网络预订受理的情景训练，了解网络预订的基础知识，掌握网络预订的受理程序，达到独立完成网络预订手续的办理。
实训学时	实训授课1学时，共计45分钟。其中，教师示范10分钟，学员分组练习30分钟，考评5分钟。
实训要求	掌握网络预订业务的受理过程；熟悉网络预订的办理程序。
实训方法	教师示范、分组练习、考评测试。

知识链接

国际互联网（Internet）订房

随着现代电子信息技术的迅猛发展，通过国际互联网向酒店订房的方式正迅速兴起，它已成为酒店业21世纪发展趋势的重要组成部分。

1. 通过酒店连锁集团公司的订房系统（CRS）向其所属的酒店订房。随着我国酒店业连锁化，集团化进程的加快，不少酒店纷纷加入了国际或国内酒店集团的连锁经营。大型的酒店连锁集团公司都拥有中央预订系统，即CRS（Central Reservation System）。随着互联网的推广使用，越来越多的宾客开始采用这种方便、快捷、先进而又廉价的方式进行客房预订。酒店也越来越注重其网站主页的设计，以增强吸引力。

近年来，原先主要采用电话订房方式的酒店预订系统都实现了在国际互联网上的在线预订，信息全、选择面宽、成本低、效率高、直面客户、房价一般低于门市价等特点，使其越来越受到客户及酒店的青睐。

2. 通过酒店自设的网址，直接向酒店订房。一些大型酒店已自设网站，实行全方位的在线订房。虽然这一做法较传统的做法经济、迅速，但大多数中小型酒店一时还难以承受，因此尚未得到广泛的普及和应用。

操作流程

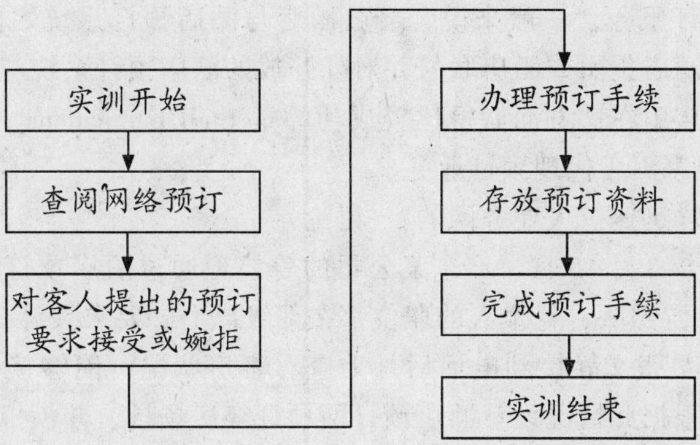

操作规范

操作步骤	主要操作内容	注意要点
一、接受网络预订信息	1. 仔细阅读网络信息内容。 2. 确认：抵离店时间、人数、房间种类、房间数量。	1. 仔细阅读预订信息。 2. 预订内容。
二、根据房态确认或婉拒预订	查看预订房态状况，决定确认或婉拒。	确定能否受理。
三、回复信息	1. 收到网络预订信息，确定预订后，当即回复确认信息。 2. 收到网络预订信息，婉拒预订，当即回复婉拒信息。	明确回复。
四、记录存档	1. 将确认预订的信息登录在预订单上，并输入计算机。 2. 打印客人网上发来的预订要求，并与预订单订在一起，按日期存档。	准确记录、存档。

能力测试

【场景一】 现代生活中，信息是一种财富。及时、准确的信息是酒店最重要、最活跃的资源。远程通讯技术的完善和酒店计算机应用的普及，使得信息系统在酒店管理中充任越来越重要的角色。远程预订网络系统就是其中的佼佼者，它完全体现了一种全新的消费形态。

2004年底，北京一家从事酒店预订的专业公司——北京现代运通商务旅游服务电话“8008106600”（未开通800电话的城市及持移动电话者可拨打01065101010），并告诉预订小姐您的会员号码、姓名、所去城市及其他要求，在1分钟内即可得到确认开通。

最重要的一点是通过“现代运通”预订房间可使您节省不少钱，房价优惠最多可达门市价的3折。如北京华侨大厦门市价及服务费1909元人民币，经“现代运通”预订可享受536

元人民币的价格，还不到3折。虽然“现代运通”主要为会员提供商务服务，但成为他们的会员非常容易，在5月1日前拨打电话01065102180，就可以得到免费赠送的会员卡。

酒店预订系统的实质是酒店代理公司或酒店产品销售公司。任何一家酒店都可以使用这一系统来为之提供预订服务，一般来说，会员酒店与酒店预订系统之间只存在市场交易行为。当然，隶属某一酒店集团或酒店联号并对外开放的酒店预订系统与其成员酒店之间的关系是个例外。国际酒店中在这方面做得比较成功的是Utell International，它在40多个国家设有代表处，为6000多家酒店代理预订业务。

远通预订网是怎样迅速扩大业务网的？（讨论）

【场景二】 2006年3月15日，广东某公司的姜经理通过酒店预订网预订客房，说他们有一个大约20人的旅游团队，每个人的职位都在部级以上。要求预订5月1日到5月2日的20个豪华房间，预订员张文静接到电话后马上查看客房状况，能够接受，便为姜先生办理了相关预订手续。请根据此情况设计酒店预订网预订客房场景，并模拟训练。

考考你

1. 你认为酒店在什么样的情况下使用网络预订会比较好？
2. 网络预订费用要高一些，对于一般小型酒店来说，是不会开展网络预订的。你认为呢？
3. 是否只要开通网络预订，客源能充足、稳定，就不需要考虑网络预订成本问题？

实训项目五	VIP客人预订
实训目的	通过模拟VIP客人预订受理的情景训练，了解VIP预订的基本方法，掌握VIP客人预订的受理方式，达到独立完成VIP预订手续的办理。
实训学时	实训授课1学时，共计45分钟。其中，教师示范10分钟，学员分组练习30分钟，考评5分钟。
实训要求	掌握VIP客人预订业务的受理过程；熟悉VIP客人预订的办理方式。
实训方法	教师示范、分组练习、考评测试。

知识链接

一、重要客人的订房

酒店的VIP客人是重要客人，简称贵宾。做好VIP客人的预订服务工作，对于树立酒店的声誉、扩大酒店的影响，提高酒店的社会效益和经济效益，都有极大的帮助。根据酒店行业惯例，酒店在VIP贵宾的接待服务中，有特殊的规范和操作要求。

二、酒店的 VIP 客人可分为 A、B、C 三个等级

1. A 级 VIP 客人主要包括党和国家领导人，外国的国家元首、政府首脑、议长等。

2. B 级 VIP 客人包括我国及外国的政府部长，世界著名大公司的董事长、总裁或总经理，省市、自治区负责人等。

3. C 级 VIP 客人主要包括：(1) 地市级主要党政官员；(2) 各省（市）、自治区旅游部门的负责人；(3) 国内外文化、艺术、体育、新闻界的负责人或著名人士；(4) 各地星级酒店的总经理；(5) 相关行业的负责人或关键性人物；(6) 与酒店有协作关系的企事业单位负责人；(7) 酒店总经理要求按 VIP 接待的其他客人。

操作流程

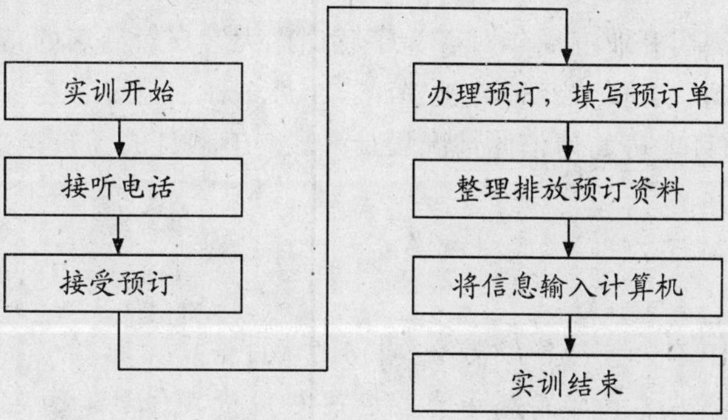

操作规范

操作步骤	主要操作内容	注意要点
一、VIP 预订单的申请	1. 接听电话后获知客人的身份，其职位若符合 VIP 接待条件，应及时通知预订部经理。 2. 经预订部经理同意后，填写 VIP 申请单一式五份。 3. 确认客人是否曾经住过本店。	1. 按规定填写 VIP 申请单。 2. 一式多份呈报给总经理、大堂经理、公关营销、客房、餐饮等部门。 3. 查客史资料。
二、VIP 申请单的填写	1. 填写客人姓名、职位、公司名称。 2. 抵达离店日期、航班、房间类型、房价。 3. 如果客人有特殊要求，也要在申请单上详细说明。	1. 记录准确。 2. 填报 VIP 申请单。
三、VIP 礼品的选择	1. 在 VIP 单上，将已选择的礼品，标记"√"。礼品的种类有中国茶、一瓶白葡萄酒、一瓶红葡萄酒、小花篮、大花篮、水果盘。 2. 附上总经理名片。	1. 礼品要精致、新颖。 2. 有纪念意义。
四、感谢客人	感谢客人入住本酒店，并答应将会给其发确认函。	发确认函。

续表

操作步骤	主要操作内容	注意要点
五、VIP申请的批准	1. 预订部经理审批，签字。 2. 客房部总监审批，签字。 3. 送交总经理审批，签字。	按规定请相关负责人签字。

能力测试

【场景一】 有位张先生是酒店的C级VIP，曾多次入住本酒店，有时还会介绍一些旅游团队来。9月19日他又打电话来，要预订本月28日的一个标间、一个套间，说是他们的董事长要来。请依此情况设计一段VIP预订的场景，并模拟训练。

【场景二】 笑迎酒店开业五周年时，为了感谢广大客户对酒店的帮助和支持，邀请了大批的客人参加店庆活动，有位钱经理曾被邀请。5月1日，他要带全家一起出来旅游，在4月20日向酒店提出预订客房。请依此情况设计一段VIP预订的场景，并模拟训练。

考考你

1. 场景一中的VIP客人接待等级要不要提升？（讨论）

2. 有一位姓王的客人，两年前曾作为酒店的C级贵宾住过本酒店，两年后的9月1日又再次到酒店预订房间。该怎么办？

3. 酒店的贵宾王先生5年前就是酒店的A级VIP客人，现已退休，并且有半年的时间没有联系了。这时他又再次向酒店订房，该怎么办？（讨论）

实训项目六	超额预订
实训目的	通过模拟超额预订受理的情景训练，了解超额预订的基础知识，掌握超额预订受理程序，达到独立完成超额预订手续的办理。
实训学时	实训授课1学时，共计45分钟。其中，教师示范10分钟，学员分组练习30分钟，考评5分钟。
实训要求	掌握超额预订业务的受理过程；熟悉超额预订的办理程序。
实训方法	教师示范、分组练习、考评测试。

知识链接

一、超额预订

超额预订是指在客房实数预订已满的条件下，再适当增加订房数量和人数，以弥补因订房不到或临时取消订房而可能出现的客房闲置，避免不必要的经济损失。超额预订是酒店经营管理者胆识与能力的表现，是一种策略，也是一种风险行为。

一般按国际酒店的管理经验，超订率可控制在5%～15%为宜；也可以参照酒店最近两年的同期统计资料和最近3天的统计数据，对临时取消率和延期住宿率加以确定。一般情况下5%的超额订房是可行的，更大的比例需要通过长期的工作经验积累以及订房资料的分析得出。客房超额预订操作得不好，也会给酒店带来较大的麻烦，甚至影响酒店的品牌。因此，怎样把握好超额预订的比例及相关的防范措施是采用客房超额预订策略的关键。

二、主要方法

1. 分析过去历年同期订房不到的平均百分比，据此估计现在的超额订房比例。

2. 统计分析过去历年同期临时取消的平均百分比，据此估计现在的超额订房比例。

3. 统计分析过去历年同期平均提前抵离店和延期离店的客房数，据此估计现在的超额订房比例。

4. 掌握好团体订房和散客订房的比例。通常情况下，在现有订房中，如果团体订房较多，超额订房比例就应小些；散客订房较多，超额订房比例就可大些，但并不是绝对的。

5. 掌握好淡、平、旺季的差别。旺季客房供不应求，客人订房后取消的可能性较小，故超额订房比例应小一些。平季客人订房后取消或更改的可能性相对比旺季大一些（因为其他酒店尚未客满，客人很容易改住其他酒店），故平季的超额订房比例应大些。淡季一般不会客满，不会存在超额订房问题。

6. 掌握好预订提前量的多少。当客房已订满，酒店还想超额订房，要看预订提前量有多少。如果明天订满，超额订房就要慎重，因为离客人抵店只有一天时间，客人取消预订的可能性相对较小。如果一个月后订满，超额订房比例就可以高些，因为一个月中客人取消或变更预订的可能性比较大。

7. 考虑现有订房中各种订房所占比例。如果现有订房都是保证类的，通常不能实行超额订房。保证类的订房较多，超额订房比例应小些；确认类的订房比例较高，超额订房比例应大一些；临时性订房的比例较高，超额订房比例应更大些。

8. 统计分析各主要订房单位过去历年同期实到人数的比例（即到达率，用来估计现在该订房单位实际的到达率）。

9. 了解附近同级酒店的住房情况，若已客满，就应该减少超额订房比例或不进行超额订房；反之则应多些。

10. 调查分析本酒店在市场上的信誉度。信誉度高的酒店，因为到达率高，所以超额订房比例应该小一些；反之则应多些。

11. 详细了解每一天退房的精确数字，特别是今后3天之内的数字，根据退房数量计算出可用房数，并以此作为基数来接受预订。

12. 在接受预订时，应充分了解客人的信息。如问清客人入住酒店的具体时间、到达的航班号、火车车次及最晚保留时间，并请客人提供一个随时能联系上的通信方法，以控制预订的到达率。

13. 根据尽可能精确的退房、预订情况，采用超过可用房适度的比例接受超额预订。

14. 超额预订不仅仅是可用房数的超出，还有一个房型的匹配问题，所以，总台人员在操作超额预订的当天，首先要作的是房型匹配，然后才是房数的匹配。如当天的标准间已经超订了很多，但单人房和大床房却无人问津，这就需要我们在为客人办理入住时，根据实际情况作适当的调整。客人是一位时，就可以为其安排大床房或建议客人改用单人房。当然，这对总台员工的素质、能力、语言技巧、自信心等等都提出了更高的要求。

15. 做好万一预订客人全部到店的应对措施。如在附近联系几家相同档次的酒店作为协议单位，在必要时预订一定数量的房间以防万一。

三、超额预订的处理措施

1. 客人到店时，由主管人员诚恳地向其解释原因，并赔礼道歉。

2. 同时与本地区酒店加强协作，建立业务联系。一旦超订，可安排客人到有业务协作关系的同档次、同类型酒店暂住。

3. 派车免费将客人送到联系好的酒店暂住一夜。如房价超过本酒店，差额部分由本酒店承担。

4. 免费提供一次长途电话或传真，以便客人将临时改变地址的情况通知相关人员及提供查询服务。

5. 将客人的姓名及有关情况记录在问讯卡条上，以便向客人提供邮件及查询服务。

6. 对于连住又愿回本店的客人,先留下其大件行李。转天排房间时,优先考虑此类客人的用房安排。次日一早将客人接回,大堂副理在大堂迎接并致歉意,陪同客人办理入住手续。

7. 重要客人的礼遇安排接待入住，客人在店享受贵宾待遇。

8. 由前厅部的主管人员向提供援助的酒店致谢。

客房超额预订策略是可行的，关键是操作时的把握，相信适当的客房超额预订会在充分利用酒店资源的同时，给酒店带来一定的效益。

操作流程

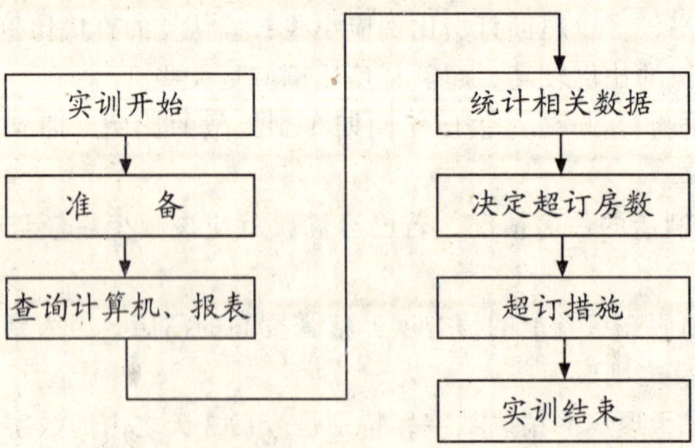

操作规范

操作步骤	主要操作内容	注意要点
一、准备	1. 查阅客房预订状况总表。 2. 了解附近同级酒店的住房情况。	充分做好准备工作。

续表

操作步骤	主要操作内容	注意要点
二、统计分析	1. 分析过去历年同期订房不到的平均百分比。 2. 临时取消的平均百分比。 3. 提前抵离店和延期离店的客房数。 4. 掌握好预订提前量的多少。 5. 3天之内退房的精确数字。	尽可能作到统计数字精确。
三、估计超订率	1. 根据统计分析。 2. 精确的退房、预订情况。 3. 团队与散客的预订比例。 4. 酒店的信誉。 决定接受超额预订的比例。	不可盲目。
四、超订应对措施。	1. 做好房型匹配。 2. 联系几家相同档次的酒店作为协议单位，以防万一。 3. 核对预订。	要有相应措施。

能力测试

【场景一】 杭州每年的10月1日酒店都会爆满，客人要想在此期间到杭州入住酒店，都会提前预订，近年来出现了好些客人预订未到的现象，酒店管理者为了实现黄金周的满员，大胆地进行超额预订，超订率是8%。请依此来设计一段超额预订的场景，并模拟训练。

【场景二】 某酒店的预订处根据往年数据统计分析，决定今年10月份的超额预订率应定在6 %。该酒店共有客房500间，其中长包房50间，招待房10间，每天可能出现的问题房10间。刚进入9月份，10月份的客房预订率就达到80%，如果按照6%的超订率，还可预订多少个房间？

考考你

1. 场景一中的超额预订率是不是太高？应采取哪些预防措施？（讨论）

2. 如果场景二中的预订，有70%的是团队预订，20%的预订是保证类的预订，超额预订要注意什么？

3. 如果这是一家五星级酒店，要不要搞超额预订？

实训项目七	经预订未抵达客人的受理
实训目的	通过模拟经预订未抵达客人的受理的情景训练，了解经预订未抵达客人的受理的基础知识，掌握经预订未抵达客人的受理的程序，达到独立完成经预订未抵达客人的受理。

续表

实训学时	实训授课1学时，共计45分钟。其中，教师示范10分钟，学员分组练习30分钟，考评5分钟。
实训要求	掌握经预订未抵达客人的受理过程；熟悉经预订未抵达客人的受理程序。
实训方法	教师示范、分组练习、考评测试。

知识链接

预订未到

预订未到是指预订了房间的客人到了抵店时间还没有到来，在酒店业中通常被称做“无到”。先根据夜审报表了解未到原因及情况，将未到预订单取出，注明“未到”字样并存档，每日统计并计入营业日报表。

操作流程

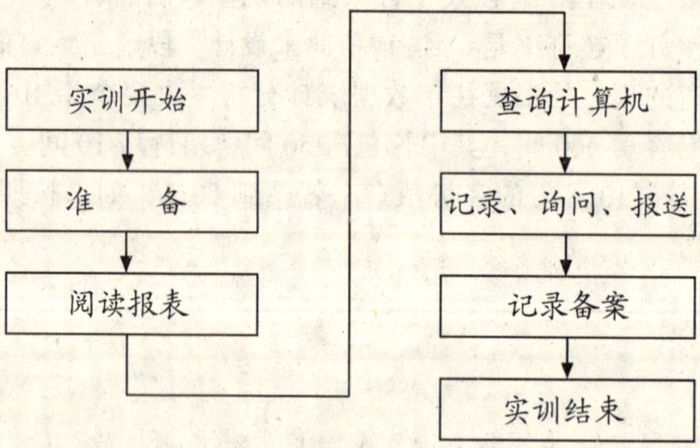

操作规范

操作步骤	主要操作内容	注意要点
一、阅读经预订未抵达客人报表	准确了解客人的全部情况，确认这些客人是否已住店。	仔细查阅。
二、查询计算机	进入计算机程序，查找该预订客人姓名，在之前打上“NO—SHOW”。	正确查询。

续表

操作步骤	主要操作内容	注意要点
三、记录订房客人的资料	将计算机上储存的订房代理人的姓名、电话号码抄写在报表中，以便与订房人联系，询问客人未抵达的原因。	准确记录。
四、记录原因	根据与订房人的电话询问内容和结果，准确将客人未能抵达的原因记录在报表上。	查找真实原因。
五、报送	转天由前厅经理审核无误后，上报总经理。	按时上报。
六、存档	按日期存档，以备日后查询。	完整保存。

能力测试

【场景一】 4月1日下午，宾客们陆续到达酒店。下午5点半，服务员小张检查了一下预订单，确认预订类的客人基本上都到了，只有深圳和广州的预订客人未到。第二天，小张受理这两位预订未抵达客人的善后工作。请依此来设计一段预订未到的场景，并进行模拟训练。

【场景二】 5月1日，不到18:00，酒店的客房就已经爆满，有相当一部分客人没住上房。可是有一位保证类的客人，酒店一直为他保留着房间，直到24:00也没来。请依此来设计一段预订未到的场景，进行模拟训练。

考考你

1. 什么类型的预订未到会给酒店带来一定的损失？用什么办法控制？（讨论）
2. 场景二中有那么多人没住上房，是不是可将那间保留房卖掉？（讨论）
3. 场景一中的那两位客人如果曾发生过预订未到情况，还受不受欢迎？该怎么办？

实训课题　客房预订程序

实训项目一	预订前准备
实训目的	通过模拟预订前准备的情景训练，了解预订前准备的基本知识，掌握预订前准备程序，达到独立完成预订前的准备。

续表

实训学时	实训授课1学时，共计45分钟。其中，教师示范10分钟，学员分组练习30分钟，考评5分钟。
实训要求	掌握预订前的准备过程；熟悉预订前准备的程序。
实训方法	教师示范、分组练习、考评测试。

知识链接

一、客房预订前准备的原则

1. 班前5分钟，检查自己的仪容仪表。

2. 认真阅读交班内容，按要求开展工作。

3. 阅读当天及近期的房间使用情况，宾客预订到达时间及人数，做好与其他岗位的客情沟通。

4. 熟悉当天到店的VIP身份、房间号码及抵离时间。未分好房的VIP要通知接待组分妥，得到所有VIP的房间号码后，与楼层服务台当班人员核对房间状态。

5. 发送VIP单和VIP报表至总经理办公室、餐饮部、客房部等。

6. 了解当天旅行社的团队和散客订房数、当天预订开房数、退房数、预订开房率、空房数，并把这些数据打印在团体表上。

7. 整理前一天的订单并装订。

8. 记录团体的楼层数，并打印在团体总表上。

9. 检查3天后的团体预订情况。

10. 星期天作出下一周的房间预订情况表和VIP预订情况表，并发送给有关部门。

操作流程

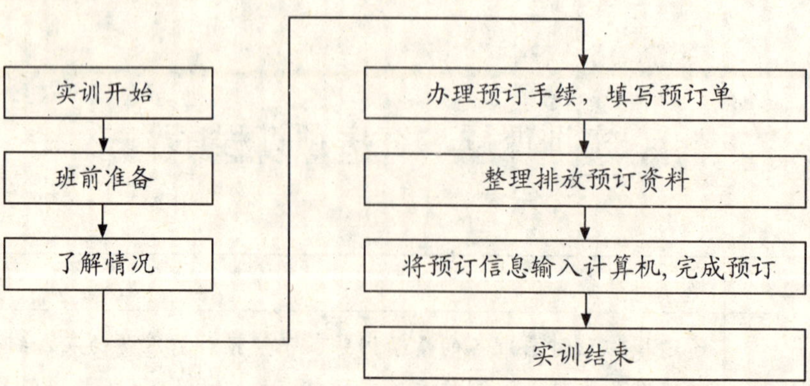

操作规范

操作步骤	主要操作内容	注意要点
一、班前准备	1. 提前5分钟到达岗位。 2. 按照要求规范上岗。 3. 办理好交接班。 4. 查看前一班次预订资料。 5. 检查计算机等设备运行是否正常。	认真做好准备。
二、查看房态	检查客房预订情况。	正确了解预订状况。
三、预订可行性掌握	掌握当日及未来一段时间内可预订的客房数量、等级、类型、位置、价格标准等情况，确认旅行社名称。	准确掌握可订房数量。

能力测试

【场景一】 某日，预订员小张提前20分钟来到酒店，按照班前准备规范进行班前准备。请问班前准备包括哪些内容？请以此设计一段班前准备场景，并模拟训练。

【场景二】 某天，预订员小张在一次交接班时还没看工作日制就赶上宾客来电话订房，小张便去办理电话预订，然后再去核对工作日制。请以此来设计一段预订准备场景，并模拟训练。

考考你

1. 场景二中，预订员是否完成了交接班，错在哪里？
2. 场景二中，假如小张忘了将此次预订输入电脑，会产生什么样的后果？
3. 假如你是与小张交班的预订员，碰到有电话预订会怎么办？

实训项目二	受理预订或婉拒预订
实训目的	通过模拟预订受理或婉拒的情景训练，了解预订受理或婉拒的基础知识，掌握预订的受理或婉拒程序，达到独立完成预订受理或婉拒手续的办理。
实训学时	实训授课1学时，共计45分钟。其中，教师示范10分钟，学员分组练习30分钟，考评5分钟。

续表

实训要求	掌握受理预订或婉拒预订的过程；熟悉受理预订或婉拒预订的办理程序。
实训方法	教师示范、分组练习、考评测试。

知识链接

预订员应主动向宾客询问，以获悉宾客的住宿要求，并将预订信息填入客房预订单，包括宾客姓名、人数、国籍，抵离店日期、时间、车次或航班，所需客房种类、数量，房租，付款方式，特殊要求以及预订人姓名（或单位）及地址、电话号码等信息。

预订员通过查看预订总表或计算机终端，以判断宾客的预订要求是否与酒店的实际提供能力相吻合。其因素包括以下四点：(1) 抵店日期；(2) 客房种类；(3) 用房数量；(4) 住店夜次。

受理预订是预订员根据预订程序从事下一阶段确认预订的服务。婉拒预订是因客满而婉言拒绝宾客的预订要求，但并非意味着终止对客服务。可以征求宾客意见，是否调换另一类型的客房，也可提议其等待，即将宾客的预订要求、电话号码等记录在“等候名单”上，随后每天检查落实，一旦有空房，立即通知宾客。

部分酒店使用规范的婉拒信函寄发给宾客。酒店经常使用的婉拒预订的书信句型有：

……我店为没能满足您的要求深表歉意，希望下次能有机会为您提供服务。

顺致崇高敬礼！

英文表述为：…We regret that we have been unable to be of service to you. However we hope to be in a position to accommodate you at a future date.

Yours Faithfully

操作流程

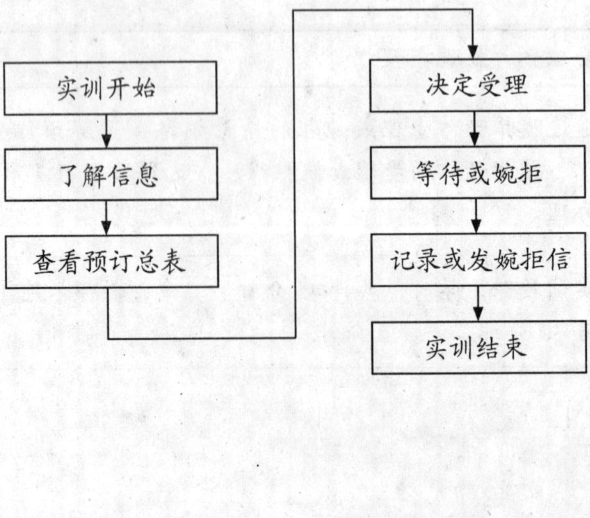

操作规范

操作步骤	主要操作内容	注意要点
一、了解信息	1. 请问您何时抵店？ 2. 预住几天？ 3. 大约多少人？ 4. 需要多少个房间？	认真了解预订要求。
二、查看客房预订状况	根据预订状况总表，对照客人提出的要求查看： 1. 抵店日、预入住日期。 2. 房间类型、间数。	仔细对照查看。
三、受理	能够满足客人要求即受理预订。	
四、等待	如不能满足，客人愿意等待归到等待类，一有空房立即确认。	一有空房，马上确认。
五、婉拒	1. 客人提出的要求不能满足，也不能等待，就要婉拒。 2. 寄发婉拒函。	1. 感谢客人预订。 2. 问客人是否需要帮助在其他酒店预订。

能力测试

【场景一】 有位江小姐打电话要求预订一个豪华套房，时间是5月1日，预住两天。预订员查看了客房预订状况，豪华套房已预订完，普通套房也为数不多。预订员应如何处理这个情况？请以此设计一段预计受理场景，并模拟训练。

【场景二】 某天，有位王先生发来一份传真，要求预订5月1日的标准间两间，预住两天。预订员查看预订总表，标准间在前两天就已订完，而且已超出预订率6%。预订员应该如何办理这个状况？请以此来设计一段预订婉拒场景，并模拟训练。

考考你

1. 场景一中，如果客人不满意普通套房，可以将其列为豪华套房等待类吗？
2. 5月1日这一天酒店的客房非常紧张。假如场景二中的客人提出愿意等待，怎么办？
3. 假如场景二中的客人提出愿意接受酒店帮他在别家酒店预订，如何受理？（讨论）

实训项目三	确认预订
实训目的	通过模拟宾客预订确认的情景训练，了解宾客预订确认的基础知识，掌握宾客预订确认的受理程序，完成对宾客预订确认手续的办理。

续表

实训学时	实训授课1学时，共计45分钟。其中，教师示范10分钟，学员分组练习30分钟，考评5分钟。
实训要求	掌握宾客预订确认的受理过程；熟悉宾客预订确认的办理程序。
实训方法	教师示范、分组练习、考评测试。

知识链接

预订员接到客人的预订要求后，应立即将客人的预订要求与酒店未来时期客房的利用情况进行对照，决定是否能够接受客人的预订，如果可以接受，就要对客人的预订加以确认。

确认预订的方式通常有两种，即口头确认（包括电话确认）和书面确认。如果条件允许，酒店一般应采用书面确认的方式，向客人寄发确认函（如下表所示）。这是因为：首先，书面确认能使客人了解酒店方面是否已正确理解其订房要求，可以减少差错和失误。其次，确认函除了复述客人的订房要求以外，还写明了房价、为客人保留客房的时间、预付订金的方法、取消预订的规定及付款方式等，实际上在酒店与客人之间达成了某种书面协议。再次，确认函可以进一步证实客人的个人情况，如姓名、地址等，从而减少客人的各种信用风险。最后，书面确认比较正式。对于大型团体、重要客人，特别是一些知名人士、政府官员、国际会议等订房的确认函，要由前厅部经理或酒店总经理亲自签发，以示尊重和重视。

预订确认函

________酒店 地址：________ 电话：________ 您对：________ ________ 的预订已确认	客房类型、数量：________ 房价：________ 预订日期：________ 抵达日期：________ 抵达时间：________ 逗留天数：________ 离店日期：________ 结账方式：________ 订金：________ 客户地址：________ 客户姓名：________ 电话：________
本酒店愉快的确认了您的订房。由于客人离店后，需要有一定时间整理房间，因此，下午三点以前恐不能安排入住，请谅。另外，未付订金或无担保的订房只保留到下午六时。 预订员：________	

操作流程

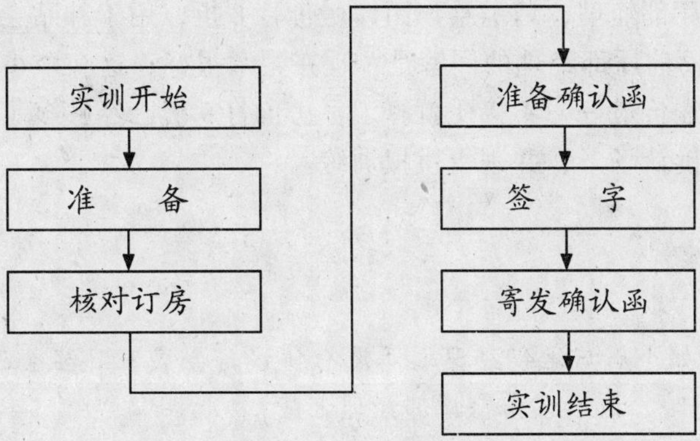

操作规范

操作步骤	主要操作内容	注意要点
一、订房核对	接受订房后，要认真核对具体内容，确认没有问题，进行下一步。	核对要仔细。
二、进行确认	1. 时间不允许，进行口头确认。 2. 时间允许，进行书面确认，即签发确认书。	进行确认时，尽量用确认函。
三、寄发确认函	向预订人发确认函，进一步确认。	准确填写相关内容，要详细完整。
四、记录储存	当预订确认书发出后，必须及时正确地予以记录和储存预订资料，以防疏漏。	及时储存预订资料。

能力测试

【场景一】 某企业业务员小王接受领导的指示，在广州的白天鹅宾馆预订一间标准间客房，时间定在12月的13—15日。请以此来设计一段预订确认场景，并模拟训练。

【场景二】 酒店服务专业毕业的小周就业于一家按三星级硬件标准设计的酒店，被短期培训后，在前厅销售部任订房员。该酒店计划1997年12月8日开业。10月初，一位客人要求订10间客房住一天，时间是12月24日到，25日离店，另外租用会议室一间，使用一天。小周按酒店规定报价：每间房每天400元（含税费），容20人的会议室一天的租金也是400元。客人接受了报价，小周也办了确认订房手续。11月5日，酒店决定开业后会议室由娱乐部现任经理承包经营。娱乐部经理决定把该类会议室日租金涨到800元/间，由于小周有前厅部经理的授权，有权对房价打9折，于是她决定将房价按9折算，即360元乘以10等于3600元，而将少收入的400元加在会议室的租金上，会议室日租金则刚好成为800元/间。

对此，她未和客人联系，也未报告前厅部经理。12 月 8 日，酒店试营业后，客房平均出租率高达 80%以上，特别是 12 月中旬以后出租率达 90%，房价虽未上涨，但酒店通常不再打折。这时，娱乐部经理又决定将 20 人用的会议室日租金涨到 1200 元/间。小周因为无法向客人交代，只好找前厅部经理，请示给该团体房价打 8 折，用于补贴会议室租金再次上涨后造成的 400 元差价。而前厅部经理的回答是：现在生意很好，这么个小团，又不一定是回头客，他们接受会议室涨价最好，不接受就算了，房价打 9 折已经够多了。小周很为难了。请以此来设计一段预订确认场景，并进行模拟训练。

考考你

1. 场景二中，假如小周与承包经理之间没有协议，会议室日租金涨到 800 元/间，而小周的报价是 400 元/间时，该不该向前厅部经理汇报？

2. 假如小周预订会议室与娱乐部现任承包经理有协议，能再次提高会议室的价格吗？

3. 前厅部经理的回答正确吗？假如你是小周，为使酒店获得最大利益，该怎么办？（讨论）

实训项目四	订房变更与取消
实训目的	通过模拟订房变更与取消受理的情景训练，了解订房变更与取消的基础知识，掌握订房变更与取消的受理程序，能够独立完成订房变更与取消手续的办理。
实训学时	实训授课 1 学时，共计 45 分钟。其中，教师示范 10 分钟，学员分组练习 30 分钟，考评 5 分钟。
实训要求	掌握宾客订房变更与取消受理过程；熟悉宾客订房变更与取消的办理程序。
实训方法	教师示范、分组练习、考评测试。

知识链接

一、订房变更与取消

预订宾客在实际抵店前，因种种原因可能对其原有预订进行更改或取消。

二、处理更改预订的原则

1. 迅速查找出该宾客的预订单，并做出相应标记（更改、取消）。

2. 记录来电者的姓名、电话号码、单位地址等，便于双方联系。

3. 修改相应的预订资料，如更改计算机信息预订总表、预订卡条等，确保最新预订信息的准确性。

4. 若预订的变更内容涉及一些特殊安排，如派车接送，放置鲜花、水果等，则需尽快给相关部门发出变更或取消的通知。

5. 尽量简化取消预订的手续，使用预订取消编码是证明预订已被取消的最好方法。例如，92411WM502。前面3位数（924）表示宾客原订的抵店日期（9月24日，先后顺序应统一）；接着的两位数（11）表示该酒店的编号；字母（WM）则为预订员姓名的两个首位字母；最后3位数（502）表示酒店预订取消序号。通常，预订取消编码应记录在预订资料上并存档。

总之，在处理预订更改和取消时，预订员应耐心、高效地对宾客服务。不论是变更、取消还是婉拒预订，都有宾客方面或酒店方面的客观原因，预订员既要灵活地面对现实，又应表现出极大的热情，并提供有效的帮助。

操作流程

1. 更改。

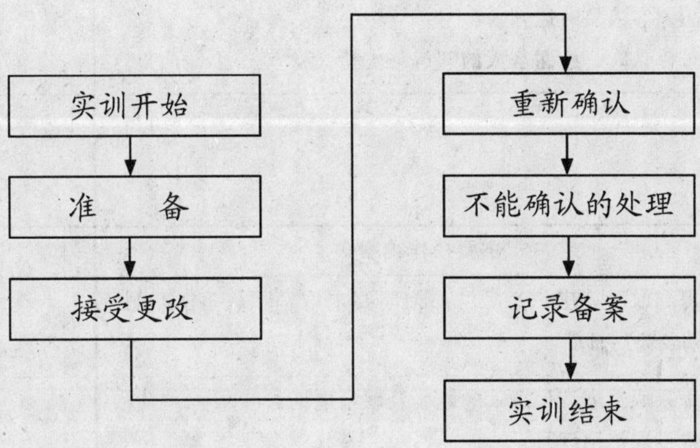

2. 取消。

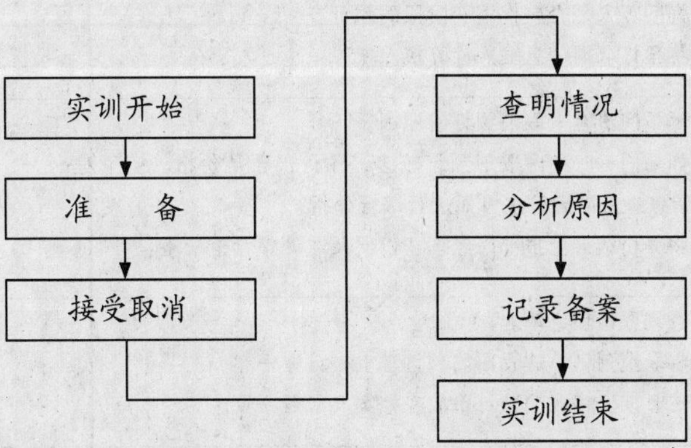

操作规范

1. 更改预订。

操作步骤	主要操作内容	注意要点
一、接受客人更改预订信息	1. 接到要更改的信息，马上询问要求更改预订客人的姓名及原始到达日期和离店日期。 2. 根据提供信息，查出该客人的预订资料。 3. 询问客人需要更改的内容。	1. 热情、耐心地接受。 2. 问清要更改的内容。
二、确认更改预订	1. 在确认新的日期前，先要查询客房出租和预订情况。 2. 在有空房的情况下，可以为客人确认更改预订，并填写预订单。 3. 记录更改预订的代理人姓名及联系电话。	1. 做好更改标记。 2. 尽量满足客人需求。 3. 记录联系人联系方式。
三、存档	1. 找出原始预订单。 2. 将更改的预订单放置在原预订上，并订在一起。 3. 按新的预订单的抵店日期、客人姓名存档。	准确整理、排放预订、更改资料。
四、未确认预订的处理	1. 如果客人需要更改的内容酒店无法满足,应及时向客人解释。 2. 告知客人预订暂时放在后补名单上。 3. 如果酒店有空房时，及时与客人联系。	1. 及时回复。 2. 解释清楚。
五、更改预订完成	1. 感谢客人及时通知。 2. 未确认时，感谢客人的理解与支持。	对客人的更改表示谢意。

2. 取消预订。

操作步骤	主要操作内容	注意要点
一、接到取消预订信息	1. 得到取消订房信息后，要询问要求取消预订客人的姓名、到达日期及离店日期。	仔细查找。
二、确认取消预订	1. 记录取消预订代理人的姓名及联系电话。 2. 提供取消预订号。	核准取消。
三、处理取消预订	1. 感谢订房客人，将取消预订信息及时通知酒店。 2. 询问客人是否要作下一阶段的预订。 3. 将预订取消信息输入计算机。	取消预订。
四、分析原因	1. 尽量问清客人取消预订的原因。 2. 如果同一时期内取消预订较多，预订部要从价格、竞争对手、政治、经济因素等多方面进行综合分析。 3. 将分析结果上报部门经理，以便及时调整营销策略。	1. 查明取消预订的原因。 2. 分析、总结、上报。
五、存档	1. 查询原始预订单。 2. 将取消预订单放置原始预订单上，订在一起。 3. 按日期，将取消预订单放在档案夹最后一页。	记录存档。

能力测试

【场景一】 昆明某酒店4月30日除了豪华套房外，客房全部住满。5月1日，有位客人打电话来说“因为没乘上车，误了航班，订房改在5月2日。”请以此来设计一段预订更改场景，并模拟训练。

【场景二】 3月14日，成都某酒店预订处接受了来自山东某进出口公司的电话订房，对方要求预订4个标准间，从3月27日起住4天，几天后，对方按酒店要求，将1000元订金汇入酒店的账户 。

3月22日下午，山东的那家公司又来电话说：“对不起，我们原订的4个标准间现因计划有变，不再需要了。我们打算取消预订。”

面对此情况，预订员应如何办理？有哪些工作程序？请以此来设计一段预订取消场景，并模拟训练。

考考你

1. 假如客人打电话要增加客房数，应注意哪些问题？

2. 假如客人打电话改订客房日期，而原订的客房类型已客满，怎么处理？

3. 在场景一中，假如这个时间有客人取消预订，对酒店客房销售有影响吗？应采取什么预防措施？

实训项目五	订房核对
实训目的	通过模拟宾客订房核对的情景训练，了解宾客订房核对的基础知识，掌握宾客订房核对的受理程序，能够独立完成宾客订房的核对。
实训学时	实训授课1学时，共计45分钟。其中，教师示范10分钟，学员分组练习30分钟，考评5分钟。
实训要求	掌握宾客订房核对受理过程；熟悉宾客订房核对的办理程序。
实训方法	教师示范、分组练习、考评测试。

知识链接

由于从客人提出预订距离抵店总有些时间，这之间经常出现取消或更改订房的情况。所以，需要做好订房核对工作，发现问题及时更正，以保订房工作的准确无误。在客人抵达前，通常进行三次核对。

三次核对主要针对零散的订房客人；对于大型或重要的团体客人，核对订房常常多于三次。

操作流程

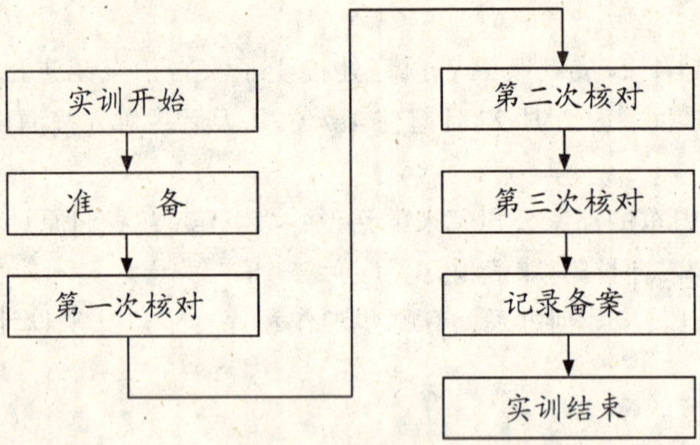

操作规范

操作步骤	主要操作内容	注意要点
一、准备预订资料	将所有预订资料按日期整理好，进行逐个核对。	不能有遗漏。
二、第一次核对	在客人抵店前一个月，以电话、书信、或传真等方式与订房人联系，进行核对。核对的内容有抵达日期、预住天数、房间数量、类型。	1. 确认预住日期、天数。 2. 房间种类、房间数。
三、第二次核对	在客人抵店前一周进行核对。核对内容同第一次核对。	抵达时间、订房数有没有改动，VIP 订房。
四、第三次核对	在客人抵店前一天，进行第三次核对。用电话方式进行，对预订内容作详细检查，将准确信息传达给总台接待处。	是否有变更、取消。

能力测试

【场景一】 山东某个公司每年 4 月底都要组织退休的老职工出去旅游。为了使旅游顺利，负责旅游的人员很早就开始准备。2 月 10 日，打电话向杭州某酒店预订 4 月 29 日标准客房 30 间，预住 3 天。酒店接受了预订。三月底酒店进行了提前一个月的第一次订房核对。没有变动。4 月 20 日酒店进行了提前 10 天的第二次订房核对，4 月 28 日进行了第三次订房核对，房间减少一间。请以此来设计一段客房预订核对场景，并模拟训练。

【场景二】 2007 年春节刚过，陈老先生趁全家都在一起，提出“五一”长假如果没有其他事，全家人回老家一趟，顺便到杭州、上海旅游，并预订房间。2 月 28 日，陈老先生打电话向杭州某酒店提出订房。预订5月2日的3个标准间，预住2天。请以此来设计酒店办理预订手续和订房核对场景，并模拟训练。

考考你

1. 场景一中的提前一个月的第一次订房核对主要核对哪些内容？
2. 电话核对要注意些什么？
3. 假如客人已预交了保证金，核对时，要不要核对保证金数额？

实训项目六	客人抵店前准备
实训目的	通过模拟客人抵店前准备的情景训练，了解客人抵店前准备的基础知识，掌握客人抵店前准备的受理程序，能够独立完成客人抵店前的准备。
实训学时	实训授课1学时，共计45分钟。其中，教师示范10分钟，学员分组练习30分钟，考评5分钟。
实训要求	掌握客人抵店前准备的过程；熟悉客人抵店前准备的程序。
实训方法	教师示范、分组练习、考评测试。

知识链接

宾客抵店前的准备工作大致分成下列三个阶段：

1. 提前一周或数周，将酒店主要客情，如重点宾客（VIP）、大型团队、会议接待、客满等信息通知各部门。其方法可采取分发各类预报表，如十天客情预测表（见表1）、重点宾客（VIP）呈报表（见表2）、重点宾客（VIP）接待规格呈报表（见表3）等，也可召开由运转总经理主持的协调会。

表1　十天客情预测表　____月____日

日期	星期	预抵散客	团队	离店	团队离店	住宿	团队住宿	故障房	已满房间数	预计出租房数	预计出租单位	预计出租率	预计空房间数	已用房间数	可用房间数

表 2　重点宾客（VIP）呈报表　___月___日

房号	姓名	身份	接待单位	抵店日期	离店日期	客房种类		房　租		备　注
						T	S	T	S	
小计										
送：总经理室、大堂经理、公关销售部、餐饮部、客房部、保安部、前厅部、大厅、总机、客房用膳部										

表 3　重点宾客（VIP）接待规格呈报表　___月___日

<table>
<tr><td>团队名称
贵宾情况</td><td colspan="5"></td></tr>
<tr><td>情　况
简　介</td><td colspan="5"></td></tr>
<tr><td>审
批
内
容</td><td colspan="5">1. 房费：A. 全免　B. 赠送会客室一间　C. 房费按_____折收取　D. 按_____元收费
2. 用膳：在_____餐厅用餐，标准_____元/人（含/不含饮料）
3. 房内要求：A. 鲜花　B. 小盆景　C. 水果　D. 果盘　E. 葡萄酒及酒杯　F. 欢迎信
G. _____名片　H. 礼卡　I. 酒店宣传册
4. 迎送规格：A. 由_____总经理迎送　B. 由_____部总经理迎送　C. 锣鼓迎送
D. 欢迎队伍_____
5. 其他</td></tr>
<tr><td>呈报部门</td><td></td><td>经办人</td><td></td><td>部门经理</td><td></td></tr>
<tr><td>总经理批署</td><td colspan="5"></td></tr>
</table>

2. 宾客抵店前夕，将客情及具体的接待安排以书面形式通知相关部门，做好准备工作。酒店在这方面常使用的表格有：次日抵店宾客一览表（见表 4）、鲜花水果篮通知单（见表 5）、特殊要求通知单等。

表 4　次日抵店宾客一览表　___年___月___日

预订号	序号	客人姓名	房间数	房间类别	抵达时间航班	预期离店日期	备注
1							
2							

表 5　　　　　　　　　　　　　　**鲜花、水果篮通知单**　　　　　　　　　　　　　　____月____日

姓名______________________________ 房号______________________________

送达日期__________________________ 时间______________________________

具体要求____

付款客人姓名______________________ 序号______________________________

备注____

____

3. 宾客抵店的当天，前厅接待员应根据宾客预订的具体要求提前排房，并将有关接待细节（变更或补充）通知相关部门，共同完成宾客抵店前的各项准备工作。

操作流程

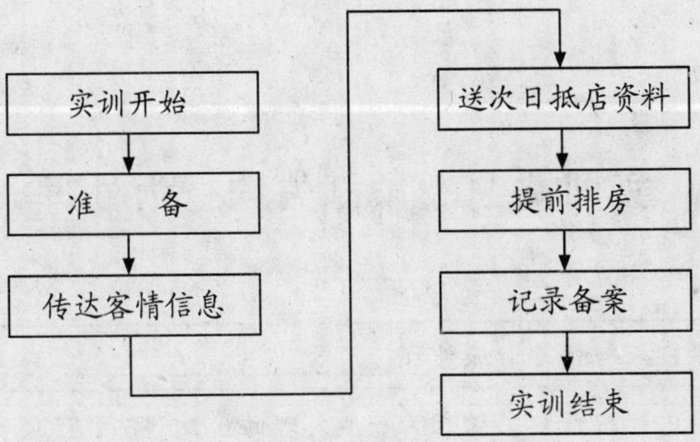

操作规范

操作步骤	主要操作内容	注意要点
一、准备	将整理好的预订资料按日期排好，将重点宾客（VIP）、大型团队、会议接待、客满等信息通知各部门。	仔细、不得遗漏。
二、传达信息	提前一周，向各部门分发各类预报表，如十天客情预测表、重点宾客（VIP）呈报表、重点宾客（VIP）接待规格呈报表等。	主要客情，简明扼要。
三、送资料	宾客抵店前夕，将客情及具体的接待安排以书面形式通知相关部门，表格有次日抵店宾客一览表、鲜花水果篮通知单、特殊要求通知单等。	准备工作要具体。
四、预分房	宾客抵店的当天，前厅接待员应根据宾客预订的具体要求提前排房，并将有关接待细节（变更或补充）通知相关部门，共同完成宾客抵店前的各项准备工作。	提前排房。

能力测试

【场景一】 4月10日，预订员小张将酒店主要客情进行了汇总。19日，已住宿470间，20日预抵店230间，离店210间，故障房5间，其中将有一个40人 的VIP团队。请以此来填写十天客情预测表呈报场景。十天客情预测表中11—19日客情自拟。

【场景二】 4月20日，小张根据预订汇总作出次日抵店宾客一览表、鲜花水果篮通知单、特殊要求通知单等。请以此来设计一段场景，内容自拟。

考考你

1. 场景一中的主要客情呈报缺少哪些内容？

2. 预分房时要注意一些什么问题？

3. 假如一位客人已提出要住2008房间，预订员也答应了客人的要求，可是到了抵店日，房间还被占用，怎么办？（讨论）

实训课题 预订失约行为处理

实训项目一	预订失约行为一般处理
实训目的	通过模拟预订失约行为一般处理的情景训练，了解预订失约行为一般处理的基础知识，掌握预订失约行为一般处理的程序，能够独立完成预订失约行为的一般处理。
实训学时	实训授课1学时，共计45分钟。其中，教师示范10分钟，学员分组练习30分钟，考评5分钟。
实训要求	掌握预订失约行为一般处理过程；熟悉预订失约行为一般处理程序。
实训方法	老师示范、分组练习、考评测试。

知识链接

预订失约预防措施

1. 建立预订员接受预订复述制度。

2. 反复审阅客人预订资料。
3. 向客人解释酒店的政策及惯例。
4. 用预订单记录订房要求时，务必仔细、慎重。
5. 高度重视订房变更或取消，及时办理修改预订记录、建立新的预订单等相关手续。
6. 及时掌握预订信息。
7. 建立相应的审查制度，在预订资料输入微机前，应该交给当值领班或主管审查。

操作流程

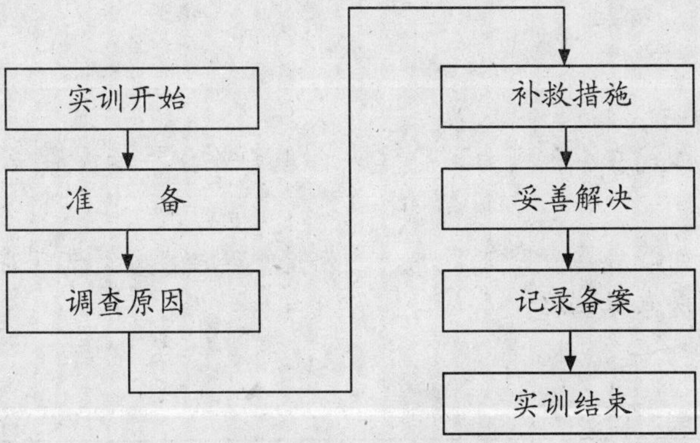

操作规范

操作步骤	主要操作内容	注意要点
一、核实失约情况	失约发生时，及时核对预订记录和客人手中的预订函。	认真核实。
二、查找原因	1. 查看预订抵达时间。 2. 是否更改。 3. 是否办理过取消。	仔细查找。
三、分析	1. 酒店方面的原因。 2. 客人本身的原因。	分清责任。
四、及时解决	客人本身的原因，一般情况下只要酒店有客房就要尽量给予解决，如果酒店实在没有空房，只好建议客人改住其他酒店。如果客人愿意第二天还回来住，本酒店可以将其接回。	妥善安排。

能力测试

【场景一】 4月28日下午5点多钟，正是宾客进店高峰期，服务员小张看了看开房情况，留给确认类客人的房间所剩无几。订房的客人陆续在截房时间之前来到酒店。这时，一位客人拿着一份订房单，来总台办理入住手续，小张接过订单一看订的是一个标准间，便在当天抵达人员名单里查找，却怎么也找不着这位客人的预订记录；又在总预订名单中查找，也没有；再查取消记录，结果是这位客人的预订上一个星期取消了。面对这种情况，小张应该采取什么态度和应对措施？请以此来设计一段客房预订失约行为一般处理场景，并模拟训练。

【场景二】 5月1日19点刚过，酒店的标准间就已全部住满，服务员小张将所有的订单整理核对，保证类预定的客人都已到店。一小时以后，又匆匆忙忙来了两位客人说是已有预订，小张请其出示订房单。其中一位客人拿出预订单交到小张手里，小张一看，原来是确认类预订。请以此来设计一段客房预订失约行为一般处理场景，并模拟训练。

考考你

1. 场景一中，假如就在小张刚为这位客人办理好入住手续，原来那位已订房的客人就到了，怎么办？

2. 场景一中，假如酒店里有空的套房，是先推销套房，还是先叫客人等空房？

3. 场景二中的情况怎样解决？

实训项目二	预订失约行为特殊处理
实训目的	通过模拟预订失约行为特殊处理的情景训练，了解预订失约行为特殊处理的基础知识，掌握预订失约行为特殊处理程序，能够独立完成预订失约行为的特殊处理。
实训学时	实训授课1学时，共计45分钟。其中，教师示范10分钟，学员分组练习30分钟，考评5分钟。
实训要求	掌握预订失约行为特殊处理过程；熟悉预订失约行为特殊处理程序。
实训方法	教师示范、分组练习、考评测试。

知识链接

对于在规定时间内抵店的持保证性或确认性预订证明的宾客，由于某些原因而导致宾客没有房间，按照国际惯例及酒店业常规，对预订失约行为的处理原则如下：

1. 诚恳解释原因并致歉意，请求宾客谅解。

2. 立即与其他等级的酒店联系，请求援助。若找不到相同等级的酒店，则应安排宾客住档次稍高一点的酒店，高出的房费由本酒店支付。

3. 免费提供交通工具和第一夜房费。

4. 免费提供一至二次长话费或传真费，以使宾客能将临时改住处的信息告之有关方面。

5. 保留宾客的有关信息，便于为宾客提供邮件及查询服务。

6. 征得宾客同意，并做好搬回酒店时的接待工作，如大堂副理或客务关系主任出面迎接宾客或在客房内放致歉信，赠送鲜花和水果等。

7. 向预订委托人致歉。

8. 向提供援助的酒店致谢。

对于其他预订的宾客届时无房提供时，则应礼貌地向宾客说明情况，并帮助推荐其入住其他酒店，同时欢迎他第二天在有空房时入住本酒店。

操作流程

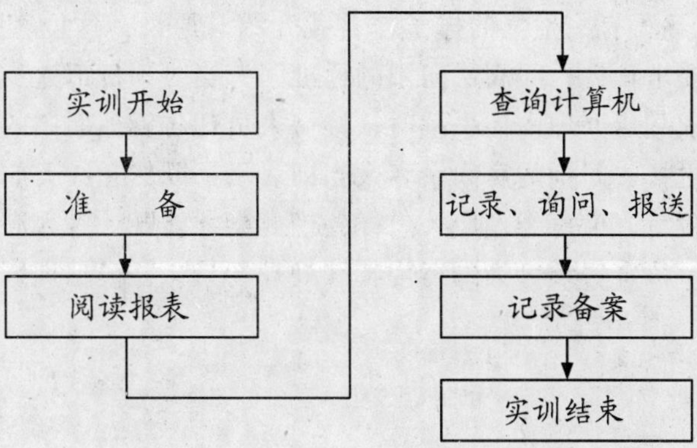

操作规范

操作步骤	主要操作内容	注意要点
一、核实失约情况	失约发生时，及时核对预订记录和客人手中的预订函。	认真核实。
二、查找原因	1. 查看预订抵达时间。 2. 是否更改。 3. 是否办理过取消。	仔细查找。
三、分析	1. 酒店方面的原因。 2. 客人本身的原因。	分清责任。
四、及时解决	酒店方面的原因： 1. 只要酒店有客房，就要尽量给予解决，可以采用“升格”的办法处理。 2. 如果酒店没有空房，只好联系其他同等级酒店的同档次客房，请客人改住其他酒店。如果客人愿意第二天还回来住，本酒店可以将其接回，并享受 VIP 待遇。	妥善安排。

能力测试

【场景一】 6月份哈尔滨一年一度的商贸洽谈会期间是酒店的接待高峰。为了保证酒店的经济效益，一连几天前台都实行了超额预订。一个下雨天，一位来自北京的客人要入住酒店，可是他没有提前预订，而且此时酒店房间已全部出租，没有空余的房间。当前台服务员向这位客人解释时，客人却不理睬，他提着行李在大堂大喊大叫，说自己第一次来哈尔滨，又是冒着大雨，是因为公司与酒店签了协议才来的，因此是不会走的。这时，大堂副理走过来，将客人引领到大堂副理工作台前，细心地向客人解释，可这大雨天也得让客人有地方住才行。大堂副理应采取什么应对方法才能使客人满意？请以此设计一段客户预订失约行为特殊处理场景，并模拟训练。

【场景二】 某日下午6点前，一位客人找到端坐在大堂一侧的值班经理，说“我是从美国来的史密斯”，客人显得有些生气的样子作自我介绍。原来，这位客人在3天前给酒店客房预订部打过电话，要求预订一间高层向阳的标准间，当时预订部人员按客人要求为其办理了预订手续。但当客人到店办理入住手续时，接待人员却告诉他向阳的标准间已经全部出租了，问客人是否可以更换一间别的房间。客人当即表示：既然在3天前作了预订，就不应该出现此类情况，因此投诉。值班经理应该怎样处理此事才能既让客人满意，又不使酒店受到损失？请以此来设计一段客房预订失约行为特殊处理场景，并模拟训练。

考考你

1. 场景一中的客人被安排到了别家酒店，酒店是不是就有可能从此失去了这位顾客？(讨论)

2. 假如酒店客房到了紧张阶段，要不要对一些房间进行控制、保留，以解燃眉之急？

3. 怎样处理失约，才能既让客人满意，又不使酒店受到损失？

案例解析

1005房变成1522房

住店客人毛先生通知前台，他们公司有几间房都在10层，明天他们的老板到店，订的套房能否也安排在同层。前台员工小焦经查询电脑后，答应客人没有问题，房号为1005。当天一位有预订的客人入住，订的是套房。另一位前台员工小钱查电脑只有一间1005，虽然查电脑看到第二天预抵客人占了此房，仍把此房号从该预订上解锁下来，先出租给当天到店的客人。等第二天毛先生带着公司老板到前台办理入住手续时，前台给客人分了一间1522房，毛先生当时很是不解，说昨天已订好住1005房，不是1522房。但前台一查电脑，1005房已出租给别的客人。毛先生由于无法向自己的老板交代很生气，马上要求找酒店负责人投诉。

【评析】 履行自己向别人许下的诺言这是人与人之间交往的最基本的原则，在酒店服务当中，这点尤为重要，它可以体现酒店信誉的高低。一旦答应客人的事情，就应当尽全力去办。由于员工的责任心不够，而将已答应给客人的房间又出租给其他客人，这将使酒店失信于客人。为表示歉意，部门经理和销售部相关人员代表酒店向客人道歉，并免费为客人升级换高级套间，享受VIP待遇。从这个案例中，可以看出培养员工的责任心非常重要。该案例还提示如下环节应予以注意：

1. 前台员工接到客人的要求后如能够满足，则应与当班的其他同事相互知会一下，以免再租，在电脑中BLOCK打上该房号，并在电脑备注中注明：该房号勿动！

2. 在交接班本上作详细记录，让其他同事也知晓此事。每个班次接班前应仔细阅读交接班本。上一班次员工应将本班次或以前未办完、需下一班次注意的事情，进行详细交接。

3. 前台员工在出租客房挑选房号时，应在电脑中确认此房号是无人占用的、干净的、可租的。如发现有预订占用房号应查明原因，不可擅自将预订房号直接出租。

4. 当班领班应清楚当班所有情况，随时注意每位员工的操作，发现问题及时调整，并随时提醒员工操作的注意事项。平时多注意加强对员工工作程序的培训，尤其是责任心的培养。

第三单元

前厅综合业务

实训课题　迎送服务

实训项目一	驻机场代表服务
实训目的	通过模拟驻机场代表对宾客迎送过程的情景训练，了解宾客的迎送程序，掌握宾客的迎送方法，能够独立完成对宾客的迎送。
实训学时	实训授课1学时，共计45分钟。其中，教师示范10分钟，学员分组练习30分钟，考评5分钟。
实训要求	掌握对宾客的迎送方法；熟悉迎送宾客服务程序。
实训方法	教师示范、分组练习、考评测试。

知识链接

一、驻机场代表（饭店代表）服务

驻机场代表服务是饭店整体服务的延伸和扩展，越来越多的饭店在空港设置驻机场代表，使这项服务更具专业化。

二、业务要求

1. 有较高的外语交流水平。

2. 有较强的应变能力和独立处理问题的能力。

3. 饭店客满时，设法帮助无法入住的客人解决住宿问题。

4. 事先了解客房销售情况，积极争取未订房客人入住本饭店。

5. 熟悉饭店迎送客人的礼节和程序，具有较强的口头表达能力。

6. 了解饭店及市区情况，熟悉各交通口岸情况，掌握在交通口岸核对客人到达时刻、班次的方法。

7. 掌握公关基本知识，能协调好与店外接送有关的各种关系。

操作流程

1. 迎接。

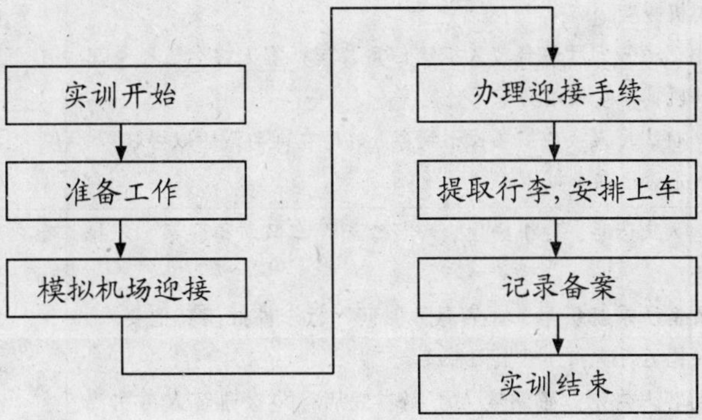

2. 送别。

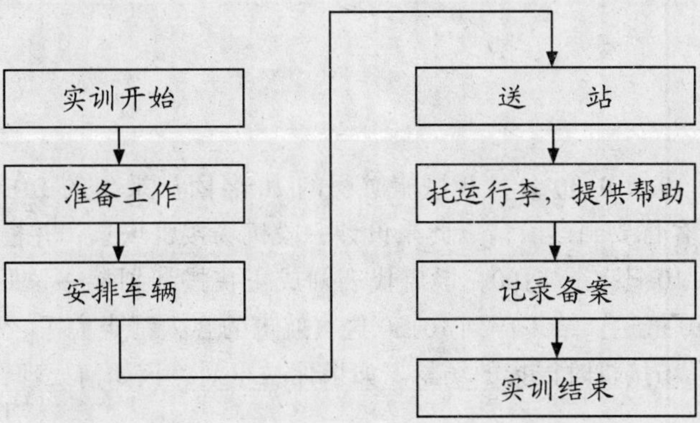

操作规范

操作步骤	主要操作内容	注意要点
一、准备工作	1. 在预订客人抵达前一天，领取要接机的客人名单。核对客人姓名、人数和所乘班机号等。 2. 根据接机预测报告，向车队下达出车安排指令。 3. 客人抵达当日，根据所订航班时间，提前做好接机准备。 例：招示牌上写明要接的客人姓名等。 4. 注意航班时间有无变化。若飞机延误，及时与管理人员联系，作出适当调整。	1. 熟知次日客情。 2. 适当安排车辆。 3. 充分做好接待准备。
二、迎接客人	1. 手举招示牌，接到客人后，主动问候，表示欢迎，介绍自己的身份和任务，并帮助提取行李，引导客人上车，告知客人先抵店。 例："王先生，行李已经放到车上，您看还有问题吗？如果没其他问题，我们的司机张师傅会送您去饭店，路上大概需要30分钟。	1. 主动热情接待。 2. 注意风俗习惯、礼仪。 3. 尽快引导客人上车。 4. 将客人的信息及时通知前台。

续表

操作步骤	主要操作内容	注意要点
	祝您旅途愉快。再见。” 2. 根据客人住房号（已排房）开立账单，将车费记入客人账目或由司机收费。 3. 电话通知大厅总台客人抵店信息，包括客人姓名、所乘车号、离开机场时间和用房有无变化等。 4. 一旦出现误接或机场找不到客人，应立即与饭店取得联系，查找客人是否已乘车抵店。	5. 如果发生误接，及时与饭店联系、核查。 6. 返回饭店后，及时与前台确认，不可不了了之。
三、送别客人	1. 客人离店时，驻机场代表与行李组及车队取得联系，安排离店服务。 2. 弄清所乘航班号、离店具体时间、行李件数及其他要求，帮助客人托运行李和办理报关手续。 3. 与客人告别，感谢客人下榻本饭店，并欢迎客人再次光临。	1. 熟知客人离店情况。 2. 及时安排接送车辆。 3. 致谢，欢迎再来。

能力测试

【场景一】 3月10日9:30分，新星旅游团的10名团员乘坐的DD96次航班准时到达，9:55分还有20名宾客将要到达。请以此来设计一段机场接机场景，并模拟训练。

【场景二】 3月10日上午8:00，饭店代表刘成正在按计划接一位叫项来的客人，他将乘BC56次航班10:10抵达。结果等到10:30这次航班的客人都走完了，也没见到项来先生。请以此来设计一段机场接机时误接的场景。如果你是小刘，该如何处理？

考考你

1. 如果是由于客人自已误了航班而产生误接情况，作为饭店代表的你该如何处理？
2. 如果是有预订的客人，却不在接机名单内，该客人应如何应接？
3. 接机时，有一位没有订房的客人要跟车到饭店，该如何处理？

实训项目二	门厅迎送服务
实训目的	通过模拟宾客迎送过程的情景训练，了解宾客的迎送程序，掌握散客的迎送方法，能够独立完成对宾客的迎送。
实训学时	实训授课1学时，共计45分钟。其中，教师示范10分钟，学员分组练习30分钟，考评5分钟。

续表

实训要求	掌握对宾客的迎送方法；熟悉迎送宾客的服务程序。
实训方法	教师示范、分组练习、考评测试。

知识链接

一、门厅应接

门厅应接员（门童）应礼貌待客，热情服务。当客人到达时，为客人开车门，帮助客人卸下行李，为客人指出总台的位置，召唤行李员，并在等候行李员期间为客人看守行李。当客人离店时，帮助装行李，向客人挥手告别。

二、门厅应接原则

1. 掌握情况。了解旅游团（者）抵离批次、时间，重要宾客姓名，接待规格及特殊要求。了解当班期间宴会主办人、重要来宾及宴会厅地点和时间。

2. 互通信息。负责与总台、楼层台班、餐饮部沟通信息，共同做好服务工作；如有饭店领导出面迎送，事先向领导汇报迎送对象的情况。

3. 检查环境。负责检查门厅环境卫生及室温。

4. 门厅交接。礼貌待客，热情服务。当客人到达时，为客人开车门，帮助客人卸下行李，为客人指出总台位置，召唤行李员，并在等候行李员期间为客人看守行李。当客人离店时，帮助装行李，向客人挥手告别。

5. 安全保卫。负责注意门厅出入人员动向，做好防爆、防盗工作。协助保安人员做好贵宾抵离时的安全保卫工作。

6. 门前调度。确保饭店门前车道畅通，指挥正门前交通及车辆停放事宜。为住客召唤出租车，负责大门口附近车辆的清理工作。

三、业务要求

1. 掌握饭店服务基本常识，懂得接待工作礼节，熟悉当地机场、车站、码头客货运输情况。

2. 掌握门厅应接技能、技巧和礼貌用语。能熟练运用一门外语与客人进行应接会话，提供准确优质的迎送服务。

3. 了解饭店各项服务设施及安全保卫知识，了解饭店大型活动、宴会情况，能协助保安人员做好门厅安全保卫工作。

4. 了解市区情况，能答复客人有关市区及饭店情况的问询。

操作流程

1. 应接。

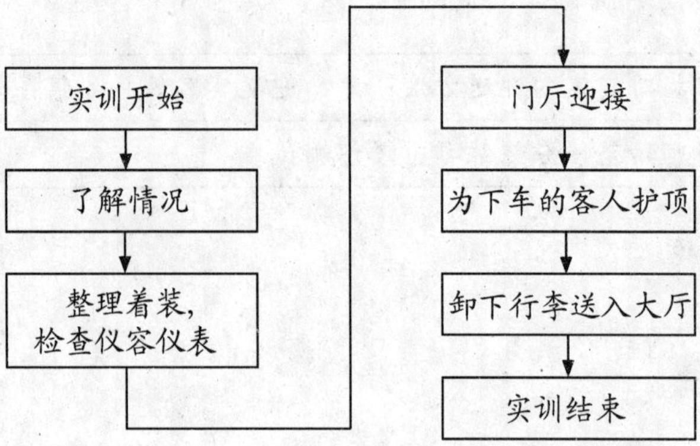

2. 送别。

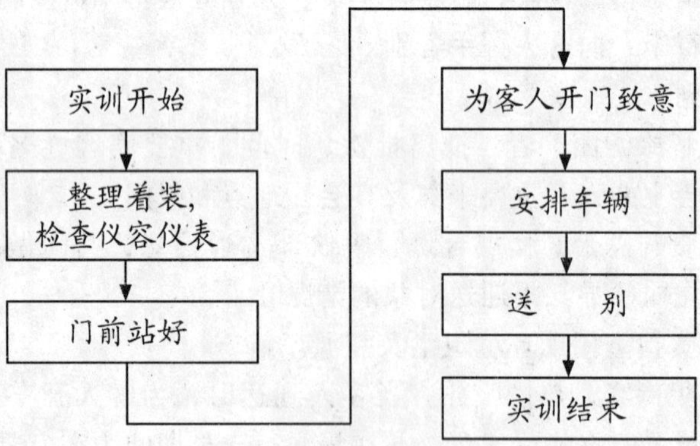

操作规范

操作步骤	主要操作内容	注意要点
一、准备工作	1. 了解当天即将抵店的重要客人和团队。 2. 了解饭店当日举行的大型活动。	准备工作要充分。
二、迎接客人	1. 将客人所乘车辆引领到适当的地方停车，以免门前交通阻塞。 2. 趋前开启车门，用手臂挡车门为客人护顶，并协助客人下车。 3. 面带微笑地使用恰当的敬语欢迎前来的每一位客人。 4. 协助行李员卸下行李，注意检查有无遗漏物品。	1. 热情礼貌。 2. 动作规范。 3. 配合行李员工作。 4. 老人、儿童行动不便的要搀扶。
三、欢送客人	1. 离店时，为客人打开大门，问候并询问客人离店后所去地点，调度、召唤出租车，并注意看管随客人而出的行李。 2. 协助行李员将客人行李放入车后行李箱，为客人拉开车门，护顶，请客人上车，并祝客人旅途愉快。 3. 驱散可疑闲杂人员，维持店前秩序。	1. 根据客人需要，及时提供服务。 2. 送别时招手示意，直到看不见车为止。

能力测试

【场景一】 6月5日中午，泉城大酒店有一个中外文化交流会议闭幕，中外客人纷纷离开酒店前往机场，迎宾员微笑着与走在前面的外宾送别，还有一小部分国内客人紧随在后面也走了出去，门厅迎宾员却没有反应。其中一位客人当场责问迎宾员：“对于酒店来说，我们和外国客人有什么区别吗”？请设计场景，进行模拟训练。

【场景二】 行李员小陈正拿着客人的行李准备带客人去总台登记住宿，这时又一个客人对小陈大叫：“快来，帮我拿行李”。小陈看这客人实在没礼貌，故意不吭声，装作没有听见。客人大怒，又大声责骂“是不是耳朵聋了”。小陈也忍不住大声回骂：“你眼睛瞎了吗，没看见我手里有两个箱子”……最后，客人直接找大堂经理投诉。请设计场景，着重考虑大堂经理如何来处理这个情况？并如何避免此类情况发生？并进行模拟训练。

考考你

1. 送别客人的时候，应注意哪些细节问题？
2. 如果有两个客人同时要你来帮助拿行李，你会怎么做呢？
3. 作为迎宾员，要知道哪些日常敬语？

实训项目三	门厅 VIP 客人服务
实训目的	通过模拟对 VIP 客人迎送过程的情景训练，了解 VIP 客人不同级别的迎送规格，掌握 VIP 客人的迎送方法和程序。
实训学时	实训授课1学时，共计45分钟。其中，教师示范10分钟，学员分组练习30分钟，考评5分钟。
实训要求	掌握对 VIP 客人的迎送方法；熟悉迎送 VIP 客人服务程序。
实训方法	教师示范、分组练习、考评测试。

知识链接

VIP 客人的服务规格标准

1. A级迎送。总经理和部分服务员在大厅门口列队迎送客人。
2. B级迎送。总经理、大堂副理、礼宾员等人员在大门口迎送客人。
3. C级迎送。总经理或副总经理，或大堂经理大厅门口等候迎送客人。

操作流程

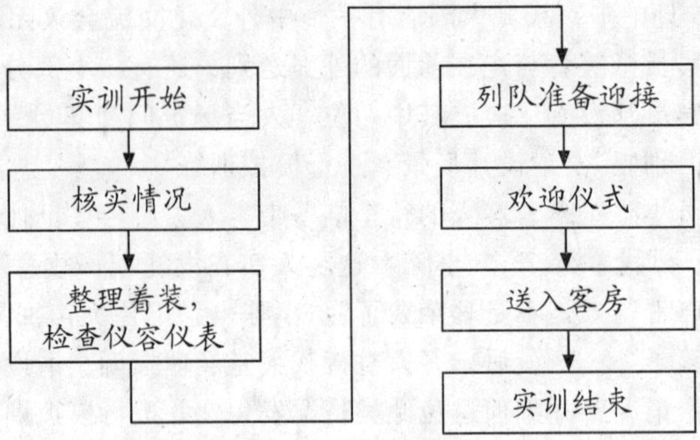

操作规范

操作步骤	主要操作内容	注意要点
一、准备工作	1. 了解当天即将抵店的重要客人和团队。 2. 了解 VIP 客人接待规格。	准备工作要充分。
二、迎接客人	1. 将客人所乘车辆引领到店门前停车。 2. 趋前开启车门，用手臂挡车门为客人护顶，并协助客人下车。 3. 面带微笑地使用恰当的敬语欢迎前来的客人。 4. 协助行李员卸下行李，注意检查有无遗漏物品。	1. 热情礼貌。 2. 动作规范。 3. 卸下行李。
三、欢迎仪式	1. 按 VIP 客人接待级别，安排接待礼仪规格。 2. 视 VIP 客人级别安排欢迎仪式：列队欢迎，致欢迎词。 3. 驱散可疑闲杂人员，维持店前安全秩序。 4. 大堂经理（部门经理或总经理）陪同客人上电梯，到客房。	1. 提前下发 VIP 客人接待报告。 2. 根据 VIP 客人接待报告安排迎接。

能力测试

【场景一】 4 月 15 日 10:30 分，将有两位 B 级 VIP 客人抵店。请根据 B 级 VIP 客人接待规格做好准备。10 点 32 分 VIP 客人抵达饭店。请以此来设计一段大门口迎接贵宾的场景，并模拟训练。

【场景二】 4 月 18 日 8 点多，2008 房的 VIP 客人离店，根据 B 级 VIP 客人接待规格提前做好送别准备。请以此来设计一段大门口送别贵宾的场景，并模拟训练。

考考你

1. 迎接 B 级 VIP 客人都需要哪些领导参加？

2. 迎接 A 级 VIP 客人，门、厅要不要重新布置？
3. 送别 A 级 VIP 客人时，是不是还跟迎接时一样？

实训课题　行李服务

实训项目一	散客行李服务
实训目的	通过模拟散客抵店时的行李及引领服务过程的情景训练，了解散客抵店时的行李及引领服务程序，掌握散客抵店时的行李及引领服务方法，能够独立完成散客抵店时的行李及引领服务。
实训学时	实训授课 1 学时，共计 45 分钟。其中，教师示范 10 分钟，学员分组练习 30 分钟，考评 5 分钟。
实训要求	掌握宾客抵店时的行李及引领服务方法；熟悉宾客抵店时的行李及引领服务程序。
实训方法	教师示范、分组练习、考评测试。

知识链接

散客行李服务，分抵店服务与离店服务两种情况。行李处的业务范围如下：
1. 到机场、车站或码头接送客人。
2. 店门迎接客人，协助保安人员维持大厅秩序。
3. 客人行李的运送及保管业务。
4. 住客函件和饭店内部函件的传送服务。
5. 陪送客人进房间，介绍客房设备及饭店服务项目、注意事项等。
6. 其他的委托代办服务及必要时的电梯服务。

操作流程

1. 抵店。

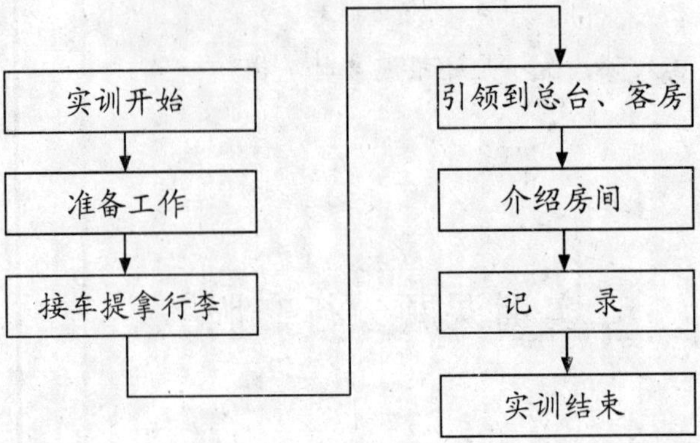

2. 离店。

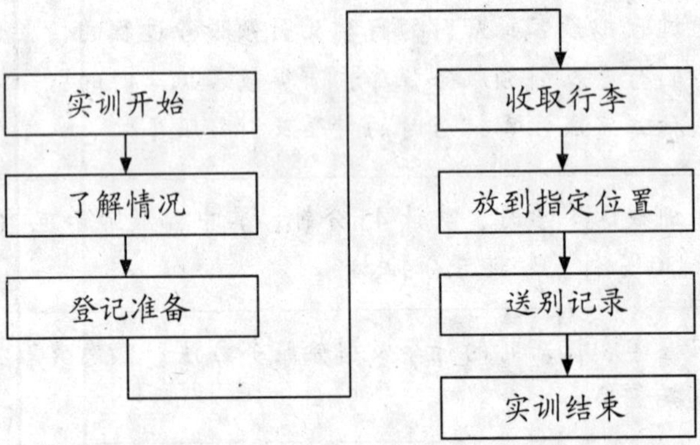

操作规范

1. 抵店。

操作步骤	主要操作内容	注意要点
一、出门迎接	1. 行李员主动迎接抵达饭店的客人，为客人打开车门，请客人下车，并亲切问候。 2. 从出租车内取出客人行李，请客人确认行李件数，以免遗漏。 3. 迅速引导客人走进店门，到前台办理入店登记。	1. 要热情礼貌。 2. 易碎或贵重物品请客人自己拿。 3. 检查行李件数。
二、引领客人入店，办理入店手续	1. 行李员引领客人至前台，把行李放置在离前台 4 米以外的地方，系好本店行李牌，手背后直立站在行李后方，直到客人办理完毕全部入店手续。 2. 对于住在豪华楼层的客人，需引导客人至豪华楼层办理入店手续，并需帮助客人搬开并放好登记台前的座椅，请客人入座，退后 3～4 米，站立等候客人办完手续。	1. 用左手提行李，行走时身体要自然。 2. 过重、过大的行李要用行李车。 3. 等待客人办理入住登记时不可左顾右盼，随时听从客人吩咐。

续表

操作步骤	主要操作内容	注意要点
三、引导客人入住房间	1. 客人办理完入店手续后，行李员从前台服务员手中接过客房钥匙，清晰地将房间号码登记在行李牌上。 2. 如果几位客人同时入店，应在办理完手续后，请每位客人逐件确认行李，在行李牌上写清客人的房间号码，并礼貌地告诉客人在房间等候，然后迅速将行李送入房间。 3. 引导客人至电梯厅，按叫电梯。在途中向客人介绍饭店设施和服务项目，使客人初步了解饭店。 4. 电梯叫到，请客人先进电梯间，并为客人按下相应楼层示意键，然后将行李提进电梯间，靠边放置在电梯里，继续向客人介绍饭店有关情况，回答客人问询。 5. 电梯到达目的地楼层后，请客人先走出电梯，行李员随后赶上，走在客人之前，引领客人进入客房。	1. 准确地在行李牌上写上房号。 2. 引领时走在客人左前方两三步远，用右手指示方向。 3. 边走边向客人介绍饭店的设施和服务项目。 4. 介绍安全通道。 5. 上下电梯，客人先进先出。
四、房间服务	1. 引导客人到达房间，把行李放在房门外左侧，并简短地向客人介绍紧急出口及客人房间在饭店的位置。 2. 开门之前，向客人介绍如何使用钥匙开门及其他钥匙的用途（如小酒吧钥匙）。 3. 为客人打开房门，介绍电源开关，并把钥匙插入开关内。 4. 请客人首先进入房间，行李员进入后把行李放在行李架上，并帮助客人把脱下的外衣及要挂的物品挂入壁橱内，帮助客人打开或拉上窗帘。 5. 向客人介绍如何使用电视和收看各频道节目，以及饭店内提供的节目。 6. 向客人介绍电话使用方法，店内各主要服务部门的电话号码及空调、收音机、床头灯等电器设备。 7. 告知客人写字桌上放有饭店介绍，以便客人更多地了解饭店服务信息。 8. 向客人介绍小酒吧，并提醒客人注意放在酒吧上的价格表。 9. 向客人介绍卫生间内设施，提醒客人注意电源的使用。 10. 向客人介绍店内的洗衣服务及电话号码。 11. 介绍完毕，询问客人是否还有其他要求，最后祝愿客人居住愉快。	1. 先敲门、再开门。 2. 按规定介绍房间里的设施设备使用情况。 3. 如果客人没事，介绍完毕迅速退出。
五、登记	1. 待送完客人后，回到行李台登记房号、行李件数、客人入店时间。 2. 如遇到早到而暂时无法进入房间的客人，应将行李放在行李台旁，代客人保管，并标明“入店”字样，待客人房间安排好后，再送入房间。 3. 如果客人没有进入房间，而由行李员直接将行李送入客房，须注明“开门”。	记录及时、准确、完整。

2. 离店。

操作步骤	主要操作内容	注意要点
一、接到通知，收取客人行李	当客人离店打电话要求收取行李时，行李员必须问清客人房间号码、行李件数和收取行李时间。	问清房号、行李件数。
二、登记	行李员在离店登记单上填写房间号码、时间、行李件数，并根据房间号码迅速去取客人行李。	作好记录。
三、收取客人行李	1. 在3分钟之内到达客人房间，轻敲三下，并告知客人“行李服务”或待客人开门后，向客人问候。 2. 和客人一起确认行李件数，并帮助客人检查是否有遗漏物品。如发现遗留物品，应直接还给客人或交给行李部经理。 3. 行李员把客人行李放置在行李台旁边，告知领班客人房间号码，站在一旁等候客人。	1. 及时收取行李。 2. 查清行李件数。 3. 放好行李，以免拿错。
四、帮助客人离店	1. 确认客人已付清全部房费、办理完毕离店手续后，引导客人出店，帮助客人将行李放入出租车内。 2. 为客人打开车门，并请客人上车护顶。 3. 向客人礼貌告别：“欢迎下次再来。”	及时将行李放到车上，热情招手送客，直到远去。

能力测试

【场景一】 4月28日下午4点多钟正是宾客进店高峰期，先后来了两辆出租车，车上有老小八九个人，原来是一家三代出来旅游的，后备箱里的行李装得满满的。请以此来设计一段宾客抵达饭店时行李服务的场景，并模拟训练。

【场景二】 某天早晨7:00左右，1818房的客人要退房离店，要饭店行李员将行李运到大门等候。请以此来设计一段宾客离店时的行李服务场景，并模拟训练。

考考你

1. 下面是行李员与客人的一段对话，请找出不对的地方，并加以改正。

行李员：“您好！先生，你这边走。”

客人：“好的。”

行李员：（按叫电梯）“先生，您是第一次下榻我们饭店吧？”

客人：“是的，第一次。”

行李员：“您看，我们饭店一共23层。一楼有法式餐厅、咖啡厅和多功能厅；二楼有中餐厅和大宴会厅。中餐厅有川菜厅、粤菜厅和鲁菜厅。这些餐厅除了咖啡厅是24小时营业之外，其余的营业时间都是早10:00至晚10:00。我们饭店的健身房在三楼，营业时间是早6:00至晚11:00。好了，先生，18楼到了，您先下。您往这边走。您的房间在电梯的左侧。这是安全出口。您的房间到了，1818号（敲门，用钥匙开门）。先生，开门时只需将钥匙对准门锁，门就会自动开启。先生，您请进。您的两件行李我放在行李架上了，您看可以吗?”

客人:“好的。”

行李员:“先生，您居住的这间豪华套房是一间外景房，可以看到外边的大海。房间内的中央空调按钮在这儿，现在室内温度20℃，如果您需要调节，旋转这个按钮就可以了。房间电视机有45个频道，其中第七频道是我们饭店的内部频道，24小时有节目，您可以自由选看。这是迷你吧，内装的食品、饮料、酒水是收费的，价目表在这儿，会一起记入您的总账当中。打电话，内线直接拨号，外线加拨9，国内长途前请加99，国际长途请加099，长途电话是电脑计费，最后会记入您的总账中。卫生间内的热水每天24小时供应，蓝色标志一端为冷水，红色标志一端为热水。此外，我们还有收费洗衣服服务，您只需将要洗的衣物放入洗衣袋中，挂在门把手上即可，服务夹中有洗衣单，请将要求填写在上面，我们的服务生会按时收到的。先生，如果您还有其他不清楚的地方，请您阅读我们的‘服务指南’，内有详细说明。”

客人:“好的。”

行李员:“您还有其他需要吗?”

客人:“没有了。”

行李员:“那好，先生，再见。祝您居住愉快。”

2. 某天下午1点多钟，有一位女士乘坐出租车来到饭店，后备箱里放了一个行李箱、一个大皮包，除此之外，手上还拿了一个小挎包和一个盒子。看起来很贵重或是怕碰。试问:你在为客人拿行李时，要不要把小挎包和盒子也接过来?

3. 3月的杭州城春意盎然，各国游客纷纷前来一睹杭城的秀丽景色。15日晚6:00，一位英国客人Mark抵达杭城某酒店，总台服务员有条不紊地为客人快速登记，行李生小王将客人带领入房，并进行了常规性的服务。服务完毕之后，客人掏出1美元答谢小王，小王则说:“对不起，我们不收小费。”转头离开了房间。次日，Mark向大堂副理投诉:行李生的态度不好，看不起他，给他心理造成了伤害，要求饭店出面解决。试问:行李生该不该收小费?

实训项目二	团队行李服务
实训目的	通过模拟团队抵离店行李服务过程的情景训练，了解团队抵离店行李服务程序，掌握团队抵离店行李服务方法，能够独立完成对团队抵离店的行李服务。
实训学时	实训授课1学时，共计45分钟。其中，教师示范10分钟，学员分组练习30分钟，考评5分钟。
实训要求	掌握对团队宾客的迎送方法；熟悉迎送团队宾客服务程序。
实训方法	教师示范、分组练习、考评测试。

知识链接

团队离店时行李服务规则

1. 立于大门两侧及本部柜台边的行李员，见大厅内有客人携带行李离店，应主动上前帮助提携，并送宾客上车。

2. 接到当值主管或大堂副理分派上楼搬运客人行李的通知后，立即通知行李专梯接应，拿着（已写房号、提示牌）寄存行李卡，推车走行李通道，乘行李专用梯上楼。

3. 在进房间前，先按门铃，再敲门，征得宾客同意，方可进房提取行李，并与宾客共同清点行李件数，检查行李的破损情况，问明宾客行李运往何地（何时取回），并按要求在寄存卡上下联写上经手人姓名、行李件数，把下联交给宾客，告诉宾客届时凭卡取回行李。行李装车后，告别宾客，并迅速离开。

4. 行李运下楼后，如客人要立即走，就在散客登记本上写上行李离店件数、经手人姓名、时间等。

5. 帮宾客搬运行李时，知道客人要走而未付账，应有礼貌地告知宾客结账处的位置。

6. 送宾客离开饭店时，再次请宾客清点行李件数后再装上汽车，提醒宾客交回房间钥匙，向宾客道谢，祝宾客旅途愉快。

7. 将钥匙交回问询处，将行李车放回原处，注销所有行李牌。

操作流程

1. 团体行李进店时。

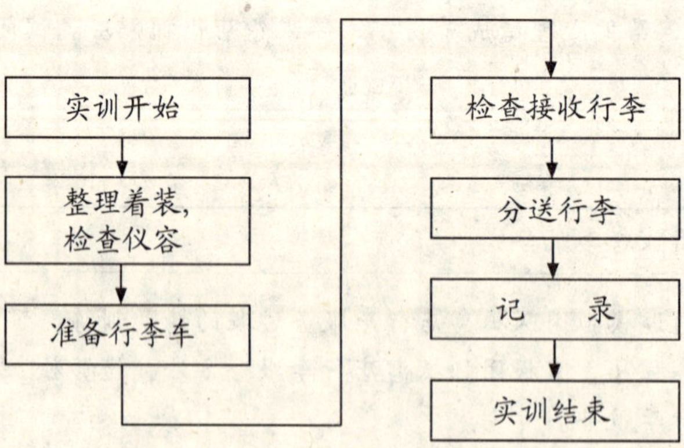

2. 团体行李离店时。

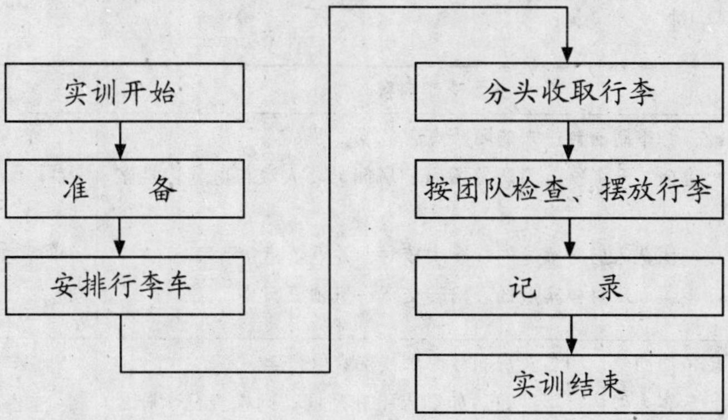

操作规范

1. 团体行李进店时。

操作步骤	主要操作内容	注意要点
一、接收行李	1. 当团队行李送到饭店时，由领班向团队行李员问清行李件数、团队人数，并请团队行李员在入店登记表上登记姓名和行李车牌号。 2. 由领班指派行李员卸下全部行李，并清点件数，检查行李有无破损。如遇破损，须请团队行李员签字证实，并通知团队陪同及领队。 3. 整齐码放行李，全部系上有本饭店标志的行李牌，并用网子罩住，以防止丢失、错拿。	1. 分清团队、人数。 2. 分清行李件数。 3. 系好行李牌。
二、分检行李	1. 根据前台分配的房间号码分检行李，并将分好的房间号码清晰地写在行李牌上。 2. 与前台团队入店分房处联系，问明分配的房间是否有变动，如有变动，须及时更改。 3. 及时将已知房间号码的行李送至房间。 4. 如遇行李姓名卡丢失，行李应由领队帮助确认。	1. 分送行李要准确。 2. 同房间同车，同侧同楼层同车。 3. 不同团队的行李分车送。
三、送行李到房间	1. 将行李平稳摆放到行李车上，在推车入店时，注意不要损坏客人物品和饭店设施。 2. 在进入楼层后，应将行李放在门左侧，轻轻敲门三下，报出“Bell Service”。 3. 客人开门后，主动向客人问好，固定房门，把行李送入房间内，待客人确认后方可离开。如果客人的行李不见了，应婉转地让客人稍候并及时报告领班。 4. 对于破损和无人认领的行李，要与领队或陪同及时取得联系，以便尽快解决。	1. 运送行李动作要文明。 2. 按规定敲门。
四、行李登记	1. 送完行李后，应将送入每个房间的行李件数准确登记在团队入店登记单上。 2. 如果是开门直接送入，则应注明“开门”字样，并核实总数是否与刚入店时一致。	及时记录。

2. 团体行李离店时。

操作步骤	主要操作内容	注意要点
一、准备	1. 仔细审阅前台送来的团队离店名单。 2. 提前3天将预离团队的团号、房间号、人数与电脑内档案核实。 3. 与团队入店时填写的行李表核对，并重新建立新表。 4. 夜班领班将核实后的表格转交下一班领班。	1. 查清要离店团队的编号名单 2. 夜班编制离店表，交接班时，如有特殊情况要交代清楚。
二、收取行李	1. 依照团号、团名及房间号码到楼层收取行李。 2. 与客人确认行李件数。如客人不在房间，则检查行李牌号及姓名。 3. 如客人不在房间，又未将行李放在房间外，则应及时报告领班解决。 4. 根据领班指定位置摆放行李并罩好，以免丢失。	1. 仔细对照名单收取行李。 2. 不同的团队分别收取、摆放。
三、核对	1. 统计行李件数的实数是否与登记数吻合。 2. 由领班与陪同或领队一起确认件数。若无误，请其在团队离店单上签字。 3. 从前台得到该团行李放行卡后，方可让该团队离开。	1. 按规定确认、签字。 2. 有放行卡，方可放行。
四、行李放行及资料存档	1. 由领班问清行李员所取的团队行李的团号和团名。 2. 待团队行李员确认行李件数后，请其在离店单上签上姓名及车牌号。 3. 领班把团队离店登记单存档。	记录存档。

能力测试

【场景一】 5月2日下午3点多钟，有两个团队同时抵达饭店，每个团队的人数都在20位以上。按要求请迅速分好行李，送到客人房间。请以此来设计一段团队行李服务场景，并模拟训练。

【场景二】 月牙团队与星星团队客人在10:00左右同时离店。请设计离店团队名单及一段到各房间收取行李的场景，并模拟训练。

考考你

1. 行李到店后，行李员便马上给客人送行李。送着送着，突然听到一位客人在大声嚷嚷，原来是这位客人发现同房间一起住的行李都送到了，唯独自己的没有。请问这是什么原因造成的？应该怎样预防？

2. 有一个楼层住了两个团队，同时离店。收取行李时，能不能用行李车一车装运？

3. 有位客人的行李牌写的不清楚，怎么处理？

实训项目三	行李寄存服务
实训目的	通过模拟行李寄存过程的情景训练，了解宾客的行李寄存程序，掌握行李寄存方法，能够独立完成行李的寄存服务。
实训学时	实训授课1学时，共计45分钟。其中，教师示范10分钟，学员分组练习30分钟，考评5分钟。
实训要求	掌握行李寄存服务方法；熟悉行李寄存服务程序。
实训方法	老师示范、分组练习、考评测试。

知识链接

行李寄存服务原则

1. 确定客人身份。非住店客人不能寄存行李。

2. 检查行李。未上锁扣行李不能寄存，不能有易燃、易爆、化学腐蚀剂、剧毒品、枪支弹药等危险品。

3. 严格按照行李的寄存和提取程序操作。

操作流程

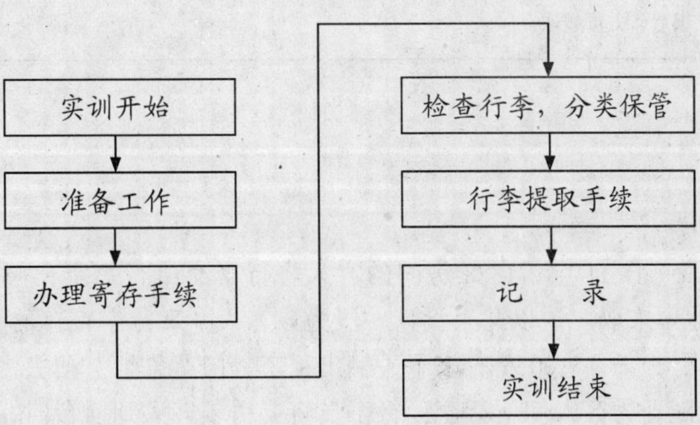

操作规范

操作步骤	主要操作内容	注意要点
一、填写行李寄存牌	1. 有礼貌地递给客人行李寄存牌，并向客人介绍行李寄存牌上需填写的项目，提醒客人本店对散客过期不取行李仅保留30天。	仔细检查行李寄存牌，要填写清楚。

续表

操作步骤	主要操作内容	注意要点
	2. 向客人询问所存行李件数和提取行李时间，并亲自在行李寄存牌的上联和下联为客人填写清楚。 3. 请客人填写行李寄存牌，须写清当天日期、客人姓名、房间号码。 4. 行李员同时在单据上写清自己姓名，撕下下联收据递给客人，并提醒客人凭此提取行李。	
二、保管客人所存的行李	1. 将存放半天或一天的行李放在屋外侧，以便搬运。将长期存放的物品放在存贮室的行李架上，如果一位客人有多件行李，应用绳子连起，以免错拿。 2. 在行李寄存登记本上登记所存行李情况，标明位置、件数、日期、颜色及存放人姓名和寄存牌编号，如有贵重物品，应作明显标志。 3. 如发现客人逾期不取行李，及时通知行李部经理。	1. 分类存放。 2. 存放时间长的行李放里面。 3. 易爆、易腐蚀、怕碰等物品不能寄存。
三、为客人查找提取行李	1. 礼貌地收回客人寄存行李牌下联收据。 2. 礼貌地向客人询问行李的颜色、大小及存放时间，以便查找。 3. 根据收据上的编号，翻查行李存放登记本，找到行李。如果查找有困难，可请客人帮助查找。 4. 把行李取出后，交与客人核实，确认后撕掉行李上的寄存牌和客人的寄存收据，划去行李存放登记本上的原始记录。 5. 帮助客人将行李搬运出店或送到房间。 6. 如遇客人遗失收据，应报告当班领班。检验客人身份，核对无误后，方可领取。	1. 应按寄存单查找行李。 2. 准确地将行李交给客人。 3. 对丢失寄存单的客人应仔细核对，防止行李被冒领。

能力测试

【场景一】 5月1日11点，1828房间的客人将行李交给行李员，叫他把行李先寄存在行李房，到13点他再来取。请以此来设计一段为该客人办理行李寄存的场景，并模拟训练。

【场景二】 7月20日16:00左右来了一辆出租车，门童急忙上前去为客人开车门，并规范地为客人护顶，随即为客人卸下行李。行李员将要引领客人到前台时，客人说要先寄存行李，改天再来住店。请以此来设计一段大厅行李寄存服务的场景，并模拟训练。

考考你

1. 5月23日10:00左右，有位客人要离店。他说过10天还要回来住，行李就不拿了，要寄存在饭店。可是40天过去了，这位客人也没来，按规定行李超过存取时间1个月不再保留，怎么办?

2. 宾客将冷冻的物品交给你寄存，怎么办?

3. 你知道哪些物品不能寄存吗？

实训课题　总机服务

实训项目一	电话转接服务
实训目的	通过模拟宾客电话转接服务过程的情景训练，了解宾客电话转接服务程序，掌握电话转接服务方法，能够独立完成宾客的电话转接服务。
实训学时	实训授课 1 学时，共计 45 分钟。其中，教师示范 10 分钟，学员分组练习 30 分钟，考评 5 分钟。
实训要求	掌握宾客的电话转接服务方法；熟悉宾客电话转接服务程序。
实训方法	教师示范、分组练习、考评测试。

知识链接

总机经常会接到一些要求转接的电话，首先应向来电话者热情问好，然后认真聆听宾客讲话，再转接，并说请稍等，在等候转接时为宾客播出悦耳的音乐，转接之后如果对方无人接听，应在铃响 5 声之后向宾客说明电话无人接听，请问客人是否需要留言。

操作流程

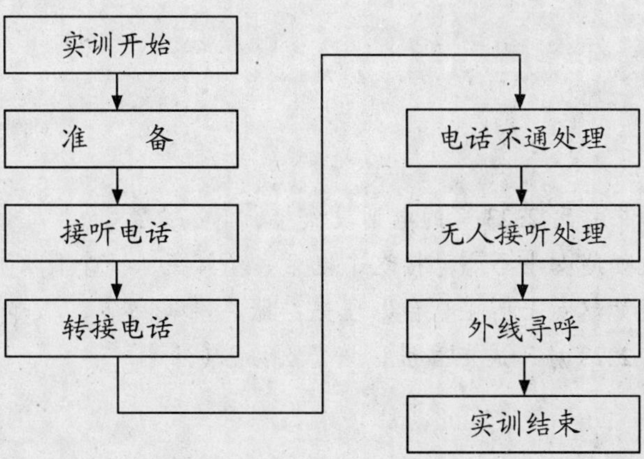

操作规范

操作步骤	主要操作内容	注意要点
一、转接电话	1. 清晰地问候。 2. 听清电话内容。 3. 判断分机是否正确迅速。 4. 准确地转接。	准确接转。
二、电话占线情况的处理	1. 礼貌地问候。 2. 及时跟客人说明占线情况。 3. 请客人稍后再试或留言。	跟客人说明占线情况。
三、电话无人接听	1. 向客人说明电话无人接听的情况。 2. 主动征询客人是否愿意稍后再接或留言。	向客人说明电话无人接听的情况。
四、外线寻呼某人，但该人未回复	1. 当被呼叫者两分钟后仍未回复，话务员把该情况通知外线客人。 2. 问清客人的电话号码并把它输入呼叫器。 3. 在呼叫器上输入被呼者号码。 4. 按执行键。 5. 输入呼叫者要求应答的电话号码。 6. 按执行键。	准确用外线寻呼客人。

能力测试

【场景一】 某日，总机话务员小郑接到一个新疆打来的电话，要找2323房间的赵洁女士，说是她的哥哥，叫赵明。小郑核实无误，赶紧将电话转接到2323房间。请以此来设计一段电话转接的服务场景，并模拟训练。

【场景二】 某日，总机话务员小郑接到一个新疆打来的电话，要找赵洁女士，说是她的朋友。小郑想也没想，就将电话转接到了2323房间。请以此来设计一段电话转接的服务场景，并模拟训练。

考考你

1. 场景一中，如果打到2323房的电话没人接，怎么办？

2. 场景二中，假如赵女士不愿意接这个电话，小郑犯了一个什么样的错误？

3. 场景二中，假如赵女士已在总台办理完结账，准备离店，小郑转接2323房间的电话无人接听，随即发现2323房已成走客房，该怎么办？（讨论）

实训项目二	电话留言服务
实训目的	通过模拟宾客电话留言服务的情景训练，了解宾客电话留言服务程序，掌握电话留言服务方法，能够独立完成宾客的电话留言服务。
实训学时	实训授课1学时，共计45分钟。其中，教师示范10分钟，学员分组练习30分钟，考评5分钟。
实训要求	掌握宾客的电话留言服务方法；熟悉宾客电话留言服务程序。
实训方法	教师示范、分组练习、考评测试。

知识链接

一、电话留言服务

处理外线电话，将它们转到所需分机；当没有人接听电话时，一定要主动询问客人是否需要留言。

二、电话留言处理原则

1. 致给：也就是给谁留的言。
2. 来自：谁要求留的言。
3. 内容：对方需要转告的信息。
4. 记录者签名：这样便于对留言不清楚的地方进行解释。
5. 日期和具体时间：不仅要有日期，还要有留言的具体时间。

三、留言取消原则

1. 夜班核查留言：夜班问询员每天00:00从计算机中打出当天留言记录表，取消当天在计算机中的留言，灭掉房间里的留言灯，再将钥匙盒中的留言附联取出销毁。

2. 有关预抵客人的留言：计算机留言方法和住店客人留言一致，只是留言贮存在计算机中，等客人入店登记后由打印机自动打出。手工留言，存放在问询处档案中，每天查询，在客人到店的当日将其取出，与客人住店登记卡放在一起，以便客人入住登记时及时收到留言。

3. 对已结账离店的客人和其他非住店客人，一般不作留言，除非客人有特殊要求。

操作流程

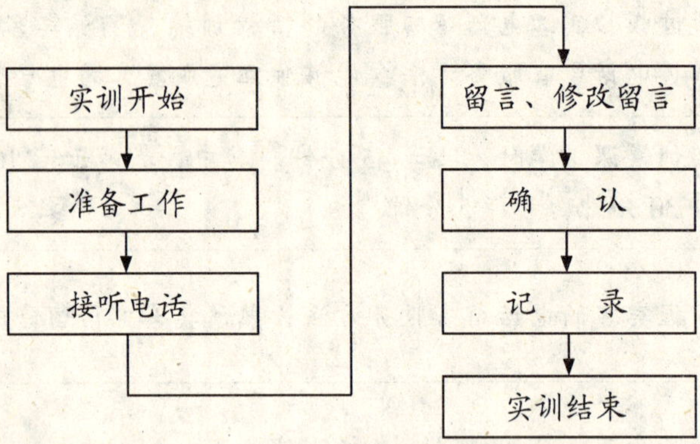

操作规范

操作步骤	主要操作内容	注意要点
一、在电脑中查寻客人信息	1. 接到要求留言的电话后，迅速在电脑中查寻客人的姓名、房号是否与要求留言者所提供的相符合。 2. 核对客人是已经入店还是预抵、但尚未登记入店，除非客人已结账离店，否则均应提供留言服务。	注意使用礼貌用语，语音、语调运用要亲切、热情。
二、简要记录留言内容	1. 在便笺上记录留言人姓名、电话号码，是从何处打来的电话。 2. 记录留言内容。	留言表达的意思要准确。
三、重复留言内容	将对方姓名、住店客人姓名、电话号码及留言内容重复一遍，以获确认。	准确复述，语速适中。
四、将留言输入计算机或工整地抄写在手工留言纸上	1. 将留言内容输入计算机，然后将留言在打印机中打印出来。 2. 计算机留言纸的上联插入钥匙盒中，以便客人来前台领取钥匙时可及时看到留言；下联在留言登记本中登记，由送信员在30分钟内送往客人房间。 3. 若留言为复杂的中文留言或计算机出现故障时，应采用手工留言纸。将留言内容逐项填写在手工留言纸上，一式三联。 4. 将白色联放入留言袋内，由送信员30分钟送往客人房间；粉色联放在钥匙盒里；蓝色联由问询处保留存档。	摆放正确。
五、亮留言灯	通过电话系统打开客人房间内电话上的留言灯，以便通知客人来查询留言。	及时亮灯。
六、登记留言	将客人的房间号码、目前时间、客人姓名在留言登记本上记录后，由送信员签字取走，送往客人房间。	记录。
七、取消留言	1. 当客人收到留言后，应将计算机中的留言取消掉。 2. 熄灭留言灯，从钥匙盒中取出留言粉色联销毁。	及时取消。

能力测试

【场景一】 某日，有一位叫王大友的先生打电话到饭店找一位张来旺先生。可是这位张先生一大早就出去了。王先生给张先生留言，叫他今天中午无论如何也要到他家里去吃饭，说过一会儿再来电话。王先生留言后不一会儿，这位张先生回来了，接到留言后便叫服务员也留言给王先生，意思是“今天实在没空，不能去他家，谢谢邀请”，谢绝了他的好意。请以此来设计一段电话留言的服务场景，并模拟训练。

【场景二】 第二天早上 8 点刚过，这位张先生又准备出去了，对总台服务员小郭说：“如果有人找，告诉他我出去了，有事请留言”，还问西单、王府井怎么走，并特别交代不要告诉别人他的电话号码。小郭猜想他可能去购物，一时半会儿回不来。9:10 分，一位童先生打电话找张先生，小郭如实地对童先生说：“张先生出去了，有事请留言。”童先生留言：“朋友们已约好，中午 12 点，老地方见，不见不散。”

11:20，张先生回来。服务员小郭告诉张先生，一位童先生有留言。张先生一看没名，他在这有三个姓童的朋友，是哪个童先生？约会的“老地方”各不相同，怎么办？打电话问吧，可是一个也打不通。请问：小郭的服务有什么不到位的地方？应如何纠正？请以此来设计一段电话留言的服务场景，并模拟训练。

考考你

1. 场景二中，如果张先生今天 12 点之前不回来或很晚回来，这样的留言能不能接受？(讨论)

2. 场景一和场景二中，两位先生的留言该怎样写？

3. 场景二中的问题出在哪儿？

实训项目三	叫醒服务
实训目的	通过模拟对宾客叫醒服务过程的情景训练，了解宾客叫醒服务程序，掌握叫醒服务方法，能够独立完成对宾客的叫醒服务。
实训学时	实训授课 1 学时，共计 45 分钟。其中，教师示范 10 分钟，学员分组练习 30 分钟，考评 5 分钟。
实训要求	掌握对宾客叫醒服务方法；熟悉对宾客叫醒服务程序。
实训方法	教师示范、分组练习、考评测试。

知识链接

对每一个饭店住客的叫醒申请都必须进行确认，将叫醒日期、房号、时间、话务员号码及收到申请的时间都清楚地记录在记录本上，并把信息输入电脑，检查是否正确。夜班服务员把叫醒记录按时间顺序整理记录在交接班本上，注明相关信息并签字。

操作流程

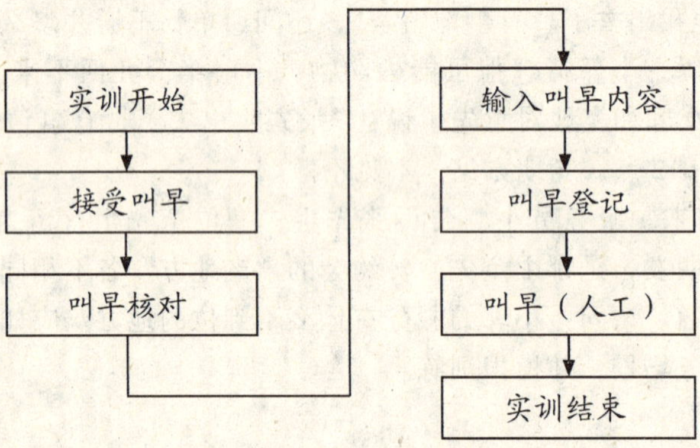

操作规范

操作步骤	主要操作内容	注意要点
一、接到客人要求叫早服务的电话	1. 当客人需要叫早服务时，话务员要问清客人的房间号码、客人的姓名及叫早时间。 2. 话务员复述一遍客人的要求，以获得客人确认。 3. 祝客人晚安。	问清叫早时间。
二、输入叫早要求	1. 按机台上的叫早键。 2. 输入客人的房间号码。 3. 输入叫早时间。 4. 按机台执行键。	正确输入。
三、填写叫早登记本	当话务员将叫早时间输入机台后，在叫早登记本上填写客人的房间号码、客人叫早时间及话务员姓名。	准确登记。
四、叫早没有应答情况的处理	通知客房管理处：客人的房间号码及叫早时间；问明并记下客房管理处人员姓名。	人工叫醒。

能力测试

【场景一】 某日，住在2008房间的客人第二天要一早离店赶7：15的火车，要饭店提供叫早服务，时间是6：00整。请以此来设计一段电话叫醒的服务场景，并模拟训练。

【场景二】 某日晚上8点多钟，一位王先生提着大行李包到总台预订，服务员很快为他办理了入住手续。这时王先生说第二天参加个重要的会议，要服务员早上6：15叫醒他。在第二天6：15总机准时电话叫醒，可是没人接听。总机话务员小赵没敢耽搁，赶快通知楼层服务员前去叫门。谁知服务员敲了好一阵子，才从里面传出一句不耐烦的吼声，吓得服务员赶紧离开。半个小时过去，王先生出来去吃饭，走到服务员跟前解释说，夜里睡得太晚，叫醒时实在不愿动，想多睡会儿，服务员又一个劲地敲门，造成刚才不愉快的事发生，对不起啦。请以此来设计一段电话叫醒的服务场景，并模拟训练。

考考你

1. 场景一中，假如叫醒铃振响后没人接听，是等15分钟后再叫一遍，还没人接时，再通知楼层人工叫醒，还是第一遍电话叫醒没人接就采用人工叫醒？（讨论）

2. 场景二中两个服务员的做法对不对？

3. 场景二中，假如你是总机话务员，会怎样提供叫醒服务？

实训项目四	查询电话号码
实训目的	通过模拟对宾客查询电话号码服务的情景训练，了解宾客查询电话号码服务程序，掌握宾客的查询电话号码服务方法，能够独立完成对宾客查询电话号码的服务。
实训学时	实训授课1学时，共计45分钟。其中，教师示范10分钟，学员分组练习30分钟，考评5分钟。
实训要求	掌握对宾客查询电话号码服务的方法；熟悉宾客查询电话号码服务程序。
实训方法	教师示范、分组练习、考评测试。

知识链接

饭店总机话务员应该随时与总台保持联系，掌握电话通信专业知识。一般情况下，宾客会查询以下电话号码：

1. 查询饭店某管理人员的电话号码。

2. 查询饭店服务人员的电话号码。

3. 查询住客的电话号码。

操作流程

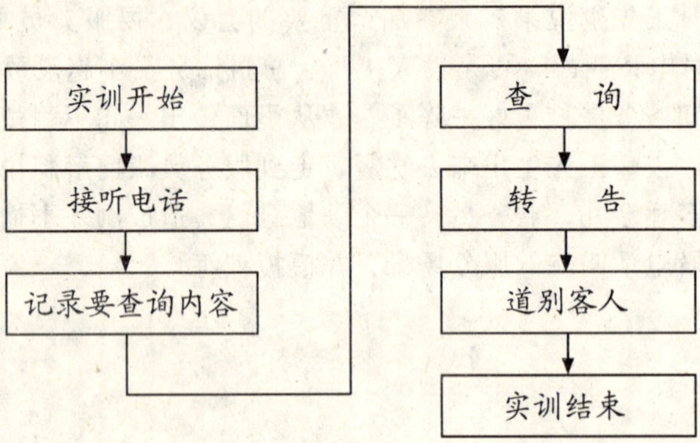

操作规范

操作步骤	主要操作内容	注意要点
一、接听电话	1. 当客人打来查询电话时，话务员要问清来电客人的姓名及要查询的客人的姓名。 2. 话务员复述一遍客人要查询的内容，以得到客人的确认。	问清要查的号码。
二、分类查询客人的电话号码	1. 查询住店客人的电话号码，必须先争得住店客人的同意，方可告知。否则以该客人未入住本饭店为由，回答来电。 2. 查询非住店客人的电话号码（已预订），以本饭店无您要找的客人为由，回答来电。 3. 查询工作人员的电话号码，可告诉办公室电话号。	正确判断是否告知。
三、转告电话号码	将来电查询的电话号码准确地查出，然后告知。	准确告知。

能力测试

【场景一】 某日，有位小姐来电询问饭店管理人员的手机时，服务员说："很抱歉，小姐，我们不方便告诉您××经理的手机，如有需要，我可以为您留言，好吗?"

或说："对不起，×××的号码没有留在总机，我可以帮您留言，找到×××后，让他给您回电，好吗?"请以此来设计一段来电查询电话号码的服务场景，并模拟训练。

【场景二】 某日，外线电话询问住店客人的电话号码。请以此来设计一段来电查询电话号码的服务场景，并模拟训练。

考考你

1. 场景一中，服务员为什么不告诉来电要查询的电话号码？
2. 假如你碰到来电查询工作人员的电话号码会怎样做？

实训项目五	“免电话打扰”服务
实训目的	通过模拟对宾客“免电话打扰”服务的情景训练，了解宾客的“免电话打扰”服务程序，掌握“免电话打扰”服务方法，能够独立完成对宾客的“免电话打扰”服务。
实训学时	实训授课1学时，共计45分钟。其中，教师示范10分钟，学员分组练习30分钟，考评5分钟。
实训要求	掌握对宾客的“免电话打扰”服务方法；熟悉宾客的“免电话打扰”服务程序。
实训方法	教师示范、分组练习、考评测试。

知识链接

注意事项：

1. 话务员要将所有提出免电话打扰服务要求的客人姓名、房号记录在交接本上，并注明接到此通知的时间。

2. 话务员将这些客人房间的电话号码通过话务台锁上，并要及时准确地把这一信息通知给所有的当班人员。

3. 客人取消了免打扰服务后，接到通知的话务员应立即通过话务台释放被锁住的电话号码，并在交接班本上注明取消的时间。

4. 在客人接受免打扰服务期间，若有人来电要求与客人通话联系，话务员应将客人不愿意被打扰的信息礼貌地告知来电者，并建议其留言或是等客人取消免打扰服务之后再进行联系。

操作流程

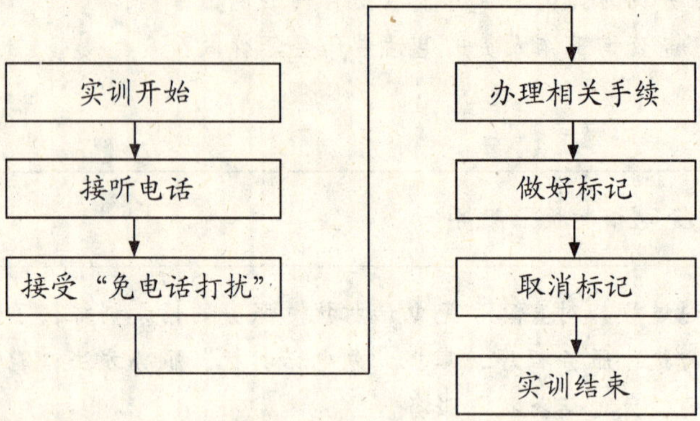

操作规范

操作步骤	主要操作内容	注意要点
一、接到客人要求“免电话打扰”电话	1. 当客人打电话到总机告诉话务员他要外出时，话务员询问以下内容：客人房号、姓名及客人的去向。 2. 将上述信息与电脑记录核对。 3. 告知客人当他回房后请通知总机，取消“请勿打扰”。 4. 迅速将有关内容准确记录在案。	准确记录。
二、将房间电话做上“免电话打扰”标记	1. 按机台上的 DND 键。 2. 当机台显示屏上出现：“DND STA—”以后，将房号输入。 3. 按执行键“#”键。 4. 当机台显示屏上出现：“STA—房号”之后，按 DND 键，机台屏幕上显示“STA—房号 DND”。	及时按下“STA—房号 DND”。
三、将客人现在所在位置输入计算机	1. 首先计算机屏应位于“TELEPHONE”SCREEN 里（电话系统）。 2. 将客人房号输入，然后按“ENTER”键。 3. 在屏幕上查出客人姓名，将序号打在姓名上，按“ENTER”键。 4. 用简单的英文将客人现在的位置输入电脑。	输入客人所在位置。
四、取消电话的“免电话打扰”	接到客人回来信息后： 1. 按机台上的 DND 键。 2. 当机台显示屏上出现：“DND STA—”以后，将房号输入。 3. 按执行键“#”键。 4. 当机台屏幕上显示：“STA—房号”后，按“ENTER”键，屏幕的“DND”即会消失，电话的“免电话打扰”亦同时被取消。	及时按下“DND STA—”、房号、“ENTER”键。

续表

操作步骤	主要操作内容	注意要点
五、取消计算机中客人所在位置的记录	1. 首先计算机屏应位于“TELEPHONE”SCREEN 里（电话系统）。 2. 将客人房号输入，然后按“ENTER”键。 3. 在屏幕上查出客人姓名，将序号打在姓名上，按“ENTER”键。 4. 按“CMD3”键，客人现在位置的记录即从计算机中消失。	取消客人所在位置的记录。

能力测试

【场景一】 某会议团队的客人 8:00 以后都去会议室开会。只有 2011 房和 2013 房的参会人员要在房间整理文件，要求所用的两个房间都提供“免电话打扰”服务。请以此来设计一段房间“免电话打扰”的服务场景，并模拟训练。

【场景二】 1610 房间的客人在 20:40 打来电话，说他 18:00 有个新疆乌鲁木齐一个叫王帅的先生长途，到现在还没打来，他现在要去餐厅吃饭，怕影响同屋客人的工作，叫话务员将电话转到中餐厅。请以此来设计一段房间“免电话打扰”的服务场景，并模拟训练。

考考你

1. 假如你是总机话务员，要不要搞清楚来电话的地址或姓名？(讨论)

2. 假如在接到房间客人“免电话打扰”电话后，客人不告诉你他的去向，该怎样操作？

3. 假如来电方只是说地址新疆乌鲁木齐，不告诉你他的姓名，还要不要将 1610 房客人的电话转到他现在的位置？

实训项目六	保密入住服务
实训目的	通过模拟宾客保密服务过程的情景训练，了解宾客保密服务过程，掌握宾客保密服务方法，能够独立完成宾客保密服务的操作。
实训学时	实训授课 1 学时，共计 45 分钟。其中，教师示范 10 分钟，学员分组练习 30 分钟，考评 5 分钟。
实训要求	掌握宾客保密服务方法；熟悉宾客保密服务程序。
实训方法	教师示范、分组练习、考评测试。

知识链接

客人住店以后，饭店有义务为客人的行踪保密，客人也有权利要饭店对自己的信息保密，涉及到的部门有客房服务中心或楼层服务台、前厅总台、电话总机等。

操作流程

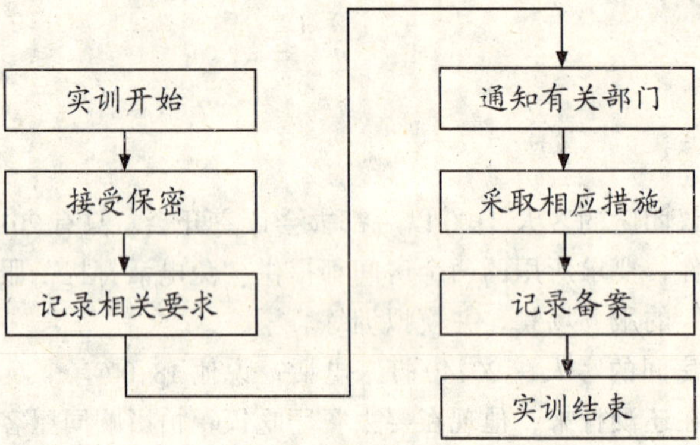

操作规范

操作步骤	主要操作内容	注意要点
一、接受保密	1. 接到客人提出的保密要求后，问清楚客人要求的保密程度。如：只接长途电话，只有某位客人可以来访；还是来访者一律不见，来电一律不接。 2. 对保密内容详细记录，寄下客人姓名、房号、保密要求。	仔细、认真。
二、通知相关部门	将客人的要求通知相关部门。	按保密程序操作。
三、采取措施	各有关部门采取相应保密措施，做好记录。	认真落实。

能力测试

【场景一】 某日，1818房间住进一位客人，通知总台不得将他入住的情况告诉任何人，要求为他的信息绝对保密。请以此来设计一段为宾客保密的场景，并模拟训练。

【场景二】 杭州某饭店某日接待一个VIP客人，客人要求饭店对其行踪信息保密。接待员小陈一眼认出是位自己最喜欢的歌星，鉴于自己的岗位职责，便不露声色地请客人在一张很漂亮的信纸上签名，这位客人看了看小陈，会意地笑了笑，然后签下了自己的名字。小陈迅速地将签了名的信纸收藏起来，按照客人的要求通知相关部门采取保密措施。请以此来设计一段为客人保密的场景，并模拟训练。

考考你

1. 来电询问禁止查询宾客的姓名及房号时，服务员应怎样回答？

2. 来电查询饭店要求保密宾客的行踪或信息时，服务员应如何处理？

3. 假如场景一中，有位自称是他的妻子的客人打电话询问该客人住在哪个房间，应如何回答？

实训课题　商务中心服务

实训项目一	打印复印服务
实训目的	通过模拟打印复印服务过程的情景训练，了解为宾客打印复印服务程序，掌握为宾客打印复印服务方法，能够独立完成对宾客的打印复印服务。
实训学时	实训授课1学时，共计45分钟。其中，教师示范10分钟，学员分组练习30分钟，考评5分钟。
实训要求	掌握为宾客打印复印服务方法；熟悉宾客打印复印服务程序。
实训方法	教师示范、分组练习、考评测试。

知识链接

一、打字服务

1. 问清客人对打印文件的格式、排版、字体、时间等要求，复述并确认。

2. 浏览原稿件，查看是否有字迹不清楚之处并向客人提出。

3. 主动介绍收费标准。

4. 告知客人打印文件的完成时间，并请客人稍等或回房间等候。

5. 打印初稿后，立即请客人校对或修改。

6. 按照客人要求予以修改，并再次核对。

7. 客人确认文件定稿后，询问每一个文件是否存盘及保留的时间，或按客人要求拷贝、删除。

8. 把打印好的文件交给客人，并收取费用。

二、复印服务

1. 主动热情地问候客人。
2. 问清客人要求，接过文件原件，介绍收费标准。
3. 选择纸张规格、复印张数及深浅程度。
4. 将文件原件放在复印平面上，检查纸盒有无纸后，按操作要求复印。
5. 若要复印多张，或调整比例，应先查看第一张复印效果，如无问题，即可连续复印。
6. 复印完毕，取出复印件和原件，并如数交给客人。
7. 主动询问客人是否需装订，若需要，则应为客人装订好。
8. 按规定价格计算并收取费用。
9. 如果客人提出挂账，应请客人出示房卡，与计算机核对后，请客人在账单上签字。

操作流程

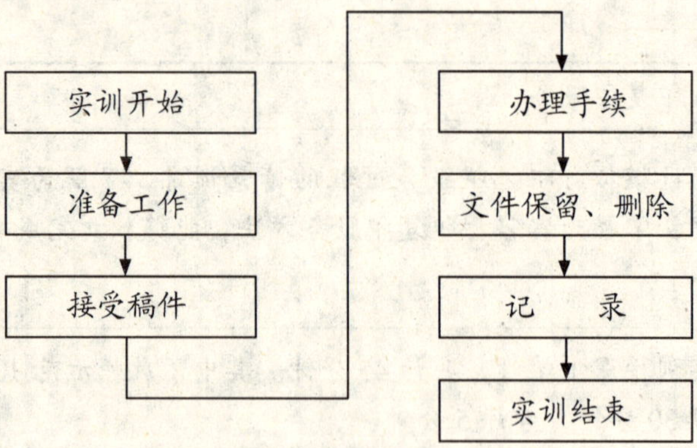

操作规范

操作步骤	主要操作内容	注意要点
一、浏览原稿	浏览客人需要打印的文件，了解客人要求。	仔细阅读。
二、介绍价格和完成时间	向客人介绍有关价格情况及大概完成时间。	讲清价格、所需时间。
三、修改文件	客人需修改文件时，为其修改文件并打印出来，同时请客人检查确认。	准确修改。
四、文件存盘	询问客人是否需保留该文件，如要保留，请其确认保存期限；如不要求保留，则删除该文件。	根据客人的意思保留或删除。
五、入账	1. 准备客人的账单并登记时间。 2. 客人在账单上签字，如果不是住店客人，需交100%的押金。 3. 确认客人已签单，然后立即入账。	准确收取押金、入账。
六、复印原稿	复印原稿，并将一份复印件交予商务中心经理。	

能力测试

【场景一】 某日上午 8 点多钟，1018 房的客人拿了两份稿件到商务中心，要服务员根据修改后的文字重新打印。请以此来设计一段办理打印手续的场景，并模拟训练。

【场景二】 1018 房的客人两小时后收到新打印好的文件，马上检查，无误，然后交商务中心复印，要 10 份。请以此来设计一段办理复印文件手续的场景，并模拟训练。

考考你

1. 假如 1018 房的客人打印的文件要得很急，叫服务员先打印、后办理打印手续，怎么办？

2. 如果 1018 房的客人打印的文件要得很急，可在他之前还有两份合同和一份近 3000 字的文稿需要打印，怎么办？

3. 如果客人要打印的文件只完成了一多半就到了交接班时间，是完成这项工作后再交接班还是按时交接班？

实训项目二	传真收发服务
实训目的	通过模拟为宾客传真收发服务过程的情景训练，了解收发传真服务程序，掌握收发传真服务的方法，能够独立完成收发传真服务。
实训学时	实训授课 1 学时，共计 45 分钟。其中，教师示范 10 分钟，学员分组练习 30 分钟，考评 5 分钟。
实训要求	掌握收发传真服务的方法；熟悉收发传真服务程序。
实训方法	教师示范、分组练习、考评测试。

知识链接

发送传真服务规则

1. 问明客人传真发往的国家和地区。
2. 向客人说明收费标准。
3. 填写“发送传真申请单”。
4. 按照申请单上的传真号码输入传真机，确认无误后，按下发送键。
5. 传真发送完毕，将填好的报告单与传真稿件一并交给客人。
6. 如果对方传真机未接通，呈通话状态，文员在听到提示音后，迅速告知对方要发送传真，请对方接通传真机。

7. 线路占线暂时发不出去时，应礼貌地请客人稍坐，继续拨发，直到发送完毕。

8. 按规定的价格计算费用，办理结账手续。

9. 填写"商务中心日发送传真统计表"。

操作流程

1. 发送传真。

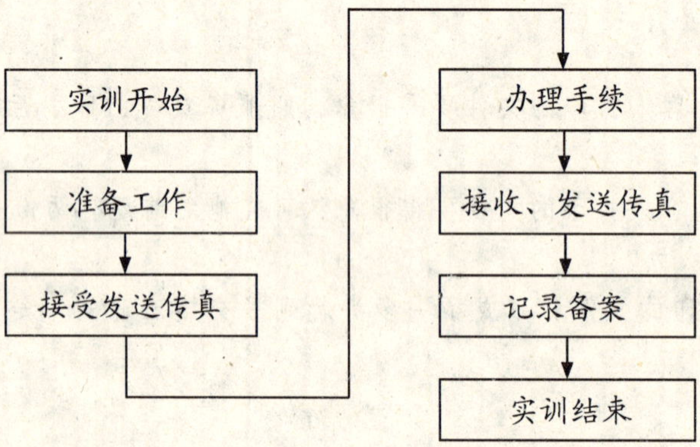

2. 接收传真。

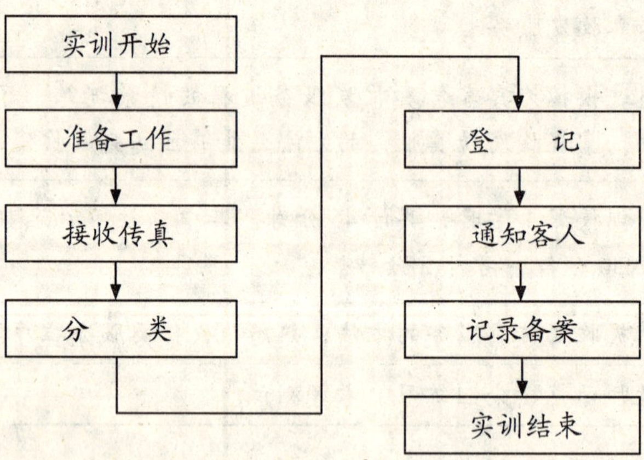

操作规范

1. 发送传真。

操作步骤	主要操作内容	注意要点
一、发送传真前的准备工作	1. 先请客人坐下，并迅速递给客人传真纸。 2. 查看客人提供的国家及地区代号，如有不清楚，立即询问。 3. 事先向客人说明传真价格是3分钟起算，并将每分钟的价格告诉客人。	1. 问清发送地址。 2. 准确地将传真价格告诉客人。

续表

操作步骤	主要操作内容	注意要点
二、发送传真	1. 发传真时，要把账单号、传真号、张数写在账单和传真登记表上，发完后，要把起始时间写在登记表上，所用时间写在账单上。 2. 快速地查询，核对客人的姓名及房间号，以免发生不必要的争议。 3. 有时传真机会全部被占用，应有礼貌地向客人解释并告诉客人："我们尽快为您发出，请不必担心。" 4. 遇有客人发传真时，要尽快为客人发出。 5. 在客人不等发的情况下，告诉客人传真发出后将把原件送回房间，请客人先签单；如果是店外客人，应先付100%押金，发出后通知客人来取。 6. 如果机器线路都被占用，应把传真放在待发盘里，以免弄混。	按要求一步一步地操作，作到有条不紊。
三、备送原件	1. 入完账后，应及时把客人的文件送回房间。 2. 送回时，需装进信封，并在信封上打印客人姓名，收、发传真页数，房间号。 3. 打完信封后，在传真记录本上写清日期，注明是接收还是发送、总页数，签上经办人的名字。 4. 打好的信封登记后，整齐地放在传真记录本上方。 5. 问询处的送信员或行李员每小时来取一次传真。若有加急传真，应及时打电话通知问询处的送信员，应把传真立即送到客人房间。	1. 正确打印信封。 2. 送给客人。 3. 记录。

2. 接受传真。

操作步骤	主要操作内容	注意要点
一、接收传真	收到传真来件后，立即进行核实，包括客人姓名、房号、付款方式等内容，并将接收好的报告单与来件放在一起。	仔细核实。
二、记录、分类	1. 填写商务中心传真来件接收统计记录表。 2. 分类。	认真记录。
三、送传真	1. 电话通知宾客，如果客人在房间，派行李员送往，同时开出账单。 2. 如果客人不在房间，要留言，并由行李员送至房间。	及时传送。

能力测试

【场景一】 上海某家商务型饭店接待的宾客大多是大型企业或公司的商务人员，商务中心的工作非常繁忙。元旦刚过，1011房间的客人就到商务中心向香港发了三份传真。请以此来设计一段发送传真的场景，并模拟训练。

【场景二】 饭店的商务中心每天都会有大量的工作业务，有时发送传真要等好长时间。某日，上午9:00刚过，2111房的季先生要发一份传真，必须在9:30之前发送到，可前面还有两份传真要发，季先生只好排到后面。按正常情况9:30是晚不了的，可万一占线怎么办？季先生心里很着急。请以此来设计一段发送传真的场景，并模拟训练。

考考你

1. 场景二中，假如你是服务员，万一碰到传真发送不顺，该怎么办？

2. 假如在发送传真过程中来了一位女士，要发一份紧急文件，可她前面还有几位客人在等，能否先发这份紧急文件？（讨论）

3. 假如碰到客人要发紧急文件，在什么条件下可以先发传真、后办理相关手续？

实训项目三	订票服务
实训目的	通过模拟订票服务过程的情景训练，了解订票服务程序，掌握为宾客订票服务的方法，能够独立完成为宾客的订票服务。
实训学时	实训授课1学时，共计45分钟。其中，教师示范10分钟，学员分组练习30分钟，考评5分钟。
实训要求	掌握对宾客订票服务的方法；熟悉为宾客订票服务的程序。
实训方法	教师示范、分组练习、考评测试。

知识链接

饭店为客人提供车、船、机票的预订。订票服务分为住店客人的订票和非住店客人的订票。订票服务的原则如下：

1. 饭店没有义务为非住店客人提供订票服务，如果饭店管理人员同意，可为其订票。还有一些订了房而尚未到店的客人在订房时提出订票要求，如是保证类订房，可以接受订票要求。

2. 如是确认类订房，可请客人预付一些票款或以其他方式担保后，接受其订票要求。订房员应根据订票的传真或信件填写订票委托单，上述的原始凭证与订房表一起存档。客人电话订票时，订房员应根据客人的电话记录填写订票委托单，并向客人复述一遍。

3. 一般类订房客人的订票要求饭店一般不予接受，除非客人预付票款，确认类订房也如此。特殊情况下，如管理人员同意，也可接受这些客人的订票要求，并按保证类订房客人的办理手续办理订票。

操作流程

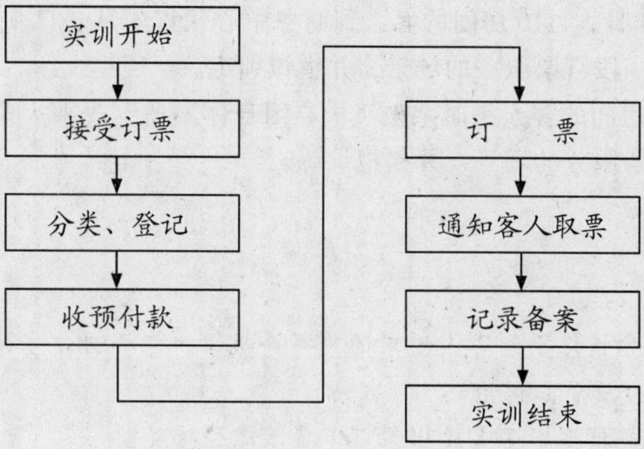

操作规范

操作步骤	主要操作内容	注意要点
一、预订登记	1. 店内客人预订，须问清客人姓名、房间号，并告诉客人押金数。 2. 如果店外客人来电话预订，需留下客人的姓名、电话。 3. 如果客人来商务中心订票，请客人在机票预订日记本上签字，并留下订金或信用卡。	仔细记录。
二、询问客人的要求	1. 需要订的交通工具类别。 2. 所乘日期、班次、时间。 3. 票的档次 、抵达地址。	问清客人的要求。
三、订票	1. 按客人的要求及时与民航、铁路、轮船公司或汽车公司联系订票或订车。 2. 如果客人所订时间的票已售完，要及时征询客人的意见改订。 3. 订票确定以后，通知客人到时凭证件和钱到代办处拿票。	及时订票，尽量满足客人。
四、取票	1. 客人取票时，要将客人的证件审查清楚，看是否有到所去国家或地区的签证，签证是否在有效期内，均符合要求后，再帮客人取票。 2. 点清客人的票款和手续费，交给客人票和余款时，要请客人当面点清。 3. 请客人在订票记录本或单上签字。	准确收款、交票。

能力测试

【场景一】 4月4日，1110房间的客人到商务中心预订4月9日9：00到广州的头等仓机票。请以此来设计一段订票服务的场景，并模拟训练。

【场景二】 1820房间的客人来时乘坐飞机，因身体不适，改乘火车，要预订软卧车票，请以此来设计一段订票服务的场景，并模拟训练。

考考你

1. 场景一中，假如预订不到客人要求的头等仓机票，能否自作主张预订普通机票？（再不订，连普通仓机票也没了，讨论）。

2. 假如有位确认类预抵店客人提出预订车票，能否接受？

3. 在哪种情况下可以接受店外客人的订票？

实训项目四	出租服务
实训目的	通过模拟出租服务过程情景训练，了解出租服务程序，掌握出租服务方法，能够完成出租服务。
实训学时	实训授课1学时，共计45分钟。其中，教师示范10分钟，学员分组练习30分钟，考评5分钟。
实训要求	对宾客的设备出租服务的方法；熟悉对宾客设备出租服务的程序。
实训方法	教师示范、分组练习、考评测试。

知识链接

一、会议室或洽谈室出租服务

1. 高星级饭店在商务中心附近备有专门的洽谈室供给客人洽谈用，同时应准备齐全的商务检索资料供客人检索。

2. 客人租用洽谈室，应请客人填写一式三份租用登记表，请客人签名并写上房间号，第一联先给总台，再转回商务中心存档；第二联交给收款处；第三联交客房服务中心或楼层服务台。

3. 在洽谈开始前1小时应检查洽谈室卫生，如不合格，应立即通知客房中心或公共区域组清扫，以保证客人有干净、舒适的洽谈场所。

4. 按客人的要求布置洽谈场所，并提供洽谈中的各种服务。

5. 洽谈结束后，应立即通知客房服务中心打扫洽谈室，为下一次出租做好准备工作。

6. 按饭店规定的收费标准向客人收取现金，或请客人签单，或用其他方式向客人收费。

二、打字机或电脑出租服务

1. 客人租用打字机时，应请客人填写租用单，收取押金。当面查验打字机是否完好，然后交给客人，等客人还回时，应收回租用单的一联并销毁。当面检查打字机是否完好，最后按饭店规定的收费标准向客人收取现金，或请其签单。

2. 客人租用电脑。

(1) 插上电源插头后开机，检查是否完好，请客人填写租用单并预收押金。

(2) 客人开始使用时，记录当时的时间。

(3) 客人使用完毕后，按所用的时间计费，并请客人签单，或向客人收取现金。

(4) 检查电脑是否完好如初，然后关机，拔下插头。

(5) 在登记本上进行登记。

(6) 向客人道谢并道别。

操作流程

1. 会议室或洽谈室出租服务。

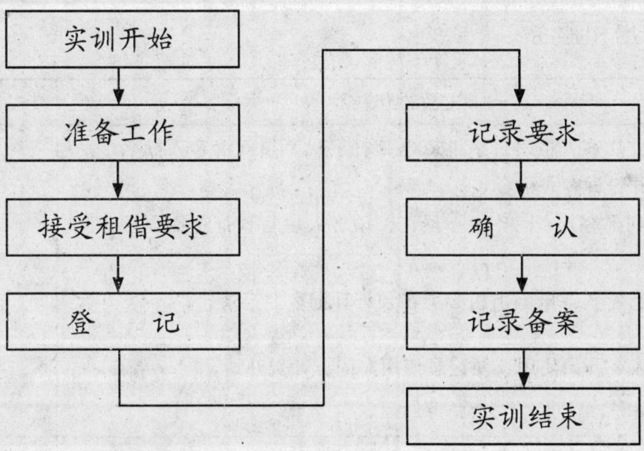

2. 打字机或电脑打字机出租服务。

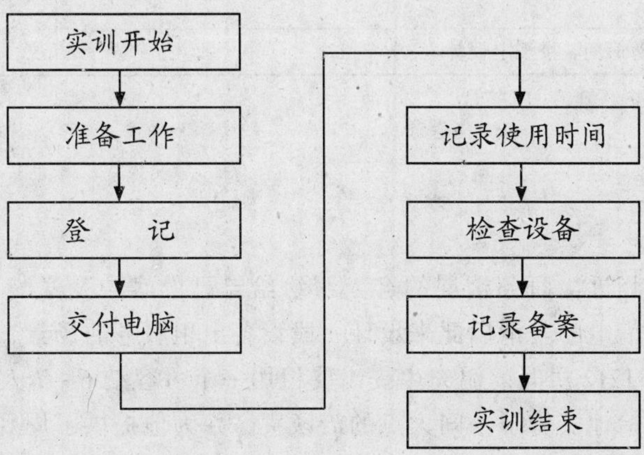

操作规范

1. 会议室或洽谈室出租。

操作步骤	主要操作内容	注意要点
一、预订登记	1. 店内客人预订，须问清客人姓名、房间号，并告诉客人租金。如果店外客人来电话预订，需留下客人的姓名、电话。 2. 如果客人来商务中心预订会议室，请客人在会议室预订日记本上签字，并押下信用卡。 3. 所有商务中心会议室预订必须在会议室预订日记本上记录。	准确办理预订。
二、询问客人有无其他要求	1. 是否需要饮品，如咖啡、小菜、点心等。 2. 是否需要投影仪、录像机、信纸、笔等。 3. 提前准备特殊用品，并按规定收费。	记录会议要求。
三、检查会议室状况	在会议室出租前一个小时检查清洁工作，发现问题立即与有关部门联系。	准备要充分。
四、结账	将所有附加费用加在每日租金上，然后入账。	一次结清。

2. 打字机或电脑出租服务。

操作步骤	主要操作内容	注意要点
一、租用登记	1. 住店客人租用打字机或电脑打字机，须问清客人姓名、房间号，并告诉客人租金。 2. 如果客人来商务中心预订，请客人填写预订单或在预订日记本上签字，并押下信用卡。 3. 打字机或电脑出租必须在预订日记本上记录。	按规定办理租用手续。
二、记录使用时间	客人一开始使用，便记录使用时间，计费开始。	准确记录。
三、检查使用状况	客人使用完毕，进行检查。	
四、结账	计算时间，按规定收费。	一次结清。

能力测试

【场景一】 春节临近，商务楼层的客人纷纷给自己的客户发送贺年邮件。2006 房间的王先生向商务中心租借电脑。请以此来设计一段设备出租服务的场景，并模拟练习。

【场景二】 住在 1212 房间的温先生提出要租用一个可容纳 6 ~ 7 人的小型会议室。服务员根据客人的需要，给他安排了一间大点的洽谈室，并为他提供了周到的服务。请以此来设计一段会议室出租服务的场景，并模拟训练。

考考你

1. 某日晚上6:00,客人突然提出要租用会议室,时间是晚上7:30—10:00。怎么办?

2. 假如客人提出要一位会议记录员，同时要服务员提供茶水服务，而这时服务员都已经下班，怎么办?(讨论)

3. 假如客人提出要租用录音机，而饭店的录音机好的已经借出，剩下的录音效果都不好，能把有毛病的录音机借出吗?

案例解析

传真账单张冠李戴

某天，1429房间的客人打电话到商务中心说:“有一个客户马上发一个传真过来，我们这就派人下去取。”几分钟后有一位客人到商务中心来说:“我是14层的，来取传真。”服务员将传真给客人后客人签单，然后将账记到了1429房间。又过了2分钟，1429的客人打电话问商务中心:“我们的传真来了吗?”服务员说:“已经有人取走了。”客人问:“谁取走的，我们的人还没下去。”服务员赶紧查账单签字,说:“是×××取走的。”1429房间的客人说:“我们没有这个人。”服务员再一查,原来客人签的是1409房间,经与1409房间的客人联系,得知客人取的是发给1409房间的传真。1409房间的客人对服务员找他们查对1429房间的账单表示不理解,说我们取自己的传真,跟1429房间有什么关系?

【评析】 商务中心是商务客人的“办公室之外的办公室”，其主要职责是为客人提供各种秘书性服务，为客人提供或传递各种信息。先进的服务设施、设备，齐全的服务项目，高素质的专业或一专多能型的服务人员，是商务中心提高标准、高效率对客人服务的保证，也是现代高档饭店的重要标志之一。商务中心为客人提供收发传真、复印、打印、扫描、装订、长途电话、国际互连网等项服务，不管客人要求哪项服务，服务员在接受项目、提供服务、结算账单的服务全过程都必须认真、负责、细心，保质、保量地完成，全程服务必须严格遵守操作程序。

1. 上述案例中，服务员在整个服务过程中都没有按操作程序工作，取14层的传真件时没有核对接受传真件的房间号；给客人传真时，没有确认客人房间号；在让客人签单时，仍然没有核对客人房间号；只是想当然地认为刚才1429房间的客人打电话要取传真，来了一位客人说取14层的传真，就以为是1429的客人，以至出现张冠李戴的情况。

2. 上述案例中，1409房间的客人取走的确实是发给自己的传真，只是服务员错将账单记到了1429房间，商务中心发现错误后，立即与收银员联系，及时调整账目，使问题迅速得到解决。

3. 1409房间的客人如果取走的是1429房间的传真，如果该传真又涉及到重大商业秘密，后果将不堪设想。

4. 商务中心的主管和领班应对员工加强服务程序的培训，并加强现场督导检查。

第四单元

前厅接待服务

实训课题　接待服务

实训项目一	已预订散客接待
实训目的	通过模拟对已预订散客接待的情景训练，了解已预订散客接待的基础知识，掌握已预订散客的接待方式，能够独立完成对已预订散客接待手续的办理。
实训学时	实训授课1学时，共计45分钟。其中，教师示范10分钟，学员分组练习30分钟，考评5分钟。
实训要求	掌握已预订散客接待业务的受理过程；熟悉已预订散客接待的办理方式。
实训方法	教师示范、分组练习、考评测试。

知识链接

一、接待处的业务范围

1. 接待住店客人，办理住宿手续，负责分配房间。

2. 编制当天营业报表。

3. 编制次日退房名单和长期住客名单。

4. 核对空房、实房，掌握房态情况。

二、预付金的收取方法

1. 以现金作为预付金，其计算方法为：

房费×1.15（服务费）×1.5（餐饮费）×间晚

2. 以信用卡作预付金，接待员刷客人信用卡，信用卡的卡号输入计算机中，输出授权单，并与登记卡订在一起，放入客人档案栏中。

操作流程

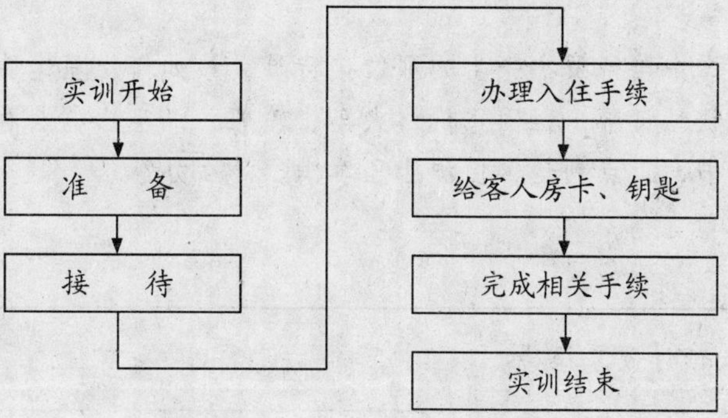

操作规范

操作步骤	主要操作内容	注意要点
一、接待有预订散客抵达酒店	1. 客人抵达酒店时表示欢迎，问清并称呼姓名。 2. 如果正在忙碌，示意客人不会久等；如若客人等候多时，则向客人致歉。 3. 确认客人有预订，查看是否有客人的留言及特殊要求。	仔细查看预订单。
二、为客人办理入住手续	1. 请客人填写入住登记卡，并问清付款方式，请客人签字。 2. 核对一切有关证件，包括护照、身份证、签证的有效期、信用卡签字的真实性。 3. 分配房间，确认房价和离店日期。填写房卡、制作钥匙。按规定收取押金，并为客人开收据。	1. 准确、迅速地为客人办理登记手续。 2. 仔细核对有关证件。
三、提供其他帮助	1. 通知行李员，引客入房。 2. 告知电梯位置，祝愿客人居住愉快。	尽量满足客人的需求。
四、信息储存	1. 将所有信息输入计算机。 2. 核查信息的正确性，并输入客人历史中。 3. 将登记卡存放在客人入住档案中，以便查询。	1. 完成相关手续。 2. 准确存放资料。

能力测试

【场景一】 9月30日，李先生在截房之前来到某酒店的总台，并拿出订房单交给接待员。接待员迅速找出李先生的订房资料，并为他办理了入住手续。请你以此来设计一段接待人员接待客人入住酒店的情景，并模拟训练。

【场景二】 同日，一位叫罗杰的客人也在16:00来到酒店总台。说是美国来的罗杰，预订了一间客房，预订单不见了。而对这种情况，该如何处理？请你以此来设计一段接待人员接待客人入住酒店的情景，并模拟训练。

考考你

1. 假如你是场景二中接待罗杰先生的那位接待员，该如何处理这件事情？（讨论）
2. 客人已持有确认预订函，但因飞机（火车、轮船、汽车）晚点而晚到酒店，怎么办？
3. 客人手持确认书，正点到达，但酒店已客满，怎么办？

实训项目二	未预订散客接待
实训目的	通过模拟对未预订散客接待的情景训练，了解未预订散客接待的基础知识，掌握未预订散客的接待方式，能够独立完成对未预订散客接待手续的办理。
实训学时	实训授课1学时，共计45分钟。其中，教师示范10分钟，学员分组练习30分钟，考评5分钟。
实训要求	掌握未预订散客接待业务的受理过程；熟悉未预订散客接待的办理方式。
实训方法	教师示范、分组练习、考评测试。

知识链接

一、未预订散客接待

1. 预订散客也被称为临时散客或自来客，是指没有预先和酒店订定房间的客人，由于总台接待员不能预先将这类客人编排房间，故需要在柜台前花长一点儿时间去为客人编排房间。

2. 为了使酒店的高级房间有较高的销售量，总台接待员应该是有技巧地使客人入住高级房间，但切记不能用欺骗或过分推荐的手段。

二、介绍房间类别及价钱

1. 没有预订房间的客人前来总台，接待员应礼貌地解释不同价格房间之区别，使客人了解并选择自己所需的房间类别。

2. 当客人决定入住哪类房间时再向客人复述该房间的价钱及所要附加之税金和服务费，以免引起不必要的误会。

操作流程

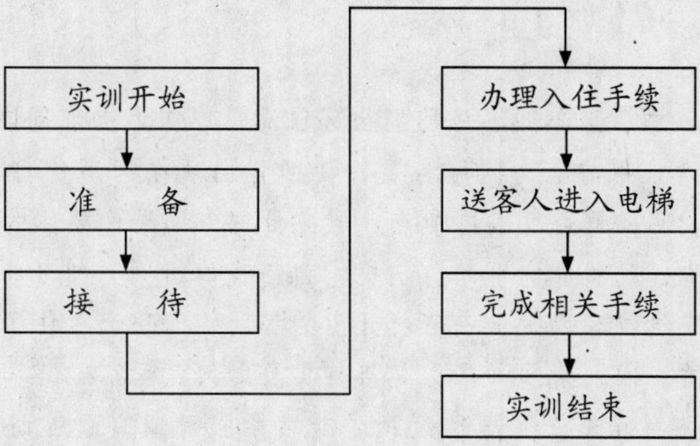

操作规范

操作步骤	主要操作内容	注意要点
一、接受无预订客人入住要求	1. 确定客人无预订，根据酒店客房出租情况决定酒店是否可接纳客人入住。 2. 若可安排客人入住，则可以推销客人所需的房间，并检查客人在酒店是否可以享有特殊价或公司价。 3. 在最短时间内为客人办理入住手续。	1. 分清有无预订。 2. 仔细查看客房状况。
二、办理入住手续	1. 填写入住登记卡，确认离店日期和房间价格。 2. 核对一切有关证件。 3. 分配房间，确认付款方式，并按照酒店的规定收取押金。 4. 填写房卡，制作钥匙。	仔细核对、办理手续。
三、提供其他帮助	1. 通知行李员，引领客人进入客房。 2. 告知电梯位置，祝愿客人居住愉快。	尽量满足客人的需求。
四、信息储存	1. 立即将所有信息输入计算机系统，包括：客人姓名、地址、付款方式、国籍、护照号码、离店日期等。 2. 检查信息的正确性，并输入客人的历史中。 3. 登记卡要存放至客人入住栏中，以便随时查询。	1. 正确将信息输入微机。 2. 准确存放资料。

能力测试

【场景一】 一位叫李明的客人于2007年4月2日17:30来到贵和大酒店，要住一间单人房间，当时正值客流高峰期，客房出租率已达96%。请你以此来设计一段接待人员接待客人入住酒店的情景，并模拟训练。

【场景二】 一个叫王杰的客人于2007年2月15日15:00来到贵友大酒店，当时酒店正在接待一个大型会议，单间已经全部住满，只有豪华套房。请你以此来设计一段接待人员接待客人入住酒店的情景，并模拟训练。

考考你

1. 假如场景一中，酒店里单间客房已经全部住满，你作为接待员该如何安排？

2. 某日，有位客人来到前台询问服务员，请问你们现在的房价打多少折，服务员告知客人一般打8折，客人问，是否可以再低点，服务员说，如果你要住的话可以打7折，这时客人出示他的住房卡说，既然你们可以打7折，为何我的房间只打8折，要求他的房价按7折计算。经了解，原来这位客人是上一班次开出的房间，已登记入住了，但对房价感到有所偏高，所以才有刚才的一问。请问如果你是接待员会如何处理？

3. 假如现在正值旅游旺季，客房已经到了非常紧张时期，酒店还有8间空房，都由经理控制，在晚上6点多钟，一位无预订的客人慕名而来要求住店。作为接待员，你应如何处理？

实训项目三	团队客人接待
实训目的	通过模拟对团队客人接待的情景训练，了解团队客人接待的基础知识，掌握团队客人接待的方式，能够独立完成对团队客人接待手续的办理。
实训学时	实训授课1学时，共计45分钟。其中，教师示范10分钟，学员分组练习30分钟，考评5分钟。
实训要求	掌握团队客人接待业务的受理过程；熟悉团队客人接待的办理方式。
实训方法	教师示范、分组练习、考评测试。

知识链接

提前为团体编排房间注意事项：

1. 总台接待员根据团体协议去编排已订定的房间类别。房间类型要尽量一致。
2. 房间安排相对要集中，尽量编排在同一层楼，以便于团队的集中管理。
3. 房间楼层要避开客人所忌讳的数字。
4. 房间和床头的朝向要适应客人的生活习惯和生活习俗。
5. 在房架（ROOM RACK）指示上标明，该房间已被编排，不能再做其他用途。

操作流程

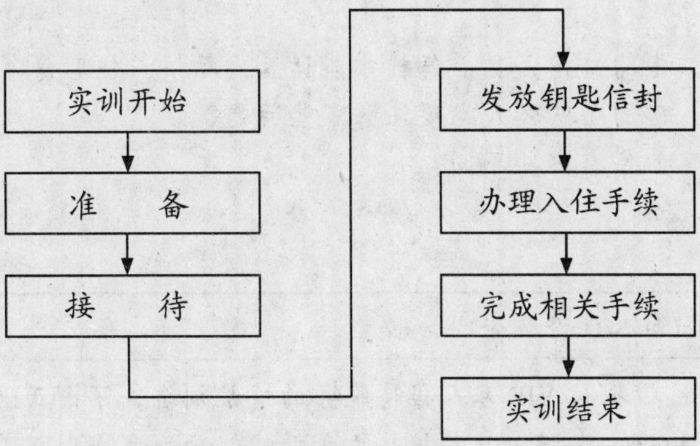

操作规范

操作步骤	主要操作内容	注意要点
一、准备工作	1. 在团队到达前，预先备好团队的房间钥匙，并与有关部门联系确保房间为干净房。 2. 按照团队要求提前分配房间，尽量安排在同一楼层。 3. 分配房间后，打印分房单五份并分送：（1）客房部；（2）行李部；（3）团队领队；（4）团队联络员；（5）前台接待处团队存档。	1. 准备工作要充分、仔细。 2. 有分歧的团队，要分楼或分楼层排房。
二、接待团队入店	1. 接待人员与销售部全体联络员一同礼貌地把团队客人引领至团队入店登记处。 2. 团队联络员向团长、团队客人介绍有关事宜：早、中、晚餐地点，酒店其他设施。 3. 接待员与领队确认房间数、人数及叫早时间。 4. 请团体联络员在团队明细单上签字、接待员亦需签字。 5. 协助领队发放钥匙，告诉客人电梯位置。	1. 要有专人负责。 2. 准确分发房间钥匙。
三、信息储存	1. 将准确的房号名单转交行李部，以便发放行李。 2. 修整完所有更改事项后，将信息输入计算机。	1. 准确录入相关信息。 2. 及时改变房态。
四、完成团队接待手续	将团队登记单与预订资料一并交前厅收银处签收。	

能力测试

【场景一】 新星旅游团队与天马旅游团队客人在下午 5:00 左右同时住店。请根据入店团队名单，设计一段接待人员接待团队客人入住酒店的场景，并模拟训练。

【场景二】 某天晚上 10:00 左右，贵和大酒店迎来一批因路上遇到意外事故而姗姗来迟的春秋旅行社的团队客人。请你以此来设计一段接待人员接待客人入住酒店的情景，并模拟训练。

考考你

1. 假如你是场景二中的接待人员，怎样才能让客人尽快入住客房。(讨论)
2. 接待两个同时入店的团队客人，要注意哪些问题?
3. 团队入住与散客入住有哪些不同?

实训项目四	VIP 客人接待服务
实训目的	通过模拟对 VIP 客人接待服务的情景训练，了解 VIP 客人接待服务的基础知识，掌握 VIP 的接待方式，能够独立完成对 VIP 客人的接待服务。
实训学时	实训授课 1 学时，共计 45 分钟。其中，教师示范 10 分钟，学员分组练习 30 分钟，考评 5 分钟。
实训要求	掌握 VIP 客人接待服务的受理过程；熟悉 VIP 客人接待服务的办理方式。
实训方法	教师示范、分组练习、考评测试。

知识链接

VIP 客人可以分为政府方面的、酒店方面的、商业性的和总经理个人的。有些酒店规定凡是住套房的客人都作为 VIP 客人对待；有些酒店则把特别重要的客人称为 Top VIP 或 VVIP，享受最高的待遇。通常，酒店会根据接待程度，把重要的客人分成 3 ~ 4 个等级，每个等级的贵宾享有较固定的优惠措施和接待规格。

操作流程

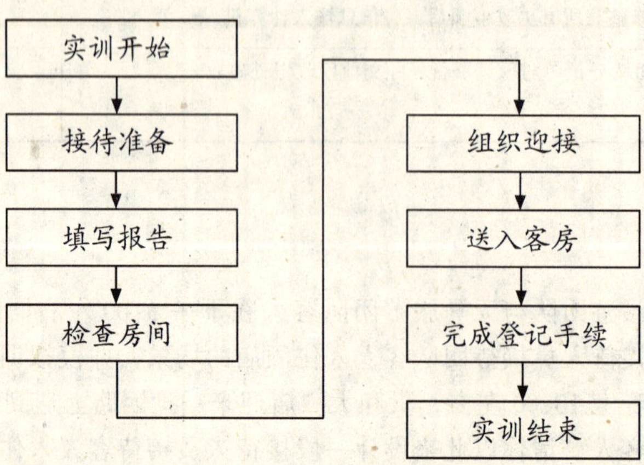

操作规范

操作步骤	主要操作内容	注意要点
一、接待 VIP 客人的准备工作	1. 填写 VIP 客人申请表，上报总经理审批签字认可。 2.VIP 房的分配力求选择同类客房中方位、视野景观 、环境和房间保养等方面，处于最佳状态的客房。 3.VIP 客人到达酒店前，要将装有钥匙卡、钥匙和班车时刻表的欢迎信封及登记卡放至客务经理处。 4. 客务经理在客人到达前检查房间，确保房间状态正常，礼品发送准确无误。	1. 认真按 VIP 客人接待申请手续办理。 2. 检查每间 VIP 房。 3. 准备好住宿资料。
二、办理入店手续	1. 准确掌握当天预抵 VIP 客人的姓名，并在客人抵达时直呼其名。 2. 及时通知客务经理，由客务经理亲自迎接。 3. 客务经理向客人介绍酒店设施，并亲自将客人送至房间。	仔细检查 VIP 客人名单，记住客人的姓名，不得叫错名字。
三、信息储存	1. 复核有关 VIP 客人资料的正确性，并准确输入计算机。 2. 在计算机中注明 VIP 客人，以提示其他部门或人员注意。 3. 为 VIP 客人建立历史档案，并注明身份，以便日后订房和查寻提供参考资料。	1. 资料要注意完整。 2. 及时传达 VIP 客人的有关信息。

能力测试

【场景一】 9 月 20 日下午 17:30 左右，一位来自美国的 VIP 客人抵达某大酒店，请按照 C 等级 VIP 客人的接待规格，设计一段接待人员接待 VIP 客人入住酒店的场景，并模拟训练。

【场景二】 有位西安某旅行社的洪先生，几年来一直与酒店保持着密切的联系，经常为酒店介绍一些 VIP 客人和旅游团队。7 月的一天，他又亲自带来了一个由 10 人组成的团队。请以此设计一段接待人员接待洪先生和他带来的团队入住酒店的场景，并模拟训练。

考考你

1. 因为是 VIP 客人，所以不需要办理登记手续。对吗？（讨论）

2. 在接待 VIP 客人的准备工作中，与我们接待普通客人的准备工作有什么不同？

3. 如果 VIP 客人提前到达了，而我们的接待准备工作还没有做好。此时，在我们做这位 VIP 客人的接待工作时，应注意哪些问题？

实训项目五	住店客人换房的办理
实训目的	通过模拟对住店客人换房的办理情景训练，了解住店客人换房的办理基础知识，掌握住店客人换房的办理程序，达到独立完成对住店客人的换房的办理。
实训学时	实训授课1学时，共计45分钟。其中，教师示范10分钟，学员分组练习30分钟，考评5分钟。
实训要求	掌握住店客人换房的办理方法；熟悉住店客人换房的办理程序。
实训方法	教师示范、分组练习、考评测试。

知识链接

客人要求换房的原因有：(1) 正在使用的客房过大或过小；(2) 客人希望住价格更便宜或更贵的客房；(3) 住店过程中，客人有同事或亲友前来入住或客人要事先离店，住店人数发生了变化；(4) 卫生环境太差，经客人提出后改善不明显；(5) 客房设备不是很完善，一时又无法修复。

在同等客房的前提下，客人有如下要求：(1) 更换楼层；(2) 更换朝向；(3) 更换位置；(4) 更换房号（不变换楼层、朝向、位置时）。

操作流程

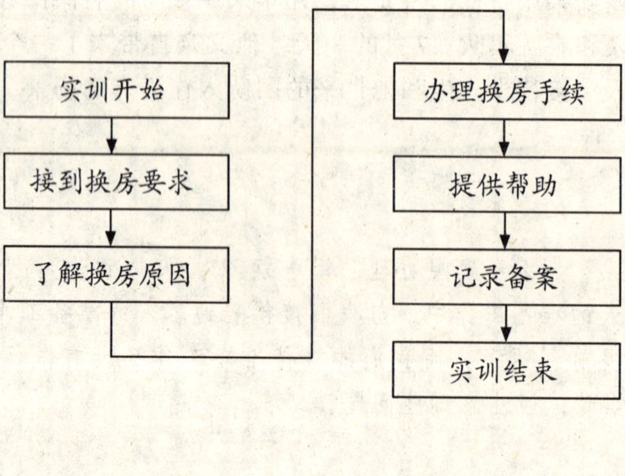

操作规范

操作步骤	主要操作内容	注意要点
一、接受客人换房要求	1. 当接到客人换房的要求时，前台工作人员要问清原因，并致歉，要按照客人的要求马上为他们换新的房间。 2. 要保证完整地为客人办理换房手续，并及时将客人的新房号输入计算机。	1. 尽量满足客人。 2. 准确输入新的房号。
二、办理换房手续	1. 换房后要填写换房本，并填写换房单。 2. 换房单要分发给各有关部门，并通知下述部门： (1) 客房部：要及时为客人更换客房内使用的物品。 (2) 行李部：及时为客人换取行李。 (3) 洗衣房：正确掌握客人的新房号，以便及时将客人洗好的衣服送到新的房间内。 (4) 客房酒吧办公室：通知客房酒吧人员检查房间的酒吧使用情况。 3. 前台接待人员需要更换客人的档案栏（更改房间号码），将登记卡及有关文件放入新房间的档案中。	1. 按换房程序办理。 2. 为客人搬行李时，要保证两人同时在场。

能力测试

【场景一】 10月28日，某酒店接待了两位来出差的客人。当这两位客人刚上楼没多一会儿，又回到了总台，嫌房间朝着马路，车多太乱，影响休息，要求换房。请以此来设计一段客人要求换房的服务情景，并模拟训练。

【场景二】 10月1日是旅游的旺季，酒店几乎住满客人，安排在1016房间的客人因为房间离电梯太近，上下电梯的客人说话声和隔壁1017房间的电视的声音太大影响休息，要求换房。请以此来设计一段客人要求换房的服务情景，并模拟训练。

考考你

1. 场景二中，假如酒店这时已没有多余的房间，不能满足客人的换房要求，怎么办？（讨论）

2. 场景一中，如果你是该酒店的接待员，你会为客人换房吗？你该怎样处理这件事情？

3. 当遇到客人嫌客房楼层太低、不朝阳，要求换房时，我们该如何处理？

实训课题　问询服务

实训项目一	访客留言服务
实训目的	通过模拟对访客留言服务的情景训练，了解访客留言服务的基础知识，掌握访客留言服务的受理程序，能够独立完成对访客留言服务手续办理的能力。
实训学时	实训授课 1 学时，共计 45 分钟。其中，教师示范 10 分钟，学员分组练习 30 分钟，考评 5 分钟。
实训要求	掌握访客留言服务的受理过程；熟悉访客留言服务的办理程序。
实训方法	教师示范、分组练习、考评测试。

知识链接

访客如果未遇到住店客人，问讯员要问客人是否愿意留言，如果愿意，可以代办留言，也可以在大厅的休息处等候；客人外出时，负责来访客人留言的保存及转送。

操作流程

1. 访客留言服务。

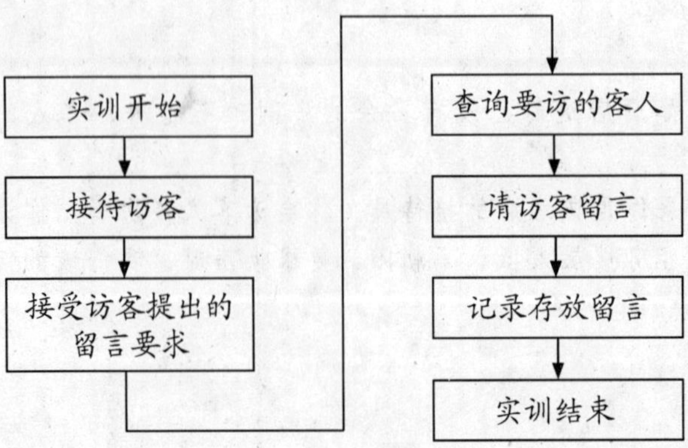

2. 住客留言服务。

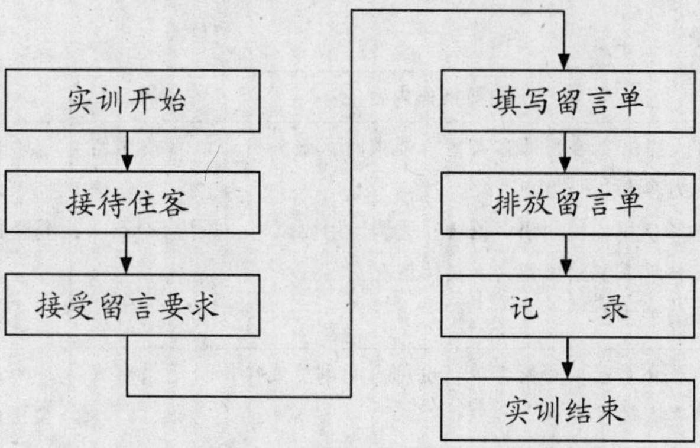

操作规范

1. 访客留言服务。

操作步骤	主要操作内容	注意要点
一、接到店外来访客人留言要求	当访客要找的店内客人不在，要求留言时： 1. 当客房电话无人接听，店外客人要求留言时，话务员应认真核对店外客人要找的店内客人姓名。 2. 准确记录留言者的姓名和联系电话。	1. 准确记录相关内容。 2. 复述留言内容与店外客人核对。
二、将留言输入电脑或填写留言单	1. 使用计算机方法同电话留言： (1) 查出店内客人房间。 (2) 通过固定的计算机程序输入留言内容。 (3) 核实留言内容无误在留言下方输入。 (4) 为客人提供留言服务员工姓名。 (5) 按“ENTER”键打出留言。 2. 使用留言单： (1) 可请客人自己填写留言单，也可由问询员或接待员记录客人留言并请客人过目签字。 (2) 填写具体的留言内容或只记录客人的交待。 (3) 为客人提供留言服务的员工姓名。	认真查对客人的房间，输入留言内容。
三、按亮客房留言灯或存放留言单	1. 按亮客房留言灯： (1) 按留言灯键。 (2) 敲入房间号码。 (3) 按执行键“#”键。 (4) 再按一下留言灯键。 2. 存放留言单。留言单一式两份，一份交于留言客人，一份存放在问讯处（或接待处）的钥匙架上。	准确及时按亮留言键。 将留言单正确放入客人的钥匙架上。
四、将计算机中的留言取消	1. 在计算机上输入客人房间号码。 2. 计算机屏幕显示留言内容。 3. 将计算机中的留言取消。	任务完成后及时取消留言。
五、熄灭客房留言灯	1. 按留言灯键。 2. 敲入房间号码。 3. 按执行键“#”键。 4. 再按一下留言灯键。	

2. 住客留言服务。

操作步骤	主要操作内容	注意要点
一、接受住客留言要求	当客人提出要给店外客人留言要求时，服务员应认真按照留言程序，为客人办理留言手续。 1. 注意使用礼貌用语，语音、语调运用要亲切、热情。 2. 问清客人要给谁留言（具体情况）。 3. 留言要求。	1. 准确记录留言内容。 2. 对时间紧，内容机密或重要的留言，不能接受。
二、填写住客留言单	1. 客人可自己填写留言单，也可由问讯员或接待员记录客人留言并请客人过目签字。 2. 留言单上可以有具体的留言内容也可以只记录客人的交待。 3. 为客人提供留言服务的员工姓名。	1. 留言内容所表达的意思要准确。 2. 复述留言内容与住店客人核对。
三、储存留言单	此单通常一式一份，存放在问询处（或接待处）的钥匙架上。	正确摆放。

能力测试

【场景一】 某日17:00左右，一位姓张的先生来到总台，说是找一位住店的钱贵老板，可是不知道住在哪个房间，叫服务员小王帮他查找，小王说他一小时前刚接待了一位叫钱贵的客人，安排在了808房间，便为他接通了808房间的电话，可电话接通后没有人接，心想可能是要找的客人出去了。服务员告诉来访的张先生，钱老板不在饭店，请在大厅等候。一两个小时后，钱老板还没有回来，张先生等急了，对总台服务员说我还有事，就不等了，麻烦你等钱先生回来说一声，服务员拿出留言单，张先生留言。张先生走后没多久，808房间的钱先生回来了，小王将留言单递给钱先生。可钱先生接到留言单后说："这个张亮是谁，我不认识这个人。"小王的服务有什么不足之处？应如何改进？请以此来设计一段场景，并模拟训练。

【场景二】 2007年5月15日，住在1718房间的姜先生来到总台，说和他们一起来的小王出去了，一时半会儿联系不上，我们有急事要先走，麻烦你给留言。服务员为姜先生办理了留言服务手续。请设计一段场景，并进行留言服务模拟对话。

考考你

1. 场景一中的钱先生怎么说不认识留言的张先生呢，问题出在哪儿？
2. 假如你是场景一中服务员小王，你会怎么做？
3. 服务员能否将客人的留言用口头传递？为什么？

实训项目二	客人物品转交服务
实训目的	通过模拟对客人物品转交服务的情景训练，了解客人物品转交服务的基本知识，掌握客人物品转交服务的受理程序，能够独立完成对客人物品转交服务手续的办理。
实训学时	实训授课 1 学时，共计 45 分钟。其中，教师示范 10 分钟，学员分组练习 30 分钟，考评 5 分钟。
实训要求	掌握客人物品转交服务的受理过程；熟悉客人物品转交服务的办理程序。
实训方法	教师示范、分组练习、考评测试。

知识链接

一、客人物品转交

接受客人转交物品时，要注意易腐烂、易爆、易燃、贵重物品和现金不予转交。物品暂存或递送服务可由大堂副理、宾客关系主任、礼宾员等完成。

二、客人物品转交类型

1. 访客转交物品给住店客人。
2. 住店客人转给店外客人。

操作流程

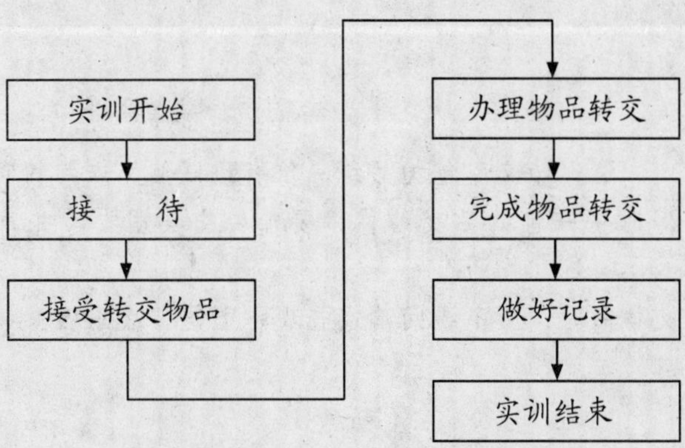

操作规范

操作步骤	主要操作内容	注意要点
一、接到客人物品转交要求	1. 当接到客人的物品转交要求后，服务员应认真核对客人姓名。 2. 准确记录物品转交者和物品接收者的姓名和联系电话。 3. 问明接收者来取物品的时间。	1. 准确记录。 2. 是否有不能转交的物品。 3. 是否需要留言。
二、办理客人物品转交服务手续	填写物品寄存登记，在登记本上编号（逐项填写）。如：日期、时间、寄存人、收取人、存放地点、物品名称、接收物品的服务员的签字。	仔细核对、办理手续。
三、收取物品	1. 查看要转交的物品。 2. 将物品存放在物品后柜中。	要保管好客人的物品。
四、完成物品转交	1. 询问客人收取何种物品。 2. 在物品登记本中查询客人要找的物品。 3. 核查客人身份、证件等。如相符，则将物品交给客人，并要客人在登记本上签字，表示已收取。	1. 核对客人陈述的物品。 2. 验明客人的身份。 3. 请客人查验物品。

能力测试

【场景一】 2007 年圣诞节之前，有位洪主任送来了一箱水果，说是送给 2118 房客人的，2118 房现在没人，请服务员转交。请设计一段场景，并进行客人物品转交服务模拟对话。

【场景二】 春节将至，青岛的李经理来济南出差，顺便带来了几箱海鲜，要送给客户尝尝鲜，因到酒店时已很晚，不能将物品送出，而第二天一早又要急着赶回。作为服务员应该怎么处理？请以此来设计一段场景，并模拟训练。

考考你

1. 一位非住店客人，请你转交一包物品给一位有预订但又未到的宾客，应如何处理？

2. 一位住客在退房时将一包物品交给你，要求转交其朋友，并声称朋友明天来取时，应如何处理？

3. 客人要求你转交物品时，要不要问清或查看一下是什么东西？

实训课题　收银服务

实训项目一	散客离店结账
实训目的	通过模拟散客离店结账的情景训练，了解散客结账的基础知识，掌握散客结账的接待方式，能够独立完成离店散客结账手续的办理。
实训学时	实训授课1学时，共计45分钟。其中，教师示范10分钟，学员分组练习30分钟，考评5分钟。
实训要求	掌握散客离店结账业务的受理过程；熟悉离店散客结账的办理方式。
实训方法	教师示范、分组练习、考评测试。

知识链接

一、前厅收银的形式

1. 一次性结账的形式。这种收银形式是在客人进店办理住宿手续时发给一张特别记账卡，又称饭店信用卡，作为记账凭证。客人在饭店消费时，凭特别记账卡签单，便可不交现金，待离店时，再统一结账付款，有的甚至是客人离店后饭店再收账。服务员只要在收款机上打出账卡或记下账单，由客人签字，然后通过计算机或将账卡和账单及时送到前台收银处，即可根据客人的账号、姓名和房号等，及时准确地结账。这种收银形式一般适合于采用计算机系统管理的饭店。其优点是便利了客人，体现了饭店“宾客至上，服务第一”的宗旨；缺点是饭店要冒极少数存心赖账的住客“走单”，即住客未结账付款而偷偷离店的风险，以及造成资金周转可能出现困难的风险。

2. 零星收款形式。这种收款方式是在客人进店办理住宿手续时，立下户头。收银员只记房租，每天累计一次，或者客人先付1~3天房租，以后采用累计的方式。客人在各个餐厅或店内其他地方消费，采用零星收款办法，即客人交现款，这种方式目前为我国大多数饭店所采用。

二、客人的支付方式

1. 现金。

2. 银行信用卡。

3. 公司统一结账。

4. 旅行支票。

5. 旅行社票据。

操作流程

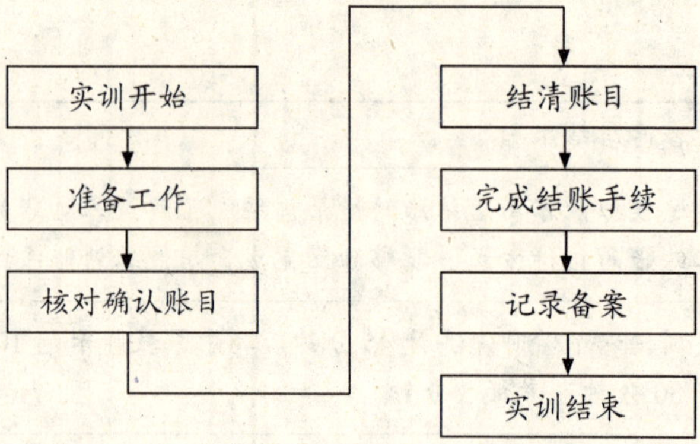

操作规范

操作步骤	主要操作内容	注意要点
一、核对账目并确认	1. 当客人到前台结账时，确认客人姓名是否正确，并随时称呼客人的名字。 2. 询问客人是只付部分账目，还是付账后即刻离店；若为后者，应确认其具体离店时间。 3. 接待人员主动收取房间钥匙，并询问客人是否发生过其他消费。 4. 客人结账的同时，前台接待人员要及时与客房酒吧办公室联系，查清客人房间酒水使用情况。 5. 计算机打印出清单，交付客人检查，经其认可在账单上签字，并确认付款方式。 6. 在调整计算机的同时，要清理客人档案栏，取出登记卡、信用卡复印件，以便其他客人重复使用。 7. 客人提前付清账目，但晚些离店时，接待人员要在计算机中注明延迟离店，以便提醒其他部门及人员的注意。	1. 核对房号与结账客人姓名是否一致。 2. 收回钥匙结清所有消费。 3. 已提前付清账款，要通知相关部门。
二、结账	1. 客人在结账时，要查看计算机中所注明的特殊事项。 2. 确认一切手续，在最短时间内完成结账手续。 3. 微笑地、有礼貌地为客人迅速、准确地办理离店手续，并表示欢迎客人再次光临饭店，祝其旅途愉快。	1. 迅速办理结账手续。 2. 邀请客人再次光临。
三、付款方式及方法	1. 若客人用旅行支票结账，前台不直接收取旅行支票，客人需要到外币兑换处依照当天汇率换取人民币现钞，然后再付清自己的账目。 2. 若客人以信用卡付款，当客人结账离店时，要有礼貌地让客人出示信用卡，要对照客人的信用卡号码、有效期及签字，以确保信用卡的有效性、通用性和真实性，保证信用卡的正确使用。 另：如果客人住店消费超过有效限额，将通知信用卡授权中	1. 分清付款方式。 2. 严格按照各付款方式程序进行办理。

续表

操作步骤	主要操作内容	注意要点
	心，申请授权号码，所批准的授权号码应写在信用卡单据的右上角： AMERICAN EXPRESS CARD：￥1200 DINNER CARD：￥1000 MASTER CARD：￥1200 JCB CARD：￥1500 VISA CARD：￥1090 GREAT WALL CARD：￥3000 3. 根据饭店规定，应收取国内流通货币。若客人持外币，需先请其到外币兑换处依照当天汇率换成店内收取货币，然后转交前台结账。 4. 若为公司付款，接待人员打出计算机明细账单，经客人认可在账单上签字，并找齐所有公司担保付款凭证以及客人在店内的所有相关消费凭证一起转交至计财部，由计财部和公司进行结算。	

能力测试

【场景一】 客人住宿时间的计算问题常常是饭店与客人之间产生纠纷的原因之一。例如，一位客人7月7日凌晨1:50入住某饭店，服务员当时提出此时入住要交6日夜的房费，而客人认为6日他根本没有进入饭店，饭店的做法侵犯了消费者的权益，他认为退房时间应定为夜间零时。一位客人某天下午16时入住某饭店，次日中午11时多服务员通知他准备退房。客人认为应住满24小时至下午16时才应该退房。请以此来设计一段散客离店结账的服务情景，并模拟训练。

【场景二】 每天早上8点左右，都是客人离店的高峰期。这天7点刚过，就来了4位客人要求退房。服务员迅速找出客人资料，办理了结账手续。请以此来设计一段散客离店结账的服务情景，并模拟训练。

考考你

1. 场景一中客人的说法有无道理？这两家饭店究竟错了没有？

2. 假如某位客人在住宿期间听说别人享受了七折优惠，结算时要求饭店给自己也按七折结账，怎么办？

3. 住在2020房间的笑先生因要赶第二天早上5点钟的火车，头天晚上想把账结清，免得第二天来不及，你认为可以吗？

实训项目二	团队结账
实训目的	通过模拟团队客人离店结账的情景训练，了解团队结账的基础知识，能够独立完成对团队客人离店结账手续的办理。
实训学时	实训授课 1 学时，共计 45 分钟。其中，教师示范 10 分钟，学员分组练习 30 分钟，考评 5 分钟。
实训要求	了解团队客人离店结账的基本特征，掌握团队账务的结算方法；熟悉散客结账的接待程序。
实训方法	教师示范、分组练习、考评测试。

知识链接

团队结账应注意的问题：

1. 按照团队离店时间顺序，核查团队总账、分账记账，并编制离店团队一览表。

2. 查看团队预订单上的付款方式以及是否有特殊要求，将公账与私账分开。团队总账一般只包括食宿，个人的消费要单另记账结算。

3. 结算时如有异议，及时请结账主管出面协助解决。

4. 团队延时离店，须经销售经理批准，否则按当日房价收取。

5. 凡不允许挂账的旅行社，其团队费用一律到店前现付。

操作流程

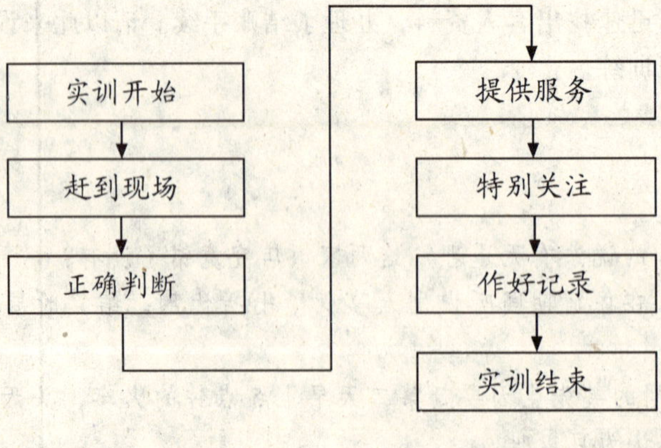

操作规范

操作步骤	主要操作内容	注意要点
一、准备团队总账	1. 在团队离店前一天，根据团队指令准备好团队总账。 2. 登记进店和离店日期、团队名称、房间数、房间类型、房价、餐饮安排和押金收取。 3. 用美元计算团队总账单。	提前做好团队总账。
二、领队在总账单上签字	1. 团队在离店前，及时与领队联系，随时沟通团队付账情况。 2. 经领队认可在总账单上签字，其余账由客人各自付清，领队要保证全队账目结算清楚后方可离开饭店。	1. 领队必须在总账单上签字。 2. 领队要保证全队账目结算清楚。
三、转交账单至计财部	1. 团队总账单由领队签字认可后，转交至计财部。 2. 计财部将旅行社联系解决有关付款的问题，如有特殊情况，旅行社将在团队到达时现付或预先付定金作为担保。	1. 迅速转交账单。 2. 处理好有关问题。
四、办理团队离店手续	1. 检查团队所有账目是否已付清。 2. 收取团队全部房间钥匙。 3. 查清账目后，发放行李放行单，作为团队可离店的凭证。	1. 查核账目。 2. 收回钥匙。 3. 签发离店单。

能力测试

【场景一】 阳光老人旅游团，结束了两天的观光旅程，要结账离店了。可服务员发现这个团队用的某个房间，少了一对茶杯。原来是两位老妈妈看到茶杯上印有这家饭店的店徽，想留作纪念，便把它带走了。接待员了解此情后，进行了妥善处理。请以此来设计一段团队客人离店结账的服务情景。

【场景二】 国庆节刚过，某饭店接待的由46人组成的夕阳红旅游团要结账离店了，领队前来总台结账。请以此来设计一段团队客人离店结账的服务情景。

考考你

1. 某旅游团队结束了所有行程，最后来到了青岛，原计划住一天，然后乘飞机返回。可有几位客人不想走，觉得青岛城市太美了，想多住几天。请问，这几位客人还能享受团队优惠价吗？

2. 某公司在某酒店举办了一个会议，为期两天。临结账时服务员才发现有个房间的床单被烟头烧了一个窟窿。请问该如何处理？

3. 某团队在离店结账时，发现有电话费记录，该怎样结账？（讨论）

实训项目三	客用贵重物品保险箱的使用
实训目的	通过情景模拟教学，使学员掌握前台客用贵重物品保险箱的使用，提高对客贵重物品保险箱的使用能力。
实训学时	实训授课 1 学时，共计 45 分钟。其中，教师示范 10 分钟，学员分组练习 30 分钟，考评 5 分钟。
实训要求	了解保险箱的使用方法和管理；掌握保险箱的使用程序。
实训方法	教师示范、分组练习、考评测试。

知识链接

一、贵重物品

住店宾客的贵重物品一般指其携带的现金、支票、首饰、相机、重要文件等。为了保证住店宾客的贵重物品在住店期间不被遗失，饭店在宾客入住登记表上明确表示：如有贵重物品，请至前厅收银处免费寄存，否则，如有遗失，饭店概不负责。

二、保险柜

保险柜由多个保险箱或保险盒组成，每个箱子有两把钥匙，必须同时使用才能打开或关上，一把是总钥匙，由前厅收银处保管，另一把由客人自己保管。

操作流程

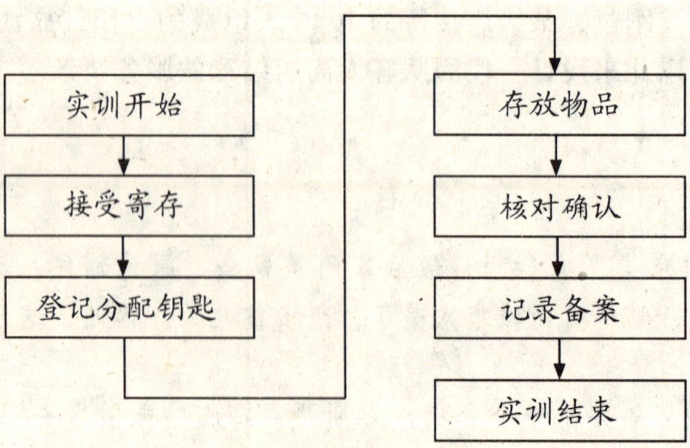

操作规范

操作步骤	主要操作内容	注意要点
一、为客人建立保险箱	1. 请客人出示房卡或钥匙牌，以证明其为住店客人。只有住店客人方可免费使用贵重物品保险箱。 2. 递给客人一张空白保险箱登记卡，请客人在登记卡上逐项填写，包括：房间号码，印刷体的英文姓名（或中文），家庭住址，使用人签字，日期和时间。	1. 确认客人身份。 2. 认真核对客人登记卡。
二、存入	1. 检查登记卡，保证无漏填项后，递给客人一把保险箱钥匙，并将钥匙号码填写在登记卡的右上角，同时签上自己的姓名。 2. 用由问询处员工掌管的保险箱母钥匙和交给客人保管的子钥匙一起，帮客人打开保险箱，并向客人讲清楚要保存好子钥匙，如遇丢失，应付150美元的赔偿费。	1. 检查无误，发放钥匙。 2. 同客人一起，打开保险箱。
三、登记	1. 客人存放物品完毕后，员工在保险箱登记本上逐项登记，包括：日期、保险箱号、客人房间号、客人姓名、开箱时间和员工签字。 2. 在客人填好的登记卡上，把客人姓的第一个字母填写在登记卡的右上角，并将登记卡按英文字母顺序存档。	1. 及时、完整地进行登记。 2. 按规定填写标记、存档。
四、客人取存物品	1. 按照客人姓的第一个字母和保险箱号找出贵重物品登记卡，请客人在此卡背后的使用栏目中签字。 2. 检查客人的签字和登记卡上的签字，两次的笔迹若相符，方可开箱取物。 3. 替客人打开保险箱。 4. 客人在登记卡上签字，注明日期。 5. 将此卡放回存档处。	1. 签字必须一致，方可开箱。 2. 在登记卡上记录。
五、存档	1. 按照客人姓氏的第一个英文字母顺序存档。如果是两个或两个人以上共用一个保险箱，只需一个人来填写登记卡，并用其姓氏第一个字母进行存档，其他客人则须在登记卡上签字。 2. 若其他人取存物品，须讲明这张卡片登记者的姓名，以此为据查询此卡。	将登记卡按姓氏字母顺序存档。
六、客人结束使用保险箱	1. 按照客人姓氏的第一个字母和保险箱号码找出客人的登记卡，请客人在此卡背后“结束使用保险箱”处签字认可。 2. 核对客人前后签字笔迹是否相符。如相符，方可开箱。 3. 客人从保险箱内取完物品后，工作人员再次检查保险箱，确保客人的物品已全部取走，然后锁上保险箱，将保险箱的钥匙放回存放柜中。 4. 工作人员在客人取消的登记卡背后右下角签字，注明日期时间，并在登记卡中间的空余栏中划上“Z”，取消其使用空间。 5. 在停用保险箱登记本上逐项登记，包括：房间号、保险箱号、时间及工作人员签名。 6. 把登记卡存档。 7. 每周一上交财务部复查。	1. 请客人在登记卡背后签字。 2. 注明日期和取消登记号。 3. 认真登记、核对、存档，按时上报复查。

续表

操作步骤	主要操作内容	注意要点
七、输入文字处理机并打印报表	1. 打开文字处理机和打印机，进入保险箱管理系统。 2. 输入当日使用者的保险箱号码。 3. 输入使用者姓名、房间号码和开始日期。 4. 输入当日取消者号码，在计算机中使用其进入空箱状态。 5. 进入打印系统打出下列报表。 (1) 保险箱出租率。 (2) 当日使用保险箱报告。 (3) 空余保险箱报告。 6. 将文字处理机和打印机关闭。	按程序将客人使用保险箱的有关信息输入电脑，打印报表。
八、核查钥匙	1. 每日核查客用保险箱子钥匙。 2. 每日早班工作人员根据当日空余保险号码报表，核查存放柜中的子钥匙，要求二者相符。	按规定检查保险箱钥匙。
九、输入饭店计算机系统	凡用饭店客用保险箱的客人，每日早班工作人员在计算机系统储存的使用客用保险箱客人的信息中注明“LOCATOR：USED SAFE ”以便客人离店前由结账人员提醒客人退还保险箱钥匙。	

能力测试

【场景一】 某天2008房间的客人，从外面拿回来一个包装精美的玉雕貔貅。要存放在保险箱里，服务员按照保险箱的使用规定，将玉雕貔貅存放在保险箱里。请设计客用贵重物品保险箱的使用场景，进行模拟练习。

【场景二】 一天，来了一对夫妻，被安排住进了2228房间。过了一会儿，2228房的先生来到总台，说：“因出门携带了很多现金，放在身上不安全”，要求存放在保险箱里。请设计客用贵重物品保险箱的使用场景，进行模拟练习。

考考你

1. 场景二中，假如来取钱的不是那位先生，而是他的太太，能否开启客用贵重物品保险箱？（讨论）

2. 假如客人来领取被保存的物品时，说保险箱的钥匙不见了，怎么办？

3. 有位客人开启保险箱后，发现里面存放的物品少了一件。请分析原因，找出解决办法。

案例解析

为住店客人保密

有两位外宾来到酒店总台，要求协助查找一位叫帕特森的美国客人是否在此下榻，并想快点见到他。总台接待员立即进行查询，果然有位叫帕特森的客人。接待员于是接通客人的房间电话，但长时间没有应答。接待员便和蔼地告诉来访客人，确有这位先生住宿本店，但此刻不在房间，也没有他的留言，请来访者在大堂休息等候或另行约定。

这两位来访者对接待员的答复不太满意，并一再说明他们与帕特森先生是相识多年的朋友，要求总台接待员告诉他的房间号码。总台接待员和颜悦色地向他们解释："为了住店客人的安全，本店立有规定，在未征得住店客人的同意时，不便将房号告诉他人。两位先生远道而来，正巧帕特森先生不在房间，建议您可以在总台给帕特森先生留个便条，或随时与总台联系，我们乐意随时为您服务。"来访客人听了接待员这一席话，便写了一封信留下来。

晚上，帕特森先生回到酒店，总台接待员将来访者留下的信交给他，并说明为不打扰客人休息和安全起见，总台没有将房号告诉来访者，敬请先生原谅。帕特森先生当即表示予以理解，并表示这条规定有助于维护住店客人的利益，值得赞赏。

【评析】 这位接待员通过留言服务，为住店客人保了密。这也是酒店的原则。服务员始终礼貌地对待来访的客人，耐心向来访者解释，并及时提出合理建议。由于解释中肯，态度和蔼，使来访者提不出异议，反而对这家酒店严格的管理留下了深刻的印象。从这个意义上讲，维护住店客人的切身利益，以安全为重，使客人放心，这正是酒店的一种无形的特殊服务。

客房篇

第五单元

客 房 清 洁

■ 实训课题　进房服务

实训项目一	进房练习
实训目的	通过对进房规范知识的讲解和进房服务技能的练习，使学生了解进入房间的礼节基础知识，掌握进房的正确程序和相关标准，达到规范操作与熟练运用的服务能力。
实训学时	实训授课 1 学时，共计 45 分钟。其中，教师示范 10 分钟，学员分组练习 30 分钟，考评 5 分钟。
实训要求	了解进房的基础礼节知识；掌握进房的操作流程及要点。
实训方法	教师示范、分组练习、考评测试。

知识链接

“请勿打扰（do not disturb，DND）”房的处理程序如下：

1. 一般情况下“请勿打扰”房的处理。

(1) 楼层工作人员在清洁、服务过程中，要注意观察所辖区域内有无挂有“DND”牌和“DND”灯亮的房间，如有，不要敲门进房。

(2) 服务员在对该房进行服务时，需在楼层服务员服务单上的相应服务项目前的“□”内打上“√”，并填写自己的姓名以及说明。

(3) 对“请勿打扰”房要在不打扰客人的情况下注意观察。经过时，声音或操作要轻，以免影响客人的休息。应做到既要为客人提供安静的休息环境，又不因客人外出时忘记摘下牌子而影响客房清扫工作。

2. 特殊情况下“请勿打扰”房的处理。

（1）直至下午 14:00 仍显示“DND”的房间，服务员应请示领班。

（2）领班或客房服务中心打电话到客人房间，电话询问是否可以进房打扫或需要什么帮助，并向客人表示歉意。

（3）房间电话若无人接听，可以按门铃或敲门，并通报身份，若客人在房，应主动表示歉意并说明原因。

（4）打电话或敲门，房内均无反应，应立即向上级汇报，经同意，用钥匙开启房门，以防发生意外。

操作流程

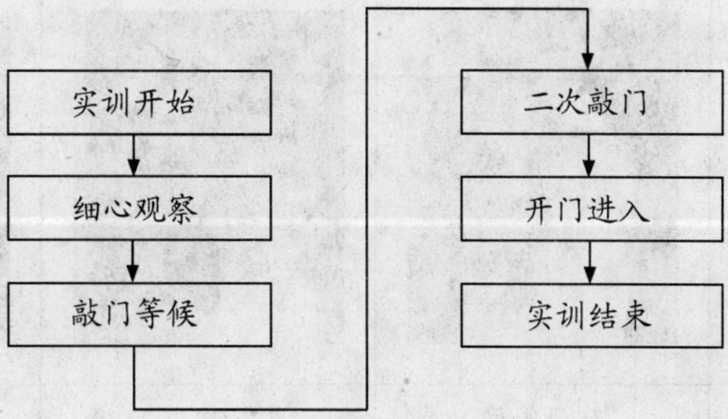

操作规范

操作步骤	主要操作内容	注意要点
一、细心观察	1. 观察室外情况。即观察门框、门扇、门把手、房间号码的清洁程度，察看有无损坏。 2. 发现破损后对破损部位进行登记。 3. 严禁通过门窥镜向房间内窥视。 4. 灯光显示器显示“请勿打扰”或门把手上挂有“请勿打扰”牌时，不能进入房间或敲门，而应将房号、时间记录在工作报表上。	注意房态。
二、敲门等候	1. 以食指或中指第二关节轻敲房门三下，时间节奏为半秒一次。 2. 站立在房门外正中位置，距离房门 40 厘米处，目光平视门线。 3. 敲门 5 秒钟时自报部门或工作职务名称（如 Housekeeping 或 Housekeeper 等）。	1. 如何敲门。 2. 如何报名。
三、二次敲门	（在无回音的情况下）操作规范同上。	

续表

操作步骤	主要操作内容	注意要点
四、开门进入	1.（在无回音的情况下）将钥匙插入锁内轻轻转动，轻推钥匙或握住门把手将门轻轻开启。 2. 开门时报部门或工作职务名称，同时以客人能听清为准的音量亲切问候（如 Good morning，Smith，May I come in）。 3. 如客人在房间，在客人应允后再进入房间。 4. 如问候后无回音，5 秒钟后即可进入房间敞开房门，将房门敞开到 90°角，使闭门器失去效用。 5. 在客房清洁的整个过程中，房门要始终敞开着。	1. 门应开直。 2. 如有客人在房，应礼貌表示歉意，并说明来意。

现场直播

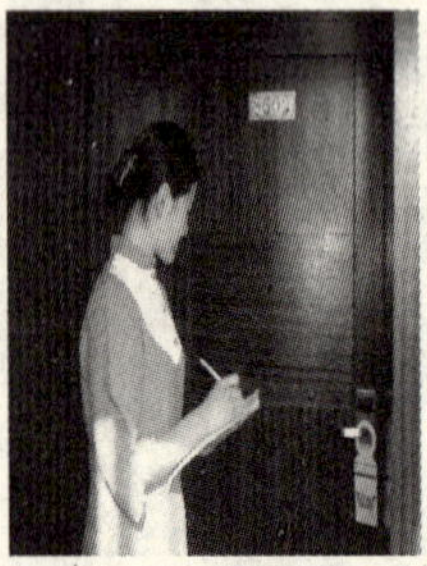			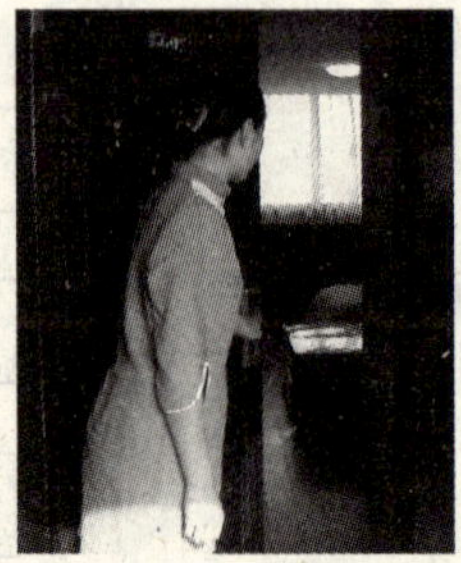
记录观察	敲门等候	第二次敲门	开门进入

能力测试

【场景一】 史密斯先生是英国一家著名投资公司的项目经理，此次来华与中方洽谈一笔大型的投资项目。由于大量的商务活动和谈判以及时差的原因，并且他每天需要与伦敦总部进行联系，只好在凌晨开始休息，中午以后起床工作。遗憾的是，客人这一起居习惯并未得到饭店有关方面的充分重视。每天上午客房服务员清扫房间、收取客衣、信使派送留言、传真等，都使他不能得到良好的休息。虽多次向服务人员交代，也许是因为语言沟通的障碍，收效甚微。他曾尝试使用“DND”牌来提醒，但由于房内行李及资料很多，未能找到该牌。尤其在周末，打扰更加频繁，他忍无可忍，甚至认为服务人员要与他做对。他原打算住宿一个月，但到第 15 天时，便给饭店总经理写了长达五页的投诉信，然后毅然搬到了另外一家饭店入住，使这家饭店失去了应得的收益。

请指出有哪些不对的地方，设计场景，进行模拟训练。

【场景二】 6 月 12 日，大堂副理接 810 房客人电话：客人今日一早出门，晚上回来时发现房间仍未整理，他马上打电话至房务中心，要求服务员尽快来房间做卫生，可等了近半个小时仍不见服务员前去。大堂副理马上向客人道歉，并立即安排服务员到房间做卫生，将此事知会楼层主管。经调查，白天服务员曾致电房间，无人接听，服务员用房卡开门，但门被反锁，故未打扫卫生。

请问问题出在什么地方？根据以上案例设计场景，进行模拟训练。

考考你

1. 敲门时为什么要等待客人的反应？
2. “请勿打扰”房的处理程序是什么？
3. 为什么进入客房必须要将房门直开？

实训项目二	中式撤床、中式铺床
实训目的	通过中式撤床、中式铺床技能训练，使学生掌握正确的撤床铺床程序和方法，达到能够按照规范要求熟练操作的要求。
实训学时	实训授课 1 学时，共计 45 分钟。其中，教师示范 10 分钟，学员分组练习 30 分钟，考评 5 分钟。
实训要求	了解床垫保养知识；掌握中式撤床、中式铺床的程序及注意要点。
实训方法	教师示范、分组练习、考评测试。

知识链接

一、床垫的保养

1. 在床垫上加铺一条褥子。注意用松紧带将褥子固定在床垫上，以免褥子在铺床时滑动。同时可以在床垫上围上床裙，使床垫保持清洁。

2. 定期翻转床垫。为了延长床垫的使用寿命，床垫应定期翻转或上下调换，以避免出现局部凹陷，一般的做法为：(1) 床垫使用前要对所有的床垫统一编号，每季度翻转一次。(2) 将床垫正反面标号，正面为单数，反面为双数，即床垫正面上方标号为“1”，床垫正面下方标号为“3”，床垫反面上方的标号为“2”，床垫反面下方标号为“4”。翻转程序为：第一季度“1”在床头，第二季度“2”在床头，第三季度“3”在床头，第四季度“4”在床头。

3. 经常检查床垫弹簧的固定钮是否脱落，如果脱落，弹簧会移动，必须及时报修。

4. 若发现床垫四周边沿有积灰，及时用小扫帚清除。

5. 在客房使用率较低时，用吸尘器清洁床垫。

6. 经常通风透气，保持床垫的干燥。

二、特殊情况的处理

客人反映床单不干净，要求更换，客房人员应当：

1. 马上向客人道歉："对不起，我马上为您更换。"

2. 无论床单是否干净，均需立即更换，不要与客人争辩。

3. 将此情况向领班汇报。

操作流程

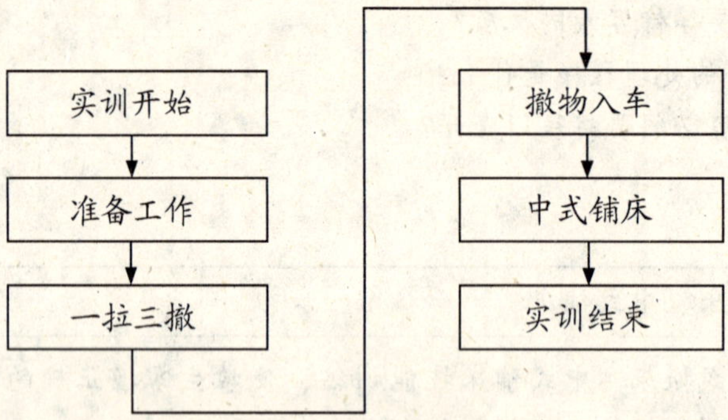

操作规范

中 式 撤 床

操作步骤	主要操作内容	注意要点
一、准备工作 1. 观察	1. 要留意床单、枕袋中是否夹带客人用品。 2. 观察床上用品是否破损、撕裂或有烧坏的洞孔。	
二、一拉三撤 2. 拉床	1. 站立在床尾30厘米处，两脚前后交叉有一定距离。 2. 下蹲，重心前倾，双手紧握床尾部，将床架连同床垫慢慢拉出。 3. 将身体重心由前腿转移，移动一步，使床身离开床头板50厘米。	1. 注意手法。 2. 用力均匀。
3. 撤枕袋	1. 左手捏住枕袋封口一角，右手探入袋内把枕芯轻轻拉出，注意不要翻转枕袋，不要猛拉以防撕裂枕袋。 2. 将枕芯放在椅子上或床面上。撤下的枕袋暂放在不影响行走的合适地方。	1. 注意枕头下面有无遗留物。 2. 注意枕头是否有污垢。
4. 撤毛毯	1. 把毛毯从各角和夹缝中拉出。 2. 高提起（避免拖地）。 3. 将毛毯顺放在椅子上。	1. 不可生拉硬拽。 2. 撤下毛毯简易折叠后放在椅子上。
5. 撤床单	1. 从角部开始把床单从床垫缝中逐一拉出。 2. 注意不要夹带客人衣物。 3. 床上有客人衣物时，要整理好。	
三、撤物入车 6. 布草送清洁车	1. 取出用过的枕袋和床单。 2. 将撤下的床单连同枕袋放进客房工作清洁车。	1. 清点撤下的布草。 2. 不能放在过道上。

中式铺床

操作步骤	主要操作内容	注意要点
一、拖床	将床拖出约30厘米。	中式铺床3分钟内完成。
二、甩单定位	一次到位。	1. 提高一次到位率。 2. 第一张床单正面朝上。
	不偏离中心线。	
	毛边向下，床面无皱褶。	
三、包角	四个角式样、角度一致。	1. 包角需半跪或蹲式，禁止躬身。 2. 每个角式样、角度一致。
	四个角均匀，角缝平整紧密。	
	床角两侧塞进床垫，平整无波纹。	
	床头床尾塞进床垫，平整无波纹。	
四、套棉被	被芯装进被套内，动作合理、优美、熟练、迅速。	
	棉被定位一次成形。	
	棉被套好定位后四角饱满、均匀平整，无褶皱。	
	被套中心线与床单中心线对齐。	
	封口绳结头朝内，不露绳头。	
	棉被首部与床头边等齐。	
	棉被尾部自然下垂至床垫和床裙接缝处。	
五、套枕头	动作合理、优美、熟练、迅速。	
	四角饱满、枕芯不外露。	
	枕头外形平整，挺括。	
六、放枕头	枕头开口处与床头柜相反。	
	枕头居中，枕头边与床两侧距离相等。	
七、铺床尾垫	中缝对齐，两边下垂相等，床尾下垂约1厘米。	
八、推床归位	将床推至床头归位，并举手示意程序完毕。	

现场直播

中式撤床

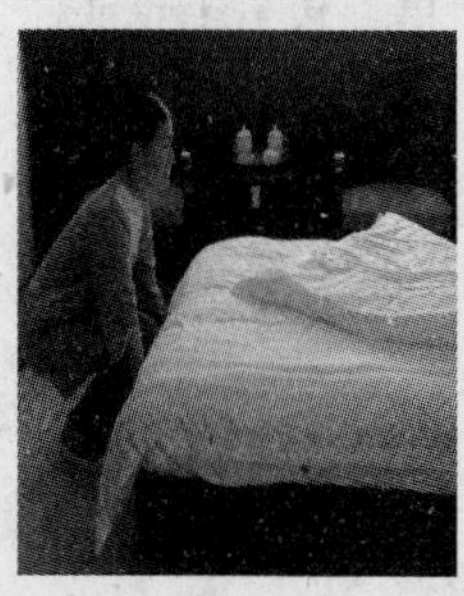	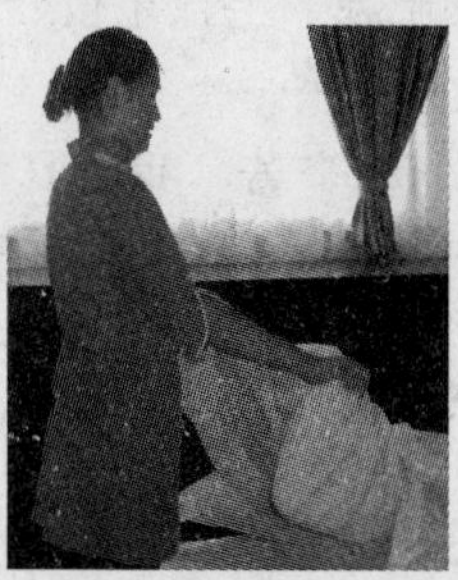	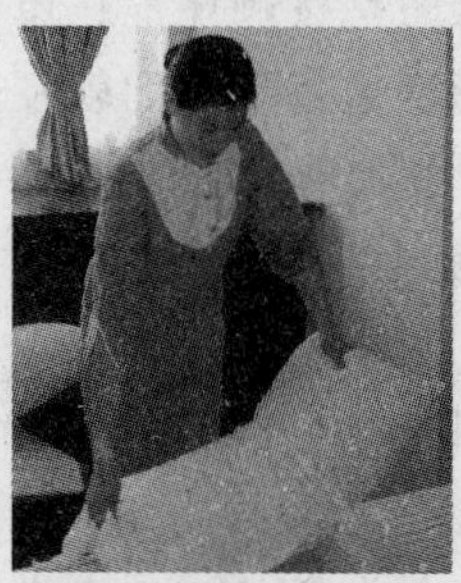	
拉　床	撤被套	撤枕套	撤床单

中式铺床

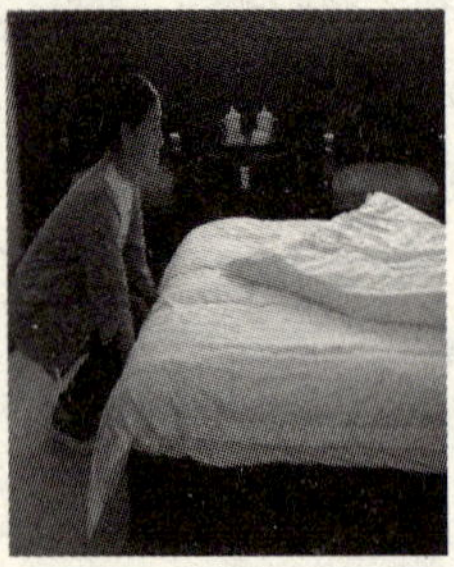	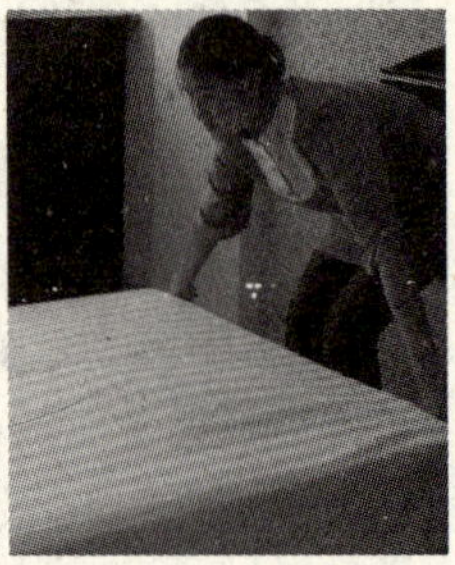	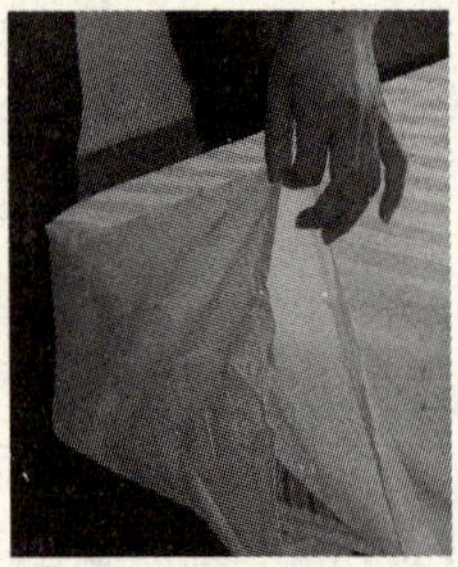	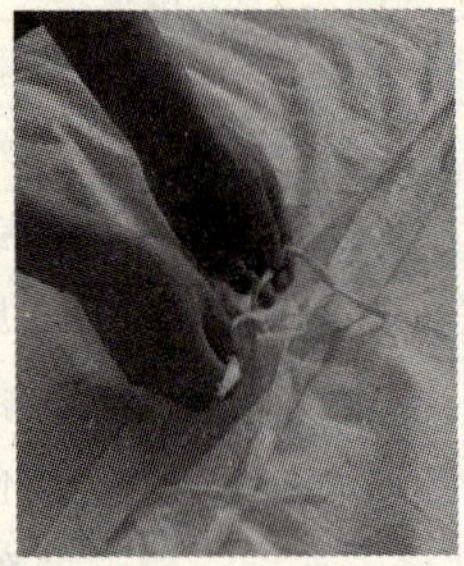
拉　床	甩单定位	包　角	套棉被
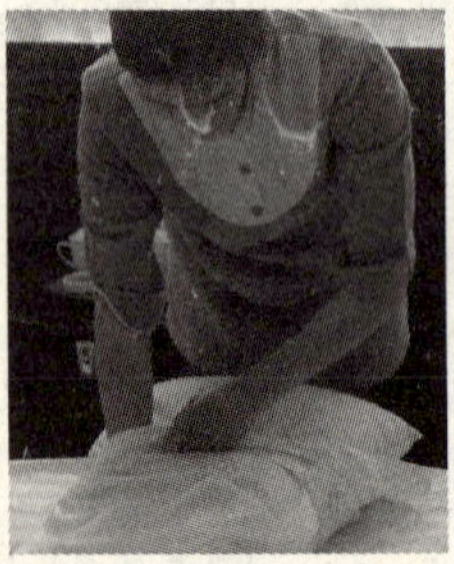	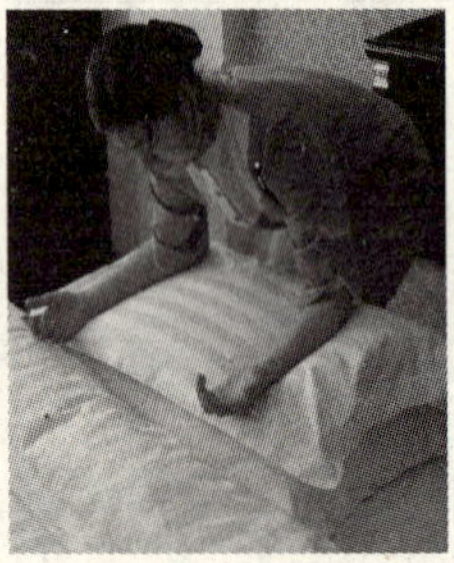	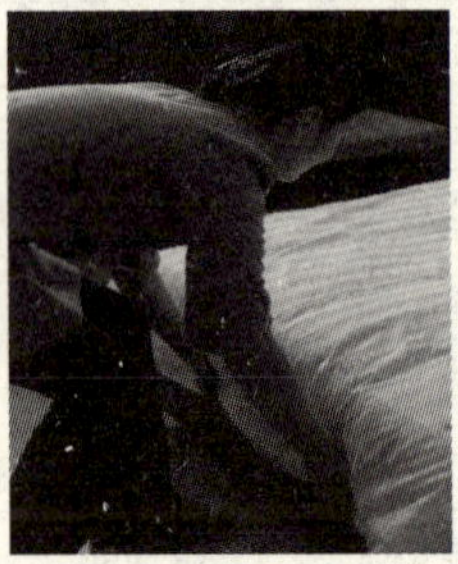	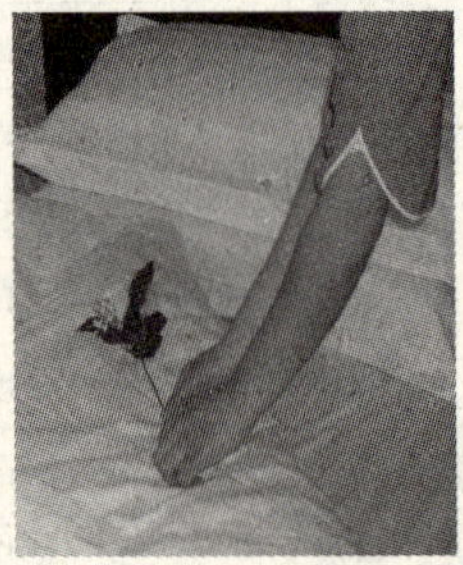
套枕头	放枕头	推床归位	开　角

能力测试

【场景一】 客房服务员小王每次为客人更换床单时，为了省时省事儿总是把床上的两层床单非常迅速地揉成一团，撤下来扔进布草袋内。有一次，一位客人问小王是否发现床上有一件小小的护身符。这件护身符对于客人来说十分珍贵，客人要求必须找到。小王在洗衣房费了九牛二虎之力，终于在一大堆尚未清洗的床单中发现了客人的护身符。请指出客房服务员有哪些地方做得不对？并设计场景，进行模拟训练。

【场景二】 客房铺床时是按顺序铺托单、铺毛毯、毛毯定位、铺面单、包盖毛毯头、塞床单、包角定位（把毛毯四边塞到床的软硬垫之间）……

一天客人王先生和服务员聊天，他说："你们真辛苦，我也真辛苦。你们上午辛辛苦苦地把床包起来，我每天晚上又辛辛苦苦费力把床单连同毛毯拉出来，把床弄得很乱，真累。"

服务员说："这是宾馆的服务规范要求的，这样铺床显得整齐、美观，所有宾馆都是这样。我们也常听到住客抱怨这样很不方便，我们也没有办法。"

请设计场景，进行模拟训练。

考考你

1. 为了延长床垫的使用寿命，床垫应如何翻转？
2. 撤床的相关规定有哪些？

实训项目三	西式撤床、西式铺床
实训目的	通过对西式撤床、西式铺床技能的训练，使学生掌握西式撤床、西式铺床的程序和操作方法，通过训练，能够在规定时间内保证质量地完成工作。
实训学时	实训授课1学时，共计45分钟。其中，教师示范10分钟，学员分组练习30分钟，考评5分钟。
实训要求	掌握西式撤床的要领与动作；掌握西式铺床的程序及注意事项，能按标准完成。
实训方法	教师示范、分组练习、考评测试。

知识链接

一、操作标准要求

三次甩单力均匀（甩开垫单、盖单、毛毯时用力均匀）；

两次包角紧而平（垫单包四角、盖被包两角要拉紧压平）；

四线重叠定位准（垫单、盖单、毛毯、床罩的褶线相迭、位置居中）；

四理床面平而挺（垫单、盖单、毛毯、床罩要保持床面的服贴、平整、挺括）。

二、操作常规要求

站位：床侧——1/2近床尾处；床头尾——居中。

移动：床头移至床尾时三步到位；不跑动；只走三面不绕床（床头尾及站位一侧）。

违例动作：跪地——应屈膝下蹲；跪床——抛单、抛毯时膝盖不顶碰床垫；手按床垫或在床面上抹平等。

三、操作时间要求

竞赛标准：2分30秒；考核标准：3分钟。

操作流程

实训开始 → 一拉三撤 → 西式铺床 → 实训结束

操作规范

西 式 撤 床

操作步骤	主要操作内容	注意要点
一、拉床	弯腰，用力拉床，使床离开床头板50厘米。	
二、三撤 1. 撤下枕套	1. 查看枕下有无遗留物品。 2. 注意枕芯是否清洁，如发现有污渍，应立即更换。	
2. 撤下毛毯	放在椅子上，折叠好，不要弄成一团。	
3. 撤下床单	1. 床单要逐一撤下，不要放在地上。 2. 检查垫单是否清洁。 3. 撤单时动作要轻，卷好放入布草车。	

西 式 铺 床

操作步骤	主要操作内容	注意要点
一、将床拉出	屈膝脆下，双手用力将床慢慢拉出40～50厘米。	西式铺床3分钟内完成。
二、摆正床垫	检查保护垫是否清洁，如有脏渍，马上更换并做处理。	
三、铺第一张床单（甩单、定位、包角）	1. 床单正面（中折线凸面）向上，中线居中。 2. 四角要包好床垫，各包角要平直，内斜角为45°，外直角90°。	1. 包角需半跪或蹲式，禁止躬身。 2. 每个角式样、角度一致。
四、铺第二张床单	1. 床单正面（中折线凸面）向下，中心线与第一张床单重叠。 2. 床单前端多出床头10厘米。	
五、铺毛毯（盖毯、包边、包角）	1. 床两边垂下部分要一致。 2. 毛毯商标应在床尾，商标向上。	

续表

操作步骤	主要操作内容	注意要点
六、将床单与毛毯下垂部分掖入床垫与床架之间	1. 将第二张床单前端多出床头部分，沿毛毯反折铺平，连同毛毯折回30厘米。 2. 将两侧下垂部分掖入床垫后，再将床尾部两角包好。	
七、套枕套（装芯、定位、整形）	1. 将枕芯装入枕套，枕芯不外露。 2. 四角饱满，枕套、枕芯边缘不重叠。 3. 套好的枕头放在床正中，和床前端相距5厘米。 4. 枕头开口朝床头柜的反方向。	
八、铺床罩（定位、罩枕、整形）	1. 床面平整美观，床罩两边距地面等距离。 2. 床罩要盖住枕头，不留白边。 3. 床罩多余部分要塞入两人枕头中间和底部。 4. 床尾两角垂直，距地1厘米。	
九、将床推回原位	1. 将床慢慢推回，床要摆正。 2. 整理床面，使其平整美观。	1. 铺床时不要跑动、不要跪床。 2. 操作时不能有拍打动作。

现场直播

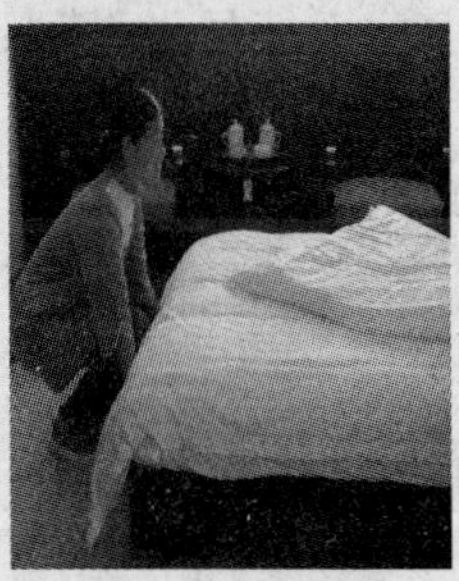	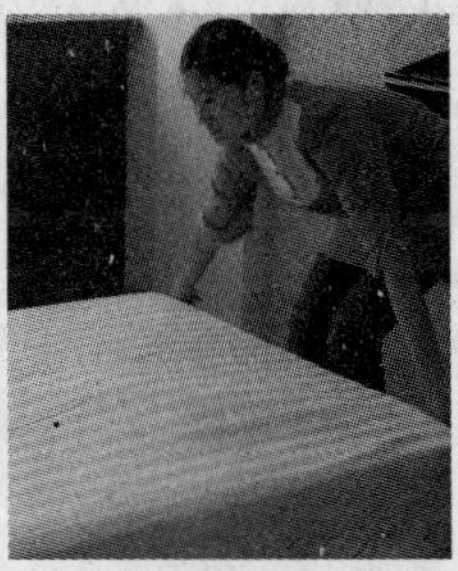	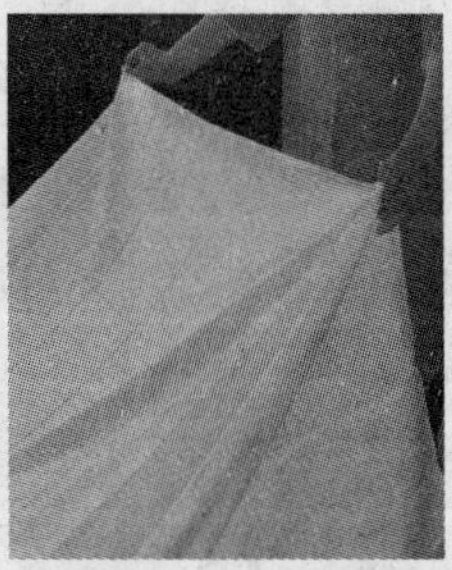
拉　床	铺第一张床单	铺第二张床单
	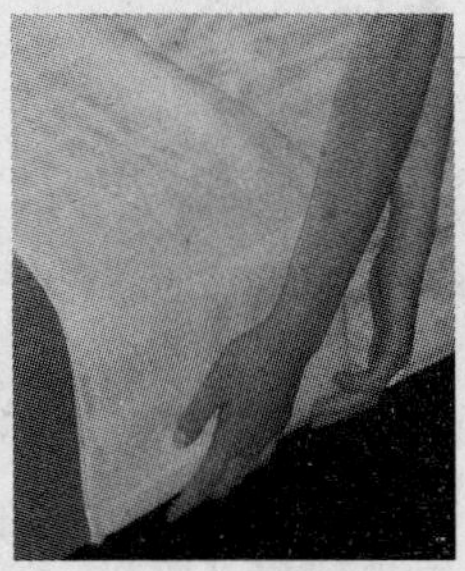	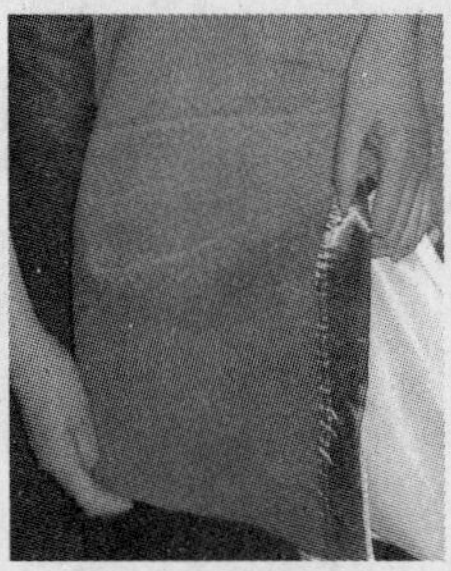
铺毛毯	整　单	包　角

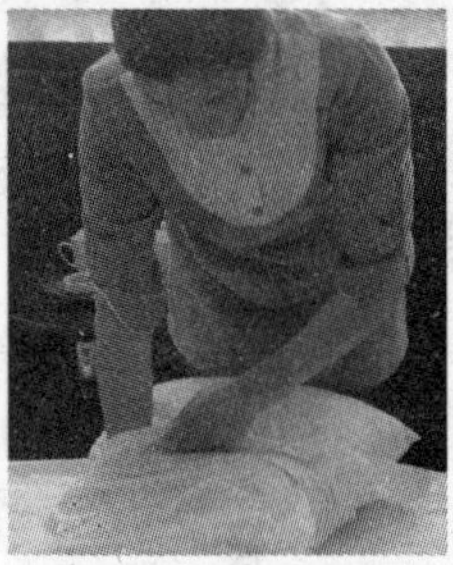	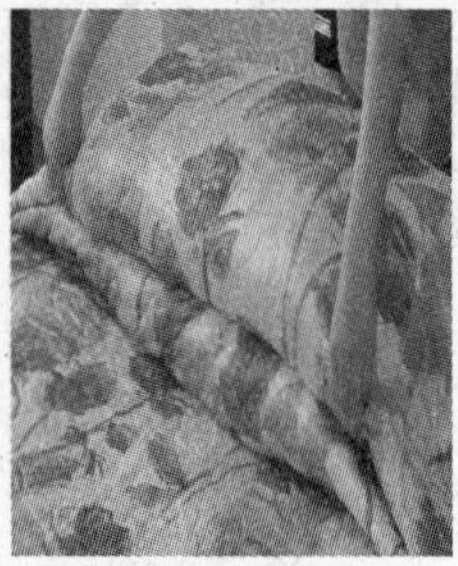	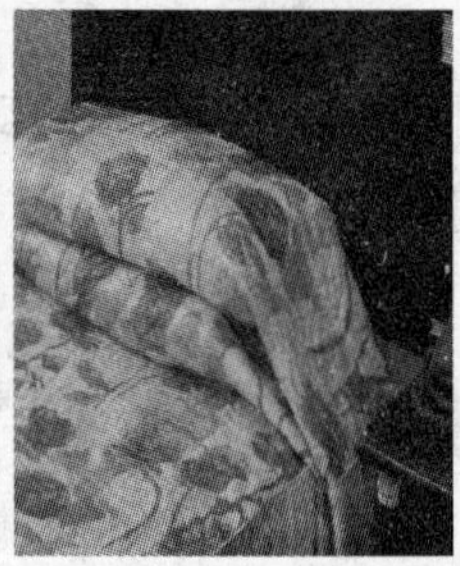
套枕套	铺床罩	复　位

能力测试

【场景一】 北京某四星级饭店的客房部这几天接待洽谈会，客人非常多，所以客房服务员清扫房间的任务很重。某实习生正在一间客房内铺床，他急急忙忙撤下单子，发现褥垫上有块污迹，因为还有很多房间要做，也顾不得把褥垫翻转，就把干净单子往上一铺，开始包单子了。正巧，这间房饭店作特用，用来接待 VIP 客人。客房部经理亲自来检查房间，发现了褥垫有污迹，十分生气。他说："不管是什么样的客人住了这间房，若发现床单下铺着有污迹的褥垫，都会影响客人的情绪，休息也会不安心，影响舒适感与安全感。很可能使其在北京的整个旅程都不愉快，甚至会拒付房费。失去客人，饭店还要蒙受损失，这后果是严重的。"立即责令楼层领班、主管派人撤换褥垫，并追查责任人，要求此服务员做深刻检查，认真认识此事，并给予其处罚。

请设计场景，进行模拟训练。

【场景二】 7 月 28 日晚 21:36 8252 房间来电反映床上未铺床单，台班马上告诉服务员去补铺。21:52 客人又问此事情，经过落实发现第一次未去补铺，引起了客人的不满，第二次台班又告诉中班，中班补铺后并向客人道歉。

请设计场景，进行模拟训练。

考考你

1. 西式铺床的操作标准要求是什么？
2. 西式铺床的注意事项有哪些？
3. 你可知道西式铺床物品的基本配置？
4. 中式铺床与西式铺床区别比较？

实训项目四	清扫客房
实训目的	通过实训了解客房清扫的一般原则及卧室的卫生标准，掌握客房清扫顺序，重点掌握走客房清洁程序。
实训学时	实训授课1学时，共计45分钟。其中，教师示范10分钟，学员分组练习30分钟，考评5分钟。
实训要求	了解房间清扫的一般原则及卫生标准；掌握走客房清洁程序。
实训方法	教师示范、分组练习、考评测试。

知识链接

一、客房清扫的一般原则

1. 从上到下。用抹布擦拭灰尘时按照从上到下的顺序进行擦拭。

2. 从里到外。地毯吸尘时按照从里到外的顺序进行吸尘。

3. 环形清理。擦拭灰尘、检查设备用品的路线上按照环形的顺序，以避免遗漏，节省体力。

4. 干湿分开。擦拭不同的家具设备应严格区分擦拭方法，灯具、电视机、床头板、墙角线、金属把手等需要干擦，其余木质家具按照先干后湿的原则擦拭。

5. 先卧室后卫生间。住客房应先打扫卧室后打扫卫生间，以便客人外出回来有可栖身的地方；走客房从环保角度应按照先卫生间后卧室的顺序打扫，以便床上毛毯、床垫等床上用品能够有足够的时间通风换气，从而有利于各种床上用品的维护保养。

6. 注意墙角。

二、卧室清洁的卫生标准

1. 眼看到的地方无污迹。

2. 手摸到的地方无灰尘。

3. 设备用品无病毒。

4. 空气清新无异味。

5. 房间卫生达到“十无”：(1) 天花板墙角无蜘蛛网。(2) 地毯干净无杂物。(3) 楼面整洁无害虫。(4) 玻璃、灯具明亮无积尘。(5) 布草洁白无破烂。(6) 茶具、杯具消毒无痕迹。(7) 铜器、银器光亮无锈污。(8) 家具设备整洁无残缺。(9) 墙纸干净无污迹。(10) 卧室清洁无异味。

操作流程

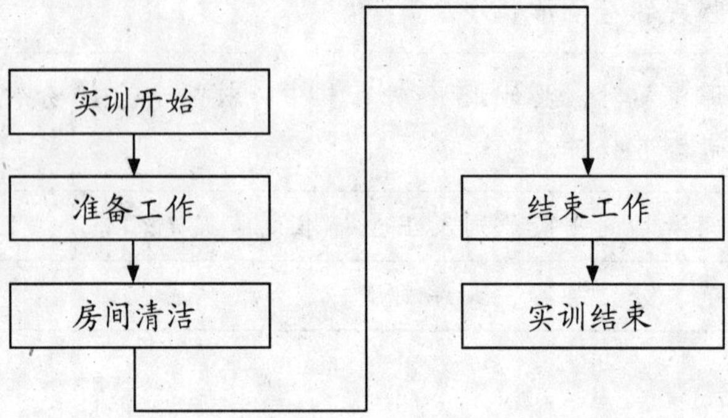

操作规范

操作步骤	主要操作内容	注意要点
一、准备工作 1. 房间清扫顺序	1. 开房率高时："请即打扫"房、"VIP"房、退房、住客房、长住房、空房。 2. 开房率低时："请即打扫"房、"VIP"房、住客房、长住房、退房、空房。	明确客房打扫顺序。
2. 检查物品	1. 检查工作车上客用品及工具是否齐全。 2. 将工作车靠墙放置，不要离门太近，以免妨碍他人。	
二、房间清洁 1. 进入房间	1. 按门铃、敲门： (1) 首先检查一下房门是否挂着"请勿打扰"牌或上"双锁"。 (2) 轻轻敲三下门，声音不要太大，使客人听到为标准，同时报身份"服务员"。 (3) 在门外等候10秒钟，倾听房内动静，如无反应，可重复以上程序两遍。 2. 开门： (1) 在确认房内无动静后，使用钥匙将门轻轻打开2~3寸报明自己的身份，询问"可以进来吗?"后方可进入。 (2) 如果客人在房内，要等客人开门后或经客人同意后方可进入并向客人问候，询问客人"是否可以打扫房间"。	1. 进房规范。 2. 清扫时房门必须直开。 3. 如有客人在，应主动询问能否清扫，得到允许后，方可进行。
2. 开窗户	1. 拉开窗帘。 2. 打开窗户。	
3. 巡视检查	1. 打开所有照明灯具，检查是否完好有效。 2. 检查和调节空调到适当温度。 3. 巡视门、窗、窗帘、墙面、天花板、地毯、电视、电话及各种家具是否完好，如有损伤，及时报告领班报修，并在客房清洁报表设备状况栏内做好记录。 4. 检查有否遗留物品，若有发现，应立即上报并做好记录。	

续表

操作步骤	主要操作内容	注意要点
4. 检查小酒吧	1. 发现已消费的酒水，填写酒水单，在下班时递送前台收银并报告领班。 2. 将小酒吧冰箱清洁干净。	
5. 清洁垃圾	1. 将房内的垃圾桶及烟缸内的垃圾拿出倒掉前，应检查一下垃圾桶内是否有文件或有价值的物品，烟缸内是否有未熄灭的烟头。 2. 清洁垃圾桶和烟缸，确保垃圾桶及烟缸干净无污迹。	如有玻璃碎片应单独处理，不可放在垃圾桶里，以免伤手。
6. 清理脏布件	1. 将客人放在床、椅等处的衣服用衣架挂起，吊入衣橱内。 (1) 把床上的床罩、毛毯放在椅子或沙发上。 (2) 换下床上的床单、被单、枕套，连同浴室内需要更换的四套巾（浴巾、面巾、小方巾和足巾）一起，分类点清放入工作车的布件袋内，发现有破损的布件和毛巾，分开存放（若客人放置了环保卡则床单、被单、枕套等床上用品不必更换）。 (3) 同时取出有客衣的洗衣袋。 (4) 从工作车带进干净的布件。	1. 挂客衣时要注意是否有物品掉落。 2. 要严格按照酒店规定与客人要求进行棉织品更换。
7. 做床	1. 铺床单：正面朝上，褶线居中，两边匀巾，床单四角拉平包严（注意：铺床时不要用手梳理自己的头发，防止头发掉入床单）。 2. 铺被单：反面朝上，褶线与床单中线相叠，上端铺到床头顶端，下垂两侧匀称（注意：铺床时，发现有破损的或未洗干净的床单和被单时要及时更换）。 3. 铺毛毯： (1) 毛毯上端距床头25厘米，两侧下垂部分匀等。 (2) 将床头长出毛毯的25厘米被单折回，作为被横头。 (3) 稍用力把下垂两侧的毛毯，连同被单塞入床垫下面，包紧。 4. 套枕套：将枕芯塞入枕套，四角对准、整平、拍松，发现破损或污渍要及时更换。 5. 放枕头：将两只枕头放在床头正中，正面朝上，单人床枕套口背向床头多功能柜，双人床枕口互对。 6. 铺床罩：从枕头上方将全床罩住，两枕中间及枕下垫入床罩并均匀褶缝，除床头一侧以外，床罩的其余三侧下摆匀称，不长过地面，转角铺理平整。	
8. 擦尘	1. 按顺序使用抹布擦拭床板、椅子、窗台、门框、灯具及桌面，达到清洁无异物。 2. 使用消毒剂擦拭电话。 3. 擦拭灯具时，检查灯泡瓦数是否符合标准，有无损坏，如有应立即报更换；保证所有房内的家具、设备整洁。 4. 擦拭各种物件后，随手将用过的茶、酒具和客用物品放到工作车上。	
9. 核对电视频道	1. 核对和检查电视频道。 2. 检查多功能柜的功能。	
10. 清洁卫生间	见卫生间清洁程序。	
11. 补足客用物品	按照规定的数量补足客用物品。	

续表

操作步骤	主要操作内容	注意要点
12. 关窗户	1. 关窗户。 2. 检查整理好窗帘。	
13. 吸尘	1. 用吸尘器从里往外，顺方向吸净地毯灰尘。 2. 不要忽略床、桌、椅下和四周边角，并注意不要碰伤墙面及房内设备。 3. 及时准确地用清洁剂清除地毯污渍。	
14. 环视检查房间整体	检查整个房间是否打扫整洁、物品摆置是否到位。	
三、结束工作 1. 离开房间	1. 将清洁用品放回车内。 2. 擦拭门把手、关灯，并对大门做安全检查。	
2. 登记	登记做房时间。	

现场直播

进入房间	拉窗帘	清洁垃圾	做　床
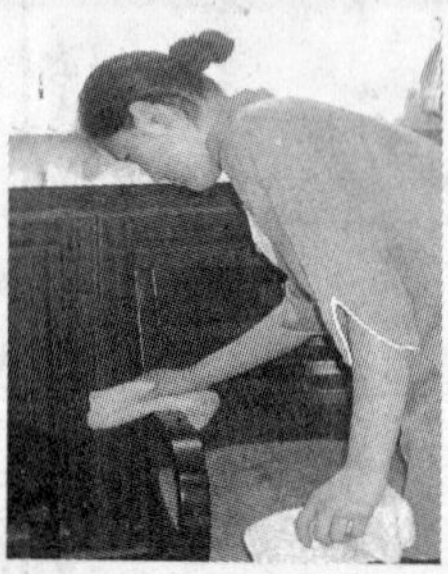	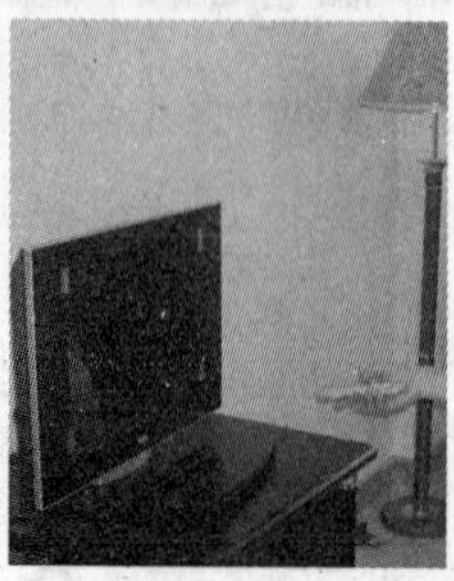	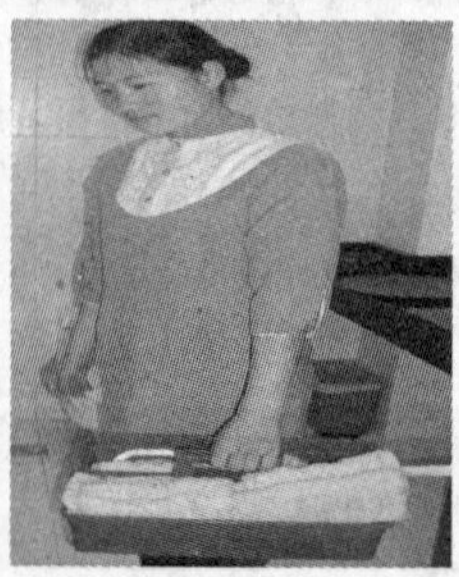	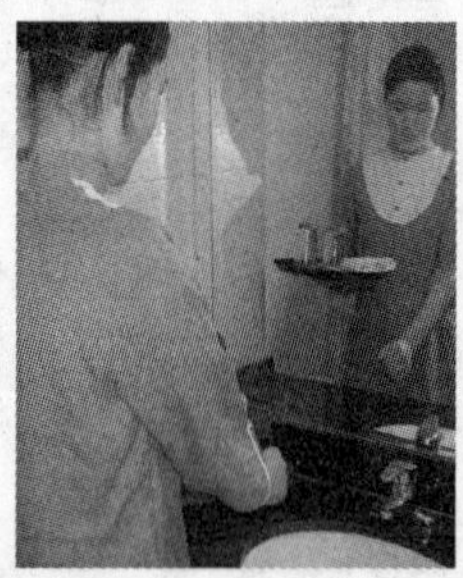
擦　尘	核对电视频道	清洁卫生间	补足客用物品

能力测试

【场景一】 一辆进口大型豪华面包车在华北某一刚被评上三星级的新酒店门前停下。车上50余位德国客人鱼贯而下，大堂接待员、行李员、保安员互相配合，客人很快便一一安排好了房间。

20分钟后，大堂副理接到612房一位老太太打来的电话，投诉说：洗手间马桶水箱里没水。大堂副理答应马上派人前去修理。不到5分钟，一个工程维修人员出现在612房间。他先代表饭店向客人道歉，接着便熟练地动手干起来。一会儿，故障就全部排除了，水箱里很快便注满了水。大堂副理做出修理安排后又立即与客房部联系，了解该房情况，后查明此系一领班的责任，把非OK房报了OK房。

这支德国团队早在两周前就在该饭店预订了房间，前厅部在前一天已做了安排。612房原住着一对西班牙夫妇，今天中午前办了离店手续。早上服务员清扫过房间后，领班也按程序检查过了，但未发现抽水马桶水箱无水的问题，便报告说这间走客房一切正常。中午客人走后，前厅部又一次通知客房部，证实612房确为走客房要求再检查一遍，岂知领班又把水箱给疏忽了。领班两次查房均未发现洗手间的问题，最后导致客人投诉。事后，大堂副理赶到612房，再次郑重地向德国老太太致歉，同时要求客房部按程序再认真检查一遍所有客房，并把该事情经过写进当天的大事记录本中。

请设计场景，进行模拟训练。

【场景二】 一位日本客商刚刚住进浙江宁波的亚洲华园宾馆。一会儿，该宾馆客房部便接到他从房间打的电话，要求派人去其房间。服务员小陈被派前往，小陈来到客人门前，轻轻敲门，只听客人大喊一声："进来！"小陈轻轻推开房门，不料，一卷卫生纸突然朝她脸上飞来，不偏不倚打个正着。小陈顿时蒙了，定睛一看，日商怒容满面。原来他刚跨进卫生间，发现卫生纸只剩半卷，顿觉受了慢待，便大发脾气。

服务员面对这种情况应该如何处理？请设计场景，并进行模拟训练。

考考你

1. 客房清扫的一般原则？
2. 客房卧室清扫中应注意的问题有哪些？
3. 客房清扫的程序是什么？

实训项目五	卫生间清洁
实训目的	通过实训了解卫生间清洁的基本方法和消毒方法，掌握清洁卫生间的程序与标准，达到能够按照规范要求熟练操作的能力。
实训学时	实训授课1学时，共计45分钟。其中，教师示范10分钟，学员分组练习30分钟，考评5分钟。
实训要求	了解卫生间清洁的基本方法、消毒方法；掌握卫生间清洁的程序。
实训方法	教师示范、分组练习、考评测试。

知识链接

一、卫生间清洁的基本方法

1. 从上到下。在清洁卫生间设备物品时，应采取从上到下的方法进行。

2. 从里到外。在擦拭卫生间地面时，应采取从里到外的方法进行。

3. 先湿后干。在擦拭卫生间的镜子、金属器皿时应按先湿后干的顺序，擦拭后的效果应洁净、光亮。

4. 先脸盆、浴缸，后恭桶、地面。在清洁卫生间时，应按先脸盆、浴缸，后恭桶、地面的操作顺序进行。

二、卫生间消毒的基本方法

1. 紫外线消毒法。紫外线可用于对卫生间的空气消毒。方法是：安装30瓦灯管一支，灯管距地面2.5米左右，每次照射2小时，可使空气中的微生物减少50%～70%，最多能达到90%以上。

2. 擦拭消毒法。服务员在打扫卫生后用擦拭法进行消毒，用药物水溶液擦拭卫生间设备，以达到消毒的目的。例如，用2%～3%的来苏水或84肝炎消毒剂进行消毒，尤其是对客人接触较多的洗脸盆、浴缸、恭桶等设备消毒完毕后，要封闭门窗2小时，然后进行通风。

3. 喷洒消毒法。为了避免因消毒液对人体肌肤的损伤，可采用喷洒的方法消毒。例如，用含量为1%～5%的漂白粉澄清液对卫生间进行消毒，使用时禁止将漂白粉澄清液与酸性清洁剂同时使用，以免发生氯气中毒。喷洒消毒以采用快干型的消毒剂为好，如杰雪消毒剂等。特别是杰雪消毒剂，无刺激气味，不腐蚀金属，不损伤皮肤，并能迅速杀死甲肝、乙肝等病毒。

操作流程

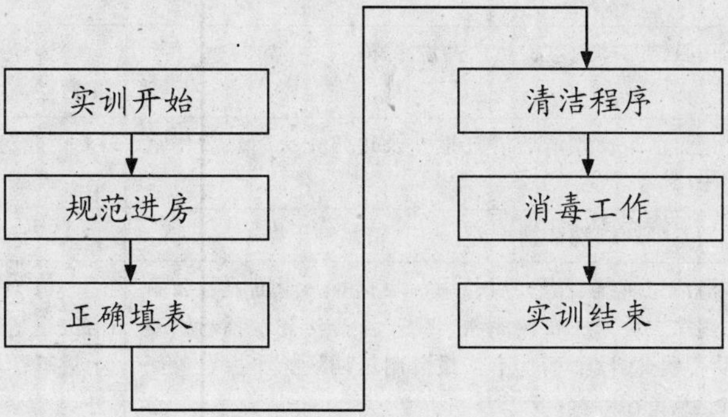

操作规范

操作步骤	主要操作内容	注意要点
一、规范进房 1. 敲门	手指弯曲，用食指或中指第二关节部位轻轻敲门三下，每次相隔 2 ~ 3 秒，并报称“客房服务员（Housekeeping）”。	勿用手掌来拍打门，敲门声也不要太急，要体现文明服务，报称时不要东张西望。
2. 按门铃	按铃，清晰地报称“客房服务员（Housekeeping）”等客人反应。	切忌急促地连续按门铃，要有适当的间隔。
3. 等候	如听到客人回音，服务员应说“我是服务员，请问我能为您清洁房间吗？（MAY I COME IN AND CLEAN YOUR ROOM?）”并等客人开门；如房内无反应，服务员方可用钥匙开门。	姿势要自然，如确定客人不在房间，方可开门，切忌自行开门。
4. 开锁	手持磁卡，对准钥匙孔插至尽头，停留时间约 1 秒钟，然后拨出，门锁显示灯亮绿灯，方可向下转动门锁把手，推开门后将磁卡放好。	开门后，磁卡须马上放回裤袋，以免丢失，不能遗忘在门上。
5. 开门	把门轻轻推开，左手开左边门，右手开右边门。	切勿用力过猛，以免发出不必要的噪声。
二、正确填表	转身到布草车旁，在清扫报表上填写开始做房时间。	及时填写表格，确保原始记录的准确性。
三、清洁程序 1. 进卫生间	进卫生间要携带清洁桶，放在洗脸台下靠门一侧。有的饭店还备有小垫毯，供清洁卫生间用。	不要空手进出房间，小垫毯要摊开放在卫生间门口，以免因卫生间地面潮湿而弄脏门口地毯。
2. 撤卫生间用品	把客人用过的布草，一件件打开检查是否夹带有其他物品，然后把它们放到工作车的布草袋内，同时撤走卫生间的垃圾。	撤卫生间的物品时，要仔细检查，不能用卫生间的布草作抹布。
3. 喷清洁剂	从清洁桶里取出清洁剂向三大件内（脸盆、浴缸、恭桶）喷清洁剂，然后将清洁剂放回原处。	往三大件喷洒清洁剂时，要均匀、适量。

续表

操作步骤	主要操作内容	注意要点
4. 清洁卫生间墙壁	戴上手套，用水喷洗墙壁，用抹布抹干净墙壁。	墙面光亮无水碱，无水印。
5. 清洁面盆	用百洁布擦面盆，然后冲洗干净。	龙头无水印、光亮、无水碱、无污垢。
6. 清洁浴缸	用百洁布彻底清洁浴缸里外及边角龙头，然后用清水冲干净。	注意要彻底冲净浴缸内的清洁剂。
7. 清洗恭桶	用恭桶刷刷洗恭桶里外，并用清水冲干净。	清洗时一定要从上至下进行。
8. 抹干	清洁完面盆、浴缸后，用一块抹布抹干面盆、云石台。用第二块干抹布擦龙头、镜子。清洁完恭桶后，要用另一块抹布擦恭桶上下，最后用第四块抹布擦卫生间地面，从里往外擦。	清扫次序是：先盆内后盆外，浴缸也是先内后外，然后恭桶是先上后下，最后是卫生间地面从里到外。
9. 冲洗地漏	用干净的垃圾桶盛水，然后对准地漏下水口，将水倒向地漏。	要慢慢倒水，不要太快，每次至少要冲两桶水。
四、消毒工作	用消毒剂喷洒，对三大件进行消毒。	消毒次序为：脸盆、浴缸、恭桶，然后把恭桶盖盖上，装上封条。

现场直播

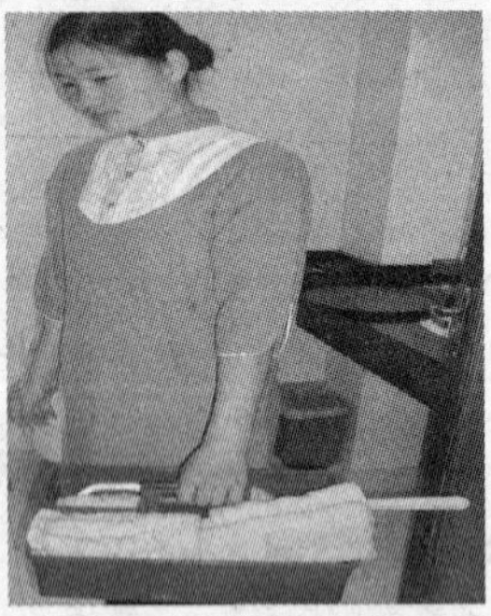

进卫生间

清洁卫生间墙壁

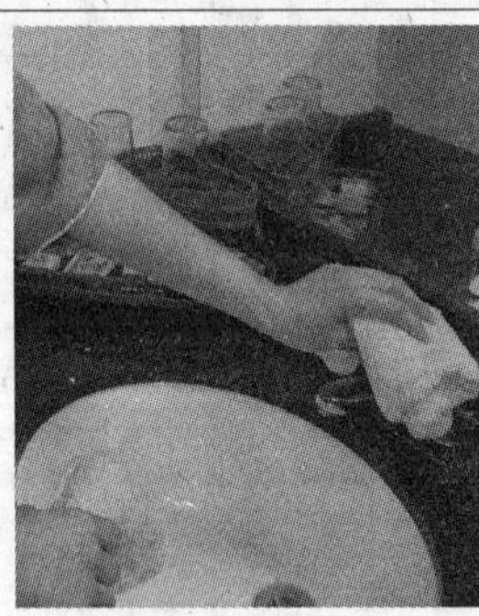

清洁面盆

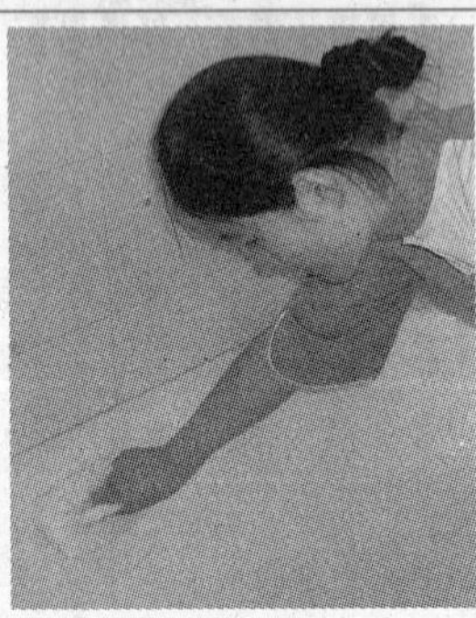

清洁浴缸

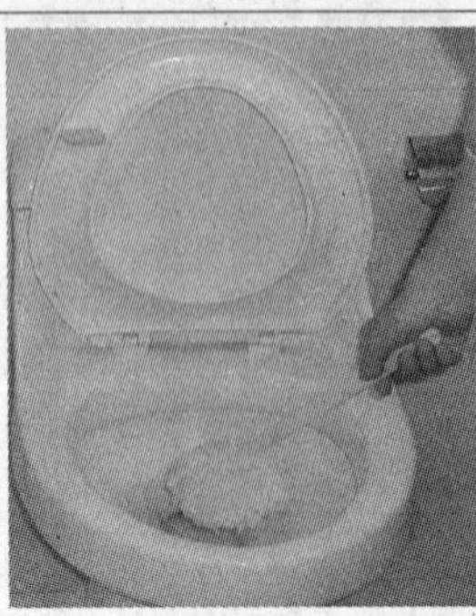

清洗恭桶

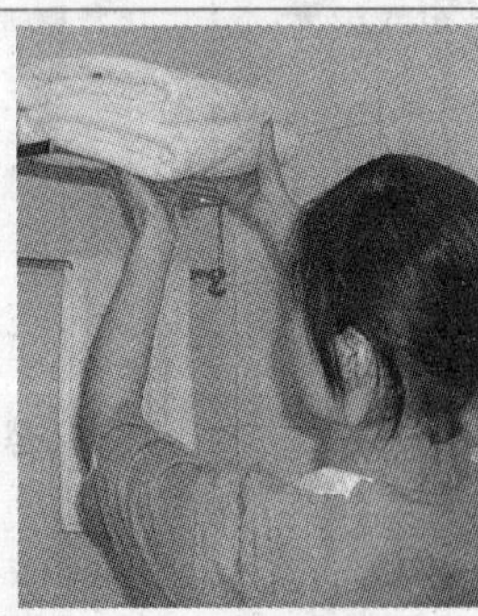

添加物品

能力测试

【场景一】 深夏的一天，酒店大堂值班经理接到客人投诉电话：2505客房卫生间顶部严重漏水，请速派人前来修理。值班经理接到电话，便知一定又是2605客房的下水管漏水，前几天刚发生过房间滴水的问题，现在肯定又是“旧病复发”。于是给工程部去电，要求立即解决漏水问题。这天正好是电工小李值班，因为是晚上，他没有按饭店的规定穿工作服，上身穿的是件蓝色衬衫，两只袖子卷得高高的，下身穿件半新不旧的牛仔裤，跟客人一起很难区分是员工还是宾客。

到了该楼层，按酒店规定，小李在楼层值班服务员引领下，先在2605房外按一下门铃，里面没动静，他又按了一下，仍没有人出来开门，他想房内一定没人，于是掏出由值班员使用的万能钥匙打开房门便直冲进去。

突然一位刚从床上爬起来准备开门的中年女客尖声惊叫：“快来人啊，有人闯进房间来了！”这位客人惊恐反应不是没道理的，眼前这位不速之客一身装束告诉她来者不是酒店的员工，并且拎着沉重的工具箱，内有榔头和凿头等工具，金属柄统统露在外面，难怪她把小李当成坏人了。

请指出以上服务有什么不正确的地方，并设计场景，进行模拟训练。

【场景二】 我国北方某城市一家三星级酒店，建筑外观还不错，硬件设施还可以。有一次，住在306房间的客人，清晨起身发现卫生间地面上有积水，便叫服务员来收拾。自己因急于要方便，便下楼到大堂公共卫生间。一进卫生间门，一股难闻的异味扑鼻而来，差一点作呕起来。他勉强方便后火速离开，然后便去找服务员提意见了。谁知服务员回答说：“卫生间总会有臭味的，我们酒店人来人往，有些客人用过以后不抽水，怎么弄得干净?”这位客人听后很恼火，就去找酒店部门经理，谁知那位经理也是个善于打“太极拳”的人，还是同样的话：“卫生间就是有臭味的，你就将就一些吧！”客人听后火冒三丈，他说：“你们也算是家星级酒店，公共卫生间竟搞成这个样子！我要向你们的上级单位反映。并且告诉朋友出差时不要住在你们店。”

请指出以上服务有什么不正确的地方，并设计场景，进行模拟训练。

考考你

1. 卫生间清洁的基本方法？
2. 卫生间消毒的基本方法？
3. 卫生间清洁程序及注意事项是什么？

实训项目六	夜床服务
实训目的	通过讲解了解酒店开夜床的目的及方式，掌握开夜床的服务规范，并能够达到根据规范要求熟练操作的能力。
实训学时	实训授课 1 学时，共计 45 分钟。其中，教师示范 10 分钟，学员分组练习 30 分钟，考评 5 分钟。
实训要求	了解酒店夜床的几种方式；掌握夜床服务的规范与程序，并能熟练操作。
实训方法	教师示范、分组练习、考评测试。

知识链接

一、开夜床的目的

开夜床服务主要包括做夜床、房间整理、卫生间整理三项内容，其意义主要有：

1.. 做夜床方便客人休息。

2. 整理环境，使客人感到舒适、温馨。

3. 表示对客人欢迎的一种礼遇。

二、几种开夜床的形式

1. 将床单、毛毯一侧回拉重叠呈 30°角。

2. 将床单、毛毯一侧回拉重叠呈 45°角。

3. 将床单、毛毯一侧回拉重叠呈 90°角。

4. 将床单、毛毯两侧回折 50 厘米重叠。

操作流程

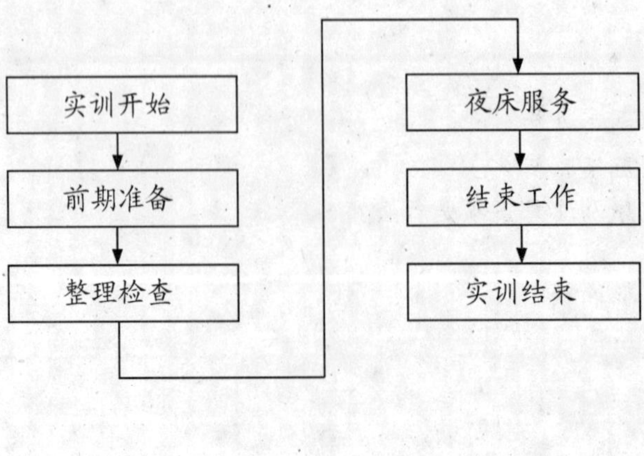

操作规范

操作步骤	主要操作内容	注意要点
一、前期准备	1. 检查工作车上的客用易耗品及工具是否齐全。 2. 准备好各类表格及 VIP 特殊用品。	
二、整理检查 1. 进入房间	1. 按进房程序进房，填写进房时间。 2. 如挂有“请勿打扰”，将《服务通知单》由门下塞入，并在表上登记。 3. 如客人在房间，征得客人同意后方可进房。 4. 如客人不需要服务，要做好记录。	1. 应注意客人的生活习惯。 2. 应注意客人的个性化服务。
2. 开灯	打开地灯、卫生间灯、壁灯、床头灯。	
3. 拉窗帘	打开白纱帘，遮光帘均拉严至窗户居中位置。	
4. 清理杂物	1. 将散放在床上大的客衣挂入衣柜内。 2. 检查后倒掉垃圾桶和烟灰缸内垃圾并清理干净。 3. 将用过的杯具撤换。 4. 撤掉浴室已用过的各种棉织品。	
5. 检查	1. 检查，调好电视机频道。 2. 检查各种灯具是否完好，及时报修。 3. 检查文件夹内物品是否齐全备。	
三、夜床服务 1. 开夜床	1. 床罩叠好放入规定位置。 2. 翻开一侧的毛毯折成 45°角。 (1) 散客房间在折角的毛毯上斜放早餐卡。 (2) VIP 房间在早餐牌上加放一支玻璃纸包装的玫瑰花。 (3) 在床头柜正中摆放晚安卡和巧克力。 (4) 一位男宾开外侧的床，一位女宾开里侧的床。 (5) 两人同性房间要顺开床。 (6) 两人异性房间要对开床。	1. 住一位客人的房间，每天要开固定的床位。不可同时开两张床，以免引起客人的误解。 2. 客人的睡衣要放在开好的床上。
2. 整理浴室	1. 整洁客人用过的浴缸、面盆、恭桶、镜面。 2. 将浴帘拉至浴缸一半，把脚垫布铺在靠浴缸的地面上。 3. 更换浴室内客人用过的“四套巾”。 4. 关上浴室门，将门虚掩。	
四、结束工作	1. 保留浴缸灯、壁灯、床头灯、地灯。 2. 轻轻将门关上。 3. 填写出房时间。	

现场直播

进入房间	拉窗帘	清理杂物
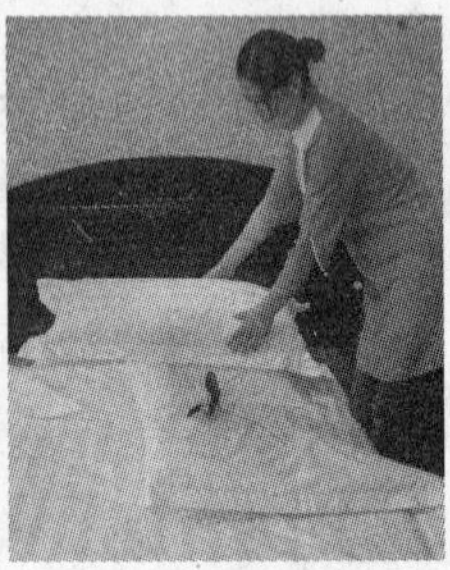	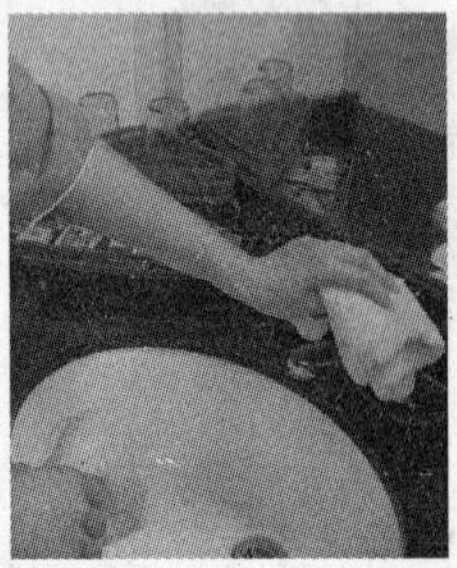	
开夜床	整理浴室	离开房间

能力测试

【场景一】 下午三点多，莫小姐入住某饭店 1801 房间，因为公司业务的需要，她将在此逗留一周。莫小姐放下行李，休息了一会儿，近六点时到餐厅用餐。当她用餐完毕回到房间时，发现夜床已经做好，服务员为她开的是靠卫生间墙壁的一张床，床单和毛毯已经拉开一只角。莫小姐打开电视机，但觉得电视机的位置有些偏，不是很合适，于是又去将电视机的方向转至合适位置。第二天，莫小姐办完事情回到饭店已经是晚上七点左右，夜床已经做好。莫小姐惊奇地发现这次服务员为她开的是靠窗户的一张床，而且电视机也已经摆正。

请设计场景，进行模拟训练。

【场景二】 “你们的服务员是怎么回事啊？竟然翻动我房间的东西！”一位女士非常生气地投诉，她激动地说：“被子被拉开过，行李箱也被搬到电视机旁边的柜子上。”在确认客人的房内物品没有少失后，大堂副理小陈已大致明白是怎么回事了，于是与客人核对，是不是床头被子折开 45°角，床头柜上放置了早餐牌？在得到客人肯定的回答后，小陈能够确定，此情况应该是服务员为客人开夜床所致。为慎重起见，小陈立即与当班服务员进行核实，证实在给客人开夜床时，为了让客人的房间看起来更加整洁干净，服务员有意识地将行李摆放得很整齐。原来是我们的“细致服务”才让客人有了这种过敏的反应。

请设计场景，进行模拟训练。

考考你

1. 开夜床的目的及形式？
2. 开夜床的注意事项有哪些？
3. 你认为开夜床的形式是否多此一举？

实训项目七	VIP 房清洁
实训目的	通过实训了解贵宾的涵盖范围，掌握贵宾房清洁要求和程序，并能够达到根据规范要求熟练操作的能力。
实训学时	实训授课 1 学时，共计 45 分钟。其中，教师示范 10 分钟，学员分组练习 30 分钟，考评 5 分钟。
实训要求	了解酒店贵宾的范围；掌握贵宾房清洁整理程序。
实训方法	教师示范、分组练习、考评测试。

知识链接

贵宾的大致范围如下：

1. 对饭店的发展有极大帮助者。
2. 可能给饭店带来大量业务者。
3. 国家首脑、著名政治家、外交家、国际友人、学者、演艺界明星等。
4. 饭店上级主管部门的高级职员或负责人。
5. 本系统的高级职员。
6. 同行业的总经理等。
7. 饭店董事会高级成员。
8. 媒体大力宣传的社会热点人物、英雄模范等。

操作流程

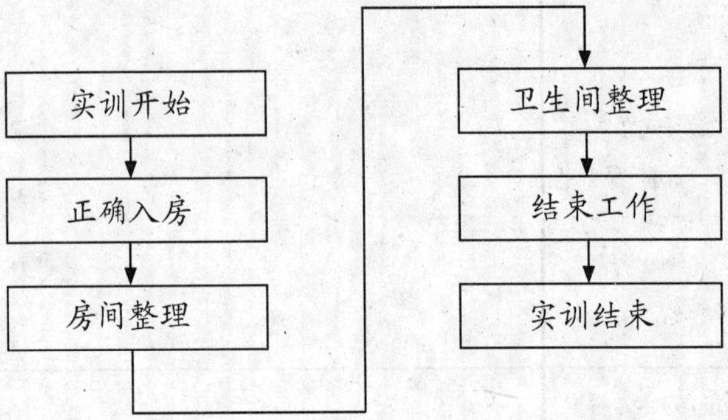

操作规范

操作步骤	主要操作内容	注意要点
一、正确入房	根据要求进入房间。	按敲门进房程序操作。
二、房间整理 1. 拉开窗帘	轻轻地操纵窗帘拉绳，将厚薄两层窗帘拉开。	拉到两边的距离相等的位置。
2. 开窗或把换气扇打开	如有可能将窗户打开，便于室内通风换气。	保证空气清新，无异味。
3. 撤出房间内用过的餐具、餐车	1. 将餐具集中放在餐盘或餐车上。 2. 将餐具放在工作间，待送餐员收取。	及时收取客人用过的餐具、餐车。
4. 收集杯子和烟灰缸	将用过的杯子和烟灰缸放在工作车上或专用的推车上。	采用更换方式以求时效、卫生。
5. 收集垃圾	1. 检查垃圾桶内的物品。 2. 套好垃圾袋，擦净垃圾桶外侧。	垃圾桶要里、外擦干净。
6. 撤换床上用品	1. 撤换客人用过的床上用品。 2. 撤下时不要生拉硬拽。 3. 将撤下的床单、枕套直接放在工作车上布草袋内。	按规定撤换床上用品，布草不可以放在房间地面上。
7. 整理床铺	根据做床的程序规范操作。	平整、美观。
8. 除尘、检查	1. 从左至右，从里至外，从上至下，除尘，检查。 2. 高档豪华硬木家具除尘后还要对家具打蜡。	1. 房内洁净。 2. 家具清洁、光亮。
9. 擦亮铜器	1. 将液体省铜剂倒在省铜布上。 2. 用省铜布细擦铜器。 3. 用干净擦布将铜器擦亮。	省铜剂涂擦均匀，擦过的铜器光洁美观。

续表

操作步骤	主要操作内容	注意要点
10. 补充房间用品	1. 根据饭店规定，贵宾房的物品需放豪华包装用品、用具。 2. 按规定位置、数量补足。 3. 摆放整齐，方便取用。	1. 物品外观干净、平整。 2. 摆放美观、正确。
三、卫生间整理 1. 整理卫生间	根据整理卫生间的程序操作。	洁净、无异味。
2. 吸尘	1. 专用吸头分别对各处吸尘。 2. 吸尘时要边吸尘边挪动家具。	地面无纸屑、杂物。
四、结束工作 1. 自查	站在房门处环视房间。	每个部位都符合质量要求。
2. 关灯、关门	关闭窗户、灯具，喷洒空气清新剂，离开房间。	门要确保锁好。
3. 登记	1. 登记撤换的物品。 2. 登记新摆放的一次性用品。	1. 登记准确数量。 2. 登记准确进出时间。

能力测试

【场景一】 能够到北京王府饭店住宿的，当然都是有钱的或者有地位的客人，而这些客人有各种各样的癖好。王府饭店有一位常客，便是饭店上下众所周知的洁癖绅士。

在全世界享有盛誉的王府饭店之所以能赢得中外客人的青睐，是因为饭店能够因人而异对每位客人提供个性服务。而个性服务需要熟悉每位客人的习惯、性格、信仰、爱好、脾气等，因此必须建立详细的客户档案。该店客户档案中有这么一条：斯密司先生，美国加州旧金山人，45 岁，爱好清洁，经常住 408 房……

有一次，前厅部接到斯密司先生预订房间的传真，他将于下周二抵达北京。客房部立即着手准备接待工作。这位美国客人每次来北京都住在王府饭店，先后已有 10 次之多。客房部内几乎每个服务员都知道他对卫生的苛求，所以接待他时特别小心，唯恐不能令他满意。

在斯密司先生到达前两天，楼层服务员便开始忙碌起来。大家都知道，这位客人对白色有着独特的爱好，房内布件必须清一色洁白。窗帘、毛巾、浴巾、睡衣……统统换成白的。沙发的面子不是白的，怎么办？饭店早已专门为他定制了纯白色的沙发套，此时房内变成了一个白色的世界。

深色的地毯与周围一片白色形成了明显的反差，客房部为购买白色地毯走遍了北京城也没有找到。一位服务员提议买块厚实的白布把地毯包起来，这个意见得到领导的认可，这样一来，408 房从上到下白得无懈可击。

斯密司先生深知王府饭店极其尊重他的这一癖好，他发来预订传真就是希望酒店能早些按“老规矩”准备。客房部还为他的房间制订了特殊的打扫制度，每天增加扫除数次，而且必须当着他的面打扫。经理还把最细心、最负责的服务员分配到408房，沙发套、窗帘、桌布每天都得更换，他的私人物品绝不允许他人触摸或挪动位置。

斯密司先生说，他在国外住过许多饭店，服务质量都不能与王府饭店相比，没有专用沙发套，只是用一块白布罩一下而已，也没有专门服务员，只有常规的打扫，王府饭店服务实在太周到了。

请设计场景，进行模拟训练。

【场景二】“韩先生，您好！”今年春天某日，客户主管小王向从车上下来的中年人热情地招呼道。小王一边安排人员为他们泊车，一边把行李从车上卸下来，并在前台帮客人订好房间，小王说，“韩先生，这次就在1129房吧，与上次仅一墙之隔，1129房的床垫要硬一点，可能更适合您。”韩先生大为吃惊，“你怎么可能认识我？你怎么知道我喜欢睡硬一点的床垫？”小王歉意地说：“对不起，忘了告诉您，上次您不是在顾客问卷中填写了一些建议吗？”韩先生由此恍然大悟，他想起了上次临行前，在顾客问卷上留言：“银河王朝服务绝对优质，甚至超过很多五星级酒店，在这里住宿，安全、舒适、安心。”

请设计场景，进行模拟训练。

考考你

1. 贵宾的范畴是什么？
2. 贵宾房清洁程序及注意事项？
3. 请尝试设计一个贵宾住房过程中的清扫房间任务。

案例解析

一副假牙引起的风波

一位香港客人下榻四川某涉外宾馆。一天中午，他气冲冲地找到大堂副理投诉，说客房服务员打扫房间时，将他的一副价值8000港币的假牙弄丢了，要求饭店赔偿。饭店接到投诉后立即进行了调查：这位香港客人的假牙是头天晚上从嘴里取下放在卫生间水杯中的；但第二天，客房服务员在打扫卫生间时，粗心大意，随意将水杯中的水和泡在水中的假牙倒进了抽水马桶。客人投诉成立，饭店应负有赔偿责任。怎么办呢？饭店只好请来工人，花了一天的时间才从下水道污物中找到了客人的假牙。看来事情似乎解决了，但客人说，这副假牙已经被严重污染，根本不能用了，坚持要饭店赔偿。无奈，饭店只得照价赔偿。

【评析】 客房服务中，清洁整理房间和清理垃圾是每天例行的工作。但是服务员要明确一点，所有服务工作都要有其严格的服务操作程序和规范。所有程序和规范都是在总结了多年服务经验和进行科学测算基础上制定出来的。这些服务程序和规范，是保证服务质量和消除各种隐患的前提条件，必须严格遵守。在客房清扫过程中，服务员对属于客人的一切东西，只能是稍加整理，不能随意挪动位置，更不能将客人的东西或客人用过的东西自作主张地进行处理，哪怕是空瓶、空纸盒，只要客人没有扔进垃圾袋中，就要谨慎对待，更不能随意扔掉或倒掉。上述案例是由于服务工作中粗心大意，不按操作程序去做，结果造成严重后果。这些深刻的教训是应该认真吸取的。"细微之处见功夫"，养成细心负责的工作作风，认真按服务程序与规范去操作，才能保持饭店较高的服务水准，避免此类不愉快的事情发生。作为饭店的服务人员，必须在思想上树立一种意识，客人一旦填好入住登记单，住了饭店的房间，就形成了饭店与客人的契约关系。顾客是这个房间租用期间的唯一占有人，房间的使用权属于这位客人，客人即是房间的主人。饭店方面有义务尊重客人的权利，即使是例行的客房清洁整理工作，也要充分尊重客人对房间的使用权。有的饭店服务人员缺少这种服务意识，总认为我才是饭店客房的主人，所以工作粗心大意，不认真工作，结果令客人不满意，损失了一些客户。

第六单元

对　客　服　务

实训课题　对客服务

实训项目一	VIP 客人入住
实训目的	通过对贵宾接待相关知识的讲解和实训项目的训练，使学生了解贵宾接待应注意的事项，掌握贵宾入住接待的程序，能够根据所学内容运用自如对客服务的能力。
实训学时	实训授课 1 学时，共计 45 分钟。其中，教师示范 10 分钟，学员分组练习 30 分钟，考评 5 分钟。
实训要求	了解贵宾接待注意事项；掌握贵宾入住接待程序。
实训方法	教师示范、分组练习、考评测试。

知识链接

贵宾接待注意事项如下：

1. 在贵宾抵达饭店前由总经理、部门经理以及保安部经理进行全面的卫生、安全检查，对不符合要求的要立即纠正。

2. 对专门用于接待重要贵宾的豪华套间、总统套房平时要认真搞好卫生。

3. 房内摆放的水果、点心、饮料要严格检查，确保卫生和食品安全，水果必须进行严格消毒。在摆放水果时，要同时配有水果刀、牙签、洗手盅和香巾等用具。

4. 对国宾的接待是外事活动中最为严肃而又重大的政治任务，应始终将安全、保密放在第一位。不得随便泄露贵宾住店机密，不得随便进出贵宾房间，即便是整理房间也应经有关人员同意，不得让陌生人停留在贵宾所住的楼层。

5. 楼层服务台值班人员向客人问好时不能直接称呼客人的姓名。

6. 如客人初次住店应先直接进房，住宿登记由大堂经理交陪同人员填写或放进客人房间由客人自己填写后，由大堂经理收回交总台。如客人是多次住店，该客人的住宿登记直接由总台人员根据客史档案填写好。

7. 客人出房，清扫员要即刻整理干净房间。

8. 除商场外，其余营业场所实行一次性消费。

9. 客人离店时，总经理、副总经理或大堂经理应主动征求客人意见，并及时反馈到有关部门。

10. 客人离店后，总台及时写好客史档案。

操作流程

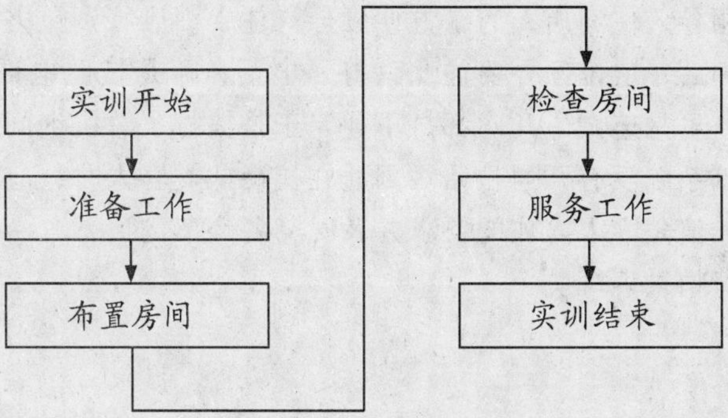

操作规范

操作步骤	主要操作内容	注意要点
一、准备工作	1. 了解 VIP 等级，熟记入住的 VIP 客人的姓名和国籍。 2. 掌握客人和陪同人员的姓名、抵离店时间、房号、习俗特点、宗教信仰和特殊要求。 3. 按 VIP 等级布置要求，通知绿化组和相关部门备齐各种物品及礼品，花篮（花束）、水果（小点）、化妆品、睡衣、高档拖鞋、印有烫金的客人姓名的信纸、信封及专用的套袋和酒店总经理名片及迎宾卡。	1. 确认 VIP 等级。 2. 准备工作确保万无一失。
二、布置房间	1. 检查房间内各种设备和设施，确保完好有效。 2. 全面清洁住房，保证整齐洁净。 3. 按照接待规格和要求，布置客房。	
三、检查房间	服务员、主管、客房部经理、大堂经理检查布置好的 VIP 房，在客人到达前完成。	坚持高标准层级检查制度。
四、服务工作	1. 提前 10 分钟开房门，有关人员在酒店大堂门口、大堂和楼层电梯厅迎候客人，在房间内向客人致欢迎茶。 2. 客人离开房间，及时整理、更换、补充用品。 3. 特别重要的客人应设专职服务员 24 小时随时提供服务。 4. 客人离店时，检查房间，发现遗留物品，尽快送还。	

能力测试

【场景一】 斐济国总统访华，在他访问其他几个城市后来到上海下榻锦江饭店。这位身材高大的总统有一双出奇的大脚，在前面几个城市还没有穿到一双合脚的拖鞋。此刻，当他走进锦江饭店的总统套房，一双特大号拖鞋端端正正摆在床前，总统穿上一试，刚好跟脚，很令他满意，问："你们怎么知道我脚的尺寸的？"服务员回答："得知您将来上海下榻我们锦江，我们特地订做了这双拖鞋，您看可以吗？"当总统离开时，这双鞋也被带走了。

请设计场景，进行情景训练。

【场景二】 某市领导入住酒店，为了方便领导入住，酒店特别免去了登记手续，领导直接入住了房间。十分钟后，这位领导要往北京打一电话，于是按照电话上的提示先拨"8"，然后再拨区号和电话，可是连试了几次都打不通，于是拨打了总机询问。发现因为前台没有客人的登记记录，电脑系统没有开通长话。因此在接待此类客人时，应注意虽然免去了登记手续，但是一定要询问清楚客人入住的要求并及时与各环节沟通。

请设计场景，进行情景训练。

考考你

1. 接待贵宾的注意事项是什么？
2. 贵宾抵店前客房应做好哪些准备工作？
3. 贵宾入住客房部门接待程序是什么？

实训项目二	客房小酒吧服务
实训目的	通过对客房小酒吧服务实训项目的训练，使学生掌握客房小酒吧服务的程序与标准，达到熟练操作与运用的服务能力。
实训学时	实训授课1学时，共计45分钟。其中，教师示范10分钟，学员分组练习30分钟，考评5分钟。
实训要求	了解客房小酒吧物品配备标准；掌握客房小酒吧服务规范与程序。
实训方法	教师示范、分组练习、考评测试。

知识链接

客房小酒吧的配备是根据国家旅游局对三星级以上饭店的要求，为方便客人在房间享用酒水饮料的需求，同时增加饭店客房收入，在饭店客房内一般要设微型酒吧（包括小冰箱），提供适量软、硬饮料和干果。

1. 饮料及佐酒食品的配备。按规定，配备的软饮料要不少于 5 ~ 8 种，硬饮料不少于 3 ~ 5 种，同时还配备佐酒小食品。

2. 服务用具与用品的配备。提供与酒水、饮料配套的酒杯、水杯、开瓶器、调酒棒、纸巾等用具用品，由客人自由取用。

3. 账单的配备。为了便于管理，吧台上还应放置账单，账单多为无碳复写纸，一式三联，第一联和第二联送总台收银处，其中一联作为记账结账凭证；另一联在结账时交给客人；第三联供客房部申领和统计用。账单上面注明各项饮料食品的储存数量和单价，请客人每次消费后填写耗用数量并签名。

操作流程

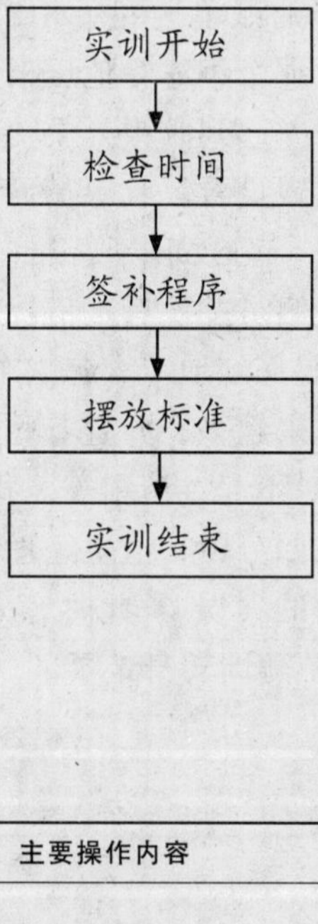

操作规范

操作步骤	主要操作内容	注意要点
一、检查时间	1. 走客房及时检查。 2. 住客房每日检查一次（清洁客房时）。 3. 空房要检查有无过期、变质酒水、食品。	根据不同房态进行查房。
二、签补程序	1. 酒单一式四联，由客人根据饮用数量填写此单。 2. 服务员做房时进行核点，无误后签字并输入电脑或送前台收银。 3. 四联单据第一联与补充酒水一起派入房间。二联和三联交结账处作为发票和记账凭证。四联做楼层补充酒水、食品的凭证。	1. 核点数量确保准确无误。 2. 可以对客人进行消费提示（让客人明白消费）。
三、摆放标准	按规定品种、数量、摆放位置码放酒水、佐酒食品、酒具、酒单。	确保品种、数量与酒水单一致。

能力测试

【场景一】 在南京某四星级酒店的客房内，均配有小冰柜，里面备有供应给客人的酒水饮料及盒装巧克力。一天，某房间的客人离店，服务员去查房。她打开冰柜，看了看酒水数量，又看看巧克力盒没有动过，就向总台报告了客人消费的酒水数。客人离店了，领班前来查房，发现冰柜里的巧克力只是个外包装盒，里面是空的。原来客人把巧克力吃掉了，仍然把巧克力空盒好好地摆在冰柜里，把服务员给骗了。

请设计场景，进行情景训练，同时考虑此类案例应如何防范？

【场景二】 晚上 7:15，总台收到住在 818 房间客人要结账的通知，说他第二天的时间非常紧，担心会误了飞往上海的航班。因此希望收银处明天早点把他的账单打出让服务员送到他房间来，他看后就可以直接付款了，以便他利用这段时间收拾行李，节约时间。

第二天早上 8:30，服务员把打出的账单送到了 818 房间。客人一看，发现有 80 元的费用出自他房间的小冰箱里的饮品，而那个小冰箱他压根儿就没打开过。他跟服务员说这个账单有误，服务员微笑地请求客人跟她一起到收银处去核查。

到了收银处，客人把账单指给收银员看。收银员回答说："请稍等，先生，我去找我的主管。"几分钟后，她同另一位女士一起赶到了收银台，那位女士自我介绍说是值班主管，并问客人有什么事。显然刚才那位收银员并没有把情况向她讲清楚，客人回答说："我的账单有误。"于是那位主管和收银员一起仔细地审查起账单。

几分钟过去了，来结账的客人越来越多，并且有些客人开始不耐烦起来。她们俩经过一番小声嘀咕以后，主管对客人说："对不起，请稍等，我去办公室把当值经理找来。"还没等客人开口，她俩就走开了。又过了三四分钟，值班经理出来了，她也很有礼貌："您确定没使用过小冰箱？我们很少出现这方面的失误。"此时客人又急又恼。主管让收银员从账单上扣掉 80 元，并感谢客人光临本酒店，随即转身走了。

请设计场景，进行情景训练。

考考你

1. 发现客人将客房小酒吧的饮料"偷龙转凤"时怎么办？
2. 客房小酒吧的饮料食品即将到期时怎么办？
3. 客房小酒吧清点及补充服务实训程序是什么？

实训项目三	洗衣服务
实训目的	通过对洗衣服务项目的学习和训练，使学生了解洗衣的种类，掌握洗衣服务的程序及相关服务，达到能够按照规范要求正确熟练操作的服务能力。
实训学时	实训授课 1 学时，共计 45 分钟。其中，教师示范 10 分钟，学员分组练习 30 分钟，考评 5 分钟。
实训要求	了解洗衣的几种方式；掌握洗衣服务的基本程序。
实训方法	教师示范、分组练习、考评测试。

知识链接

洗衣服务是二星级以上的饭店设立的对客服务项目，主要满足商务客人和因公长住的单身客人的服务需求。

1. 按照洗涤方式可分为水洗、干洗和熨烫三种。

2. 按照送洗方式可分为即日送回洗衣服务（即上午交洗、晚上送回或下午交洗、次日送回，通常以 10:00—19:00 为限）和快洗（即不超过 4 小时，但要加收 50% 的加急费）两种。

操作流程

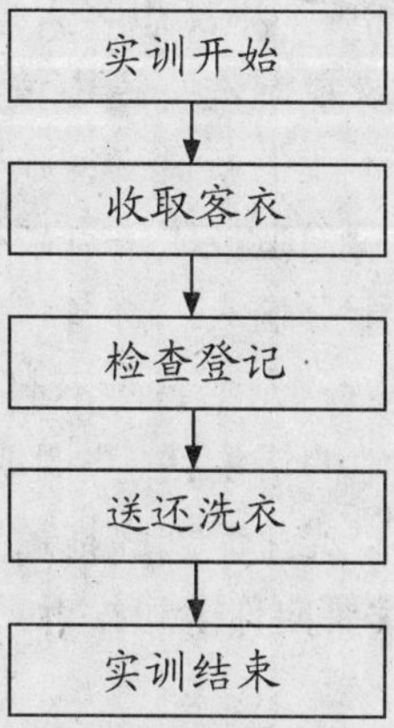

操作规范

操作步骤	主要操作内容	注意要点
一、收取客衣	1. 在规定时间以前应将洗衣从房间取出。 2. 如客人未填写洗衣单，将洗衣单放在洗衣袋上，不要收洗，留下《服务通知单》提醒客人如果需要洗衣服务，请与房务中心联系；客人口头交代或房务中心通知收洗时，可以收洗。 3. 挂在门口的洗衣要填写房号。	1. 坚持收取客衣制度。 2. 主动确认客人洗衣意愿。
二、检查登记	1. 交洗的客衣应检查是否有破损或遗留在袋内的物品。 2. 要与洗衣单所填写客人姓名、房号、件数、日期、时间进行核对，并做好登记。 3. 集中放在指定地点，在规定时间点交给洗衣房。 4. 快洗或有特殊洗涤要求的衣物在洗衣单上做好标记，与洗衣房交代清楚。	1. 细心检查客衣。 2. 确认客人是否有特殊洗衣要求。
三、送还洗衣	1. 洗衣房送回的洗衣应与登记本仔细核对，点清件数。 2. 送衣进房时，按进房程序进房。 3. 交洗的客衣如有损缺或客人投诉，查明情况，妥善处理。	1. 正确送回客衣。 2. 如客人对洗的衣服有疑问，应耐心解释并妥善处理。

能力测试

【场景一】 江苏某市一家酒店住着台湾某公司的一批长住客。有一天，一位台湾客人的一件名贵西装弄脏了，需要清洗，当见到服务员小江进房送开水时，便招呼她说："小姐，我要洗这件西装，请帮我填一张洗衣单。"小江想客人也许是累了，就爽快地答应了，随即按她所领会的客人的意思帮客人在洗衣单湿洗一栏中填上，然后将西装和单子送进洗衣房。接手的洗衣工恰恰是刚进洗衣房工作不久的新员工，她毫不犹豫地按单上的要求对这件名贵西装进行了湿洗，不料结果在口袋盖背面造成了一点破损。

台湾客人收到西装发现有破损，十分恼火，责备小江说："这件西装价值4万日元，理应干洗，为何湿洗?"小江连忙解释说："先生真对不起，不过，我是照您交代填写湿洗的，没想到会……"客人更加气愤，打断她的话说："我明明告诉你要干洗，怎么硬说我要湿洗呢?"小江感到很委屈，不由分辩说："先生，实在抱歉，可我确实……"客人气愤之极，抢过话头，大声嚷道："这真不讲理，我要向你上司投诉!"

请设计场景，进行情景训练。

【场景二】 某天，总台接待了一位荷兰籍华人费先生，进房以后费先生打电话给客房中心要求加急洗一条裤子，下午他要外出办事。楼层服务员很快就到了客人房间收取费先生的裤子，费先生特意关照服务员裤子需要干洗不要熨烫。在规定时间内服务员将裤子送到房间，费先生一看非常恼火，裤子的面绒被烫坏且发亮，而且还烫了两条挺括的裤缝，客人要求投诉。

请设计场景，进行情景训练。

考考你

1. 洗衣服务的基本类型有哪些？
2. 客衣收取时的注意事项是什么？
3. 送洗客衣服务实训内容是什么？

实训项目四	擦鞋服务
实训目的	通过对擦鞋服务项目的学习和训练，使学生掌握擦鞋服务程序及应注意的事项，达到能够按照规范要求正确熟练操作的服务能力。
实训学时	实训授课1学时，共计45分钟。其中，教师示范10分钟，学员分组练习30分钟，考评5分钟。
实训要求	了解擦鞋服务的注意事项；掌握擦鞋服务的基本程序与标准。
实训方法	教师示范、分组练习、考评测试。

知识链接

国家旅游局规定三星级以上的酒店须向客人提供免费擦鞋服务。客房服务员通常在两种情况下为客人擦鞋：一是客人吩咐；二是发现客人鞋脏时，尤其是雨雪天气，主动为客人提供擦鞋服务。擦鞋服务应注意事项：

1. 要避免将鞋送错房间。

2. 对没有相同色彩鞋油的待擦皮鞋，可使用无色鞋油。

3. 楼层服务员在住客房工作时发现脏皮鞋应主动询问客人是否需要擦鞋服务，若遇雨、雪天气，服务员应在客人外出归来时主动询问客人是否需要擦鞋。

4. 接受客人擦鞋服务时，规范的做法是使用鞋篮，特别要注意做好标记，防止出错。

5. 电话要求服务的客人，通常是急于用鞋，所以要尽快提供服务，并及时将鞋送回。

6. 如果鞋已经破损，应向客人讲清楚，如果客房服务员不能处理，可提示客人送出去修理。

操作流程

实训开始 → 基本要求 → 擦鞋要求 → 鞋油选择 → 注意事项 → 送鞋回房 → 实训结束

操作规范

操作步骤	主要操作内容	注意要点
一、基本要求	收客人的皮鞋到工作间，应立即写好房号牌至鞋内并做好记录，如客人没有特别要求，鞋应在3小时内擦好送回客房。	一鞋一号对应记录。
二、擦鞋要求	擦鞋时要先铺上纸再剔除鞋面和鞋底的泥沙以免弄脏地面。	1. 注意鞋油选择问题。 2. 每双鞋都必须要抛光。
三、鞋油选择	根据鞋子的质地和色泽选择合适的鞋油和鞋刷，擦好鞋油后，再用软布抛光。	
四、注意事项	注意鞋边，鞋舌鞋底擦净，鞋内侧和鞋带不可弄脏。	
五、送鞋回房	1. 检查无误后，送入相应客房。 2. 特别留意雨天的擦鞋服务。	一般酒店擦鞋服务是免费提供的，所以在雨雪天，应主动询问客人。

现场直播

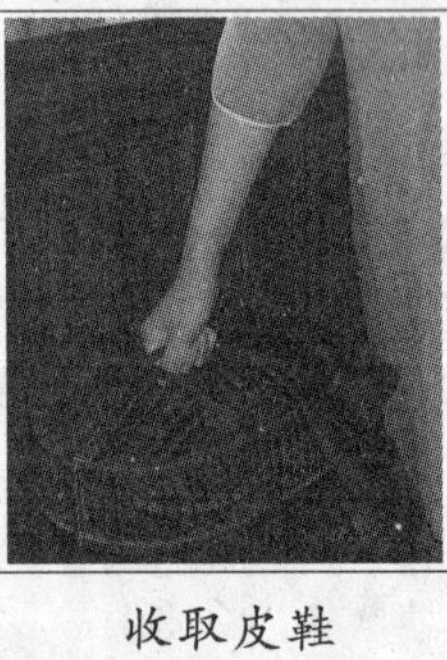	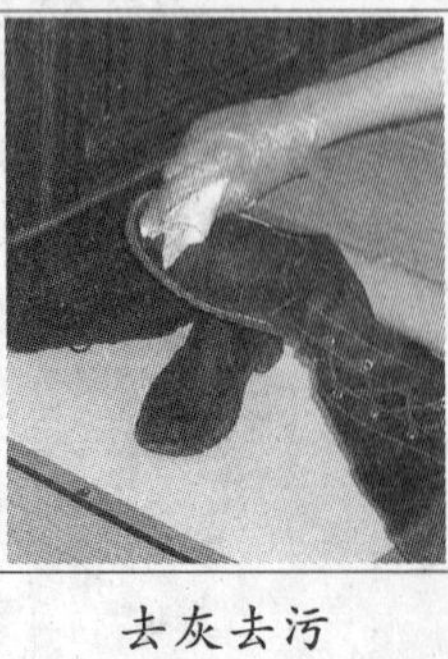	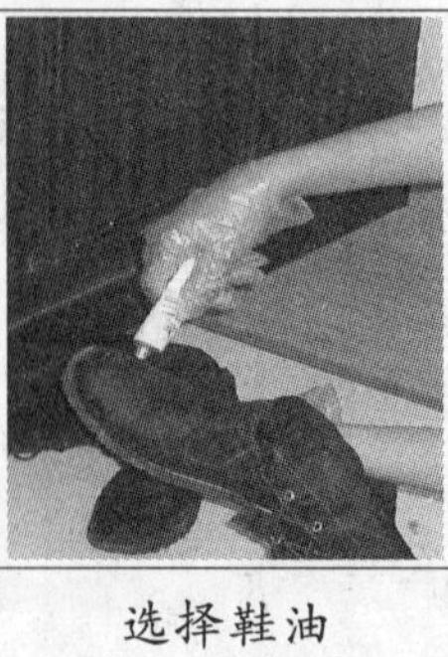	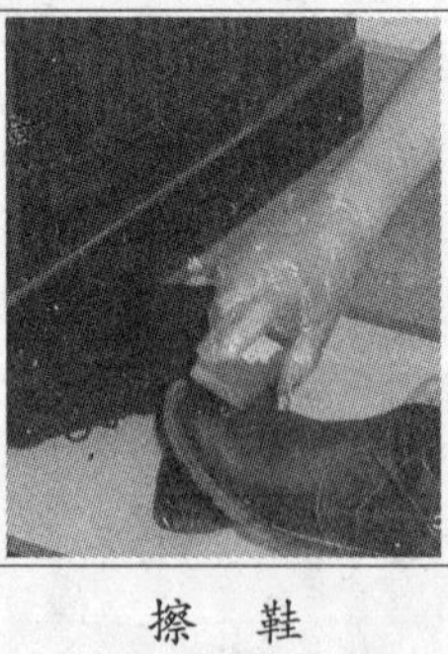
收取皮鞋	去灰去污	选择鞋油	擦　鞋

能力测试

【场景一】 一天，某酒店客房的一位服务员在为一位外国客人做夜床时，发现鞋篓里有一双沾满泥土的脏皮鞋。就用湿布将鞋擦干净，并上完鞋油后放回原处。这位常住客一连几天从工地回来，都把沾满黄泥的皮鞋放在鞋篓里，而那位服务员每天都不厌其烦地将皮鞋擦得油光锃亮。客人被服务员毫无怨言而又耐心的服务感动了，在第九天将 10 美元放进了鞋篓。服务员照常将皮鞋刷净擦亮，放进鞋篓，而钱却分文未取。免费提供擦鞋服务使客人佩服之余又感动万分，因此，一再要求酒店总经理表彰这位无私奉献的员工。

请设计场景，进行情景训练。

【场景二】 北京某酒店，客房服务员小王为外宾提供擦鞋服务。外宾的这双皮鞋为高档皮鞋，擦拭时不需用鞋油，只需用软潮布轻擦即可。小王由于对高档皮鞋的性能不熟悉，不懂擦法，就按常规用鞋刷、鞋油去擦，结果将皮鞋擦坏了。客房部经理得知此事后，就让小王拿着皮鞋一起来到客人房间。客房部经理态度诚恳地向宾客道歉："对不起，先生。由于我们的工作疏忽，结果把您这双高档皮鞋擦坏了。实在对不起，我们愿意赔偿您的损失，耽误您穿用了，请您多原谅!"经理一再道歉，客人见经理态度这么诚恳，也看出对方的内疚，再看看他那双皮鞋，客房服务员小王还在用双手捧着，就非常大度地原谅了他，没有再让他赔偿损失。

请设计场景，进行情景训练。

考考你

1. 了解酒店擦鞋服务的基本知识。
2. 擦鞋服务应注意什么？
3. 擦鞋服务实训程序是什么？

实训项目五	访客接待
实训目的	通过对接待访客服务基础知识的讲解和实训项目的训练，使学生了解访客服务的知识，掌握接待访客的程序与标准，达到能够运用所学的访客接待服务程序。
实训学时	实训授课 1 学时，共计 45 分钟。其中，教师示范 10 分钟，学员分组练习 30 分钟，考评 5 分钟。
实训要求	了解酒店访客服务的基础知识；掌握接待访客的程序与标准。
实训方法	教师示范、分组练习、考评测试。

知识链接

接待访客时，服务员应热情有礼，并要详细登记访客的姓名、地址和证件号码，在查看访客登记单及确认已得到住客同意后将来访者引到客人的房间。访客来时住客不在房内，服务员应该请访客在大堂等公共区域等候或留言。访客接待主要服务内容是茶水、香巾服务，但服务员也应根据客人的要求，增添饮料，及时加座。

对于晚间来访客人，服务员应对其讲清酒店会客时间规定（通常截至晚上 23:00），访客超过会客时间仍未离店，服务员应礼貌地提醒客人尽快离店，需留宿的请客人到总台办理住店手续。访客走时，应热情欢送，对没有住客送的访客要特别留意。

操作流程

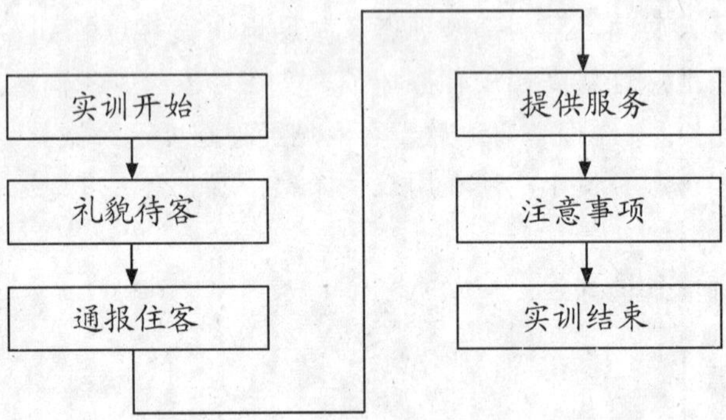

操作规范

操作步骤	主要操作内容	注意要点
一、礼貌待客	1. 接待来访者要以礼相待。 2. 如无客人迎接，应了解来访者所访何人，有无预约及来访者姓名等。	应了解来访者与被访者的姓名等信息。
二、通报住客	1. 请来访者稍等，通报住客，征得同意后方可见面。 2. 迎来访客人到房门口，待双方见面确认无误后方可离开。	1. 必须征得被访者允许，方能引进客房。 2. 必要时，应配合被访者婉拒来访者。
三、提供服务	1. 根据酒店的规定要求，或客人的要求提供相应服务（送茶、换水、增饮料、加座等）。 2. 会客后根据情况主动询问客人是否清洁服务。	提供相应服务，尤其是住店客人的要求。
四、注意事项	1. 如果来访时主人不在或不便会客，应婉转地询问来访客人是否要留言或相应服务。 2. 如果酒店规定要做来访登记而又遭客人拒绝，应及时报告上级或有关部门。	

能力测试

【场景一】 某日，一位穿着得体的男士来到酒店总经办，对该办公室文员小高说："你好，小姐，请问你们酒店陈总在吗，我找他有事情。"这时文员小高起身微笑着说："您好，请问您贵姓，从哪儿来？有什么事，我能帮您转达吗？""不行，我姓李，是大野广告公司的，有事要同你们陈总亲自说。""哦，好的，我帮您联系一下。"小高说后，拿起电话拨通了陈总办公室的内线电话，接电话的是陈总，小高接通电话后说道："您好，请问陈总在吗，这里有位大野广告公司的李先生找他。"陈总一听小高的话就说："哦，对不起，陈总外出办事去了。"这时小高放下电话，又笑着说："李先生，对不起，陈总不在酒店，他外出办事情去了。"

请设计场景，进行情景训练。

【场景二】 墙上的挂钟在嗒嗒地越过 12 点，夜已深，四周一片寂静。服务员皱着眉，看看挂钟又看看腕上的手表。

服务员拎着话筒："您好，黄先生，我是 9 楼服务员，打扰您很抱歉，酒店规定的访客时间已过，您的访客该离开了，我怕您不知道，特地提醒您"，停顿一下，见对方沉默不语。"哦，可能您还有事没谈完，您再谈一会吧，过一会我再给您来电话。"由于语气平和，并给了对方一个余地，对方一时无言。

又过了半小时，服务员再一次拨打电话。"您好，黄先生，欢迎您的访客来我店，只是现在酒店规定的访客时间已过，如果您还要继续会谈，欢迎您和您的朋友到我们楼下的咖啡厅，它将 24 小时为您提供服务。"顿一顿，"如果您的访客要留宿，我们很欢迎，请您的朋友到总台办理好登记手续，如果您不方便，我通知总台上门为您的朋友办理入住手续，您看行吗？"

请设计场景，进行情景训练。

考考你

1. 训练如何婉拒来访者（在被访者示意下）？
2. 来访者接待程序及注意事项是什么？
3. 来访者访问时间超过酒店规定时间，如何解决？

实训项目六	房间用餐服务
实训目的	通过模拟训练，要掌握客房部与餐饮部相关岗位如何进行协调，掌握房间用餐服务的规范与程序及注意事项。

续表

实训学时	实训授课 1 学时，共计 45 分钟。其中，教师示范 10 分钟，学员分组练习 30 分钟，考评 5 分钟。
实训要求	了解相关部门如何协调；掌握房间用餐服务程序及注意事项。
实训方法	教师示范、分组练习、考评测试。

知识链接

房餐服务是指客房部服务员将客人所点的食物送到客房的一种服务。一般来说，客人可在房内享用早餐、夜餐、病号饭等几种餐饮服务，而以早餐最为常见。

提供房餐服务的酒店一般都有专门的房餐服务牌，放置于客房的床头柜或写字台上，其上注明房餐服务的电话号码。客人需要房内用餐服务时，可打电话预订。房餐服务可由餐饮部负责，也可先由餐厅服务员送至楼层，然后再由楼层服务员送到客房。在送餐时可以用托盘，也可以用餐车，主要是依据实际情况，看餐饮的数量而定。在具体的操作中，还要注意以下一些事项：

1. 所送餐饮必须使用保温的用具，并且一定要保证其清洁。
2. 送餐时要小心细致，避免将食物打翻在地。
3. 提供房餐服务后，要记得将客人用过的餐具和用剩的食物撤出房间，以免影响房内的卫生和遗失餐具。收餐一般是在送餐 1 小时之后，并需征得客人同意。
4. 在收餐时，应注意清点餐具，检查有无损坏，并注意擦干净桌上的脏物，将烟灰缸、玻璃杯等用具进行及时的更换。
5. 请客人在账单上签名。提供房餐服务一般收取 20% ~ 30% 的服务费。

操作流程

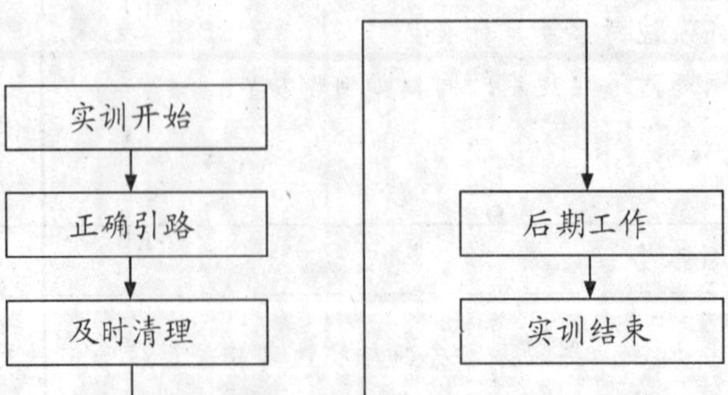

操作规范

操作步骤	主要操作内容	注意要点
一、正确引路	1. 当送餐员到达楼层后，客房服务员要主动帮助，为其指引房间方向及位置，并查询客人是否在房间。 2. 协助送餐员将其送入客人房间。	送餐员与客房服务员协调配合无误。
二、及时清理	1. 房间用餐一般需要 30～40 分钟。 2. 用餐时间已过 1 个小时，客人还未要求撤餐具，客房服务员可打电话，征求客人意见，可否将餐具撤出。 3. 撤餐具的同时，对房间的卫生做一下简单的整理。	1. 应及时撤餐具。 2. 应及时清洁房间，并了解客人用餐情况。
三、后期工作	客房服务员将餐具撤出后，不要放在楼道，应与送餐组联系将餐具取走。客房服务员不得将餐具自行处理。	

能力测试

【场景一】 某四星级酒店有南、北两栋楼，南楼设施较北楼差些，房价也便宜些。一天客人张先生住进南楼，因旅途劳累，不愿到餐厅就餐，于是打电话到餐厅要求送餐到客房。但是餐厅值班员回答："对不起，先生，南楼不提供送餐服务。"张先生大为不满地问道："既然是四星级酒店，即使南楼较便宜，也应该有送餐服务。"值班员回答："对不起，先生，这是本饭店的规定。"

请问以上服务有什么不正确的地方？并设计场景，进行情景训练。

【场景二】 20:00 左右送餐电话响个不停，原来是 2919 房客人要求房内用餐，"先生，您需要用些什么？""一碟绍兴糟鸡、一条红烧鲈鱼、麻辣豆腐、蕃茄蛋汤加两碗米饭。""好的，先生。"说完便搁下电话立即通知餐饮部，大约过了 30 分钟，2919 客人又一个电话，还未等服务员开口便一顿骂："想把人饿死吗？还说是五星级，到现在还没送来。"服务员刚要道歉，对方已经将电话挂断，服务员再次跟催厨房，5 分钟以后晚餐终于送进了 2919 房。

请设计场景，进行情景训练。

考考你

1. 了解房间用餐服务的基础知识。
2. 房间用餐结束后的善后工作是什么？
3. 房间用餐程序是什么？

实训项目七	托婴服务
实训目的	通过对托婴服务的学习，了解托婴服务的基本知识，掌握托婴服务的程序及标准，掌握熟练操作与运用的服务能力。
实训学时	实训授课 1 学时，共计 45 分钟。其中，教师示范 10 分钟，学员分组练习 30 分钟，考评 5 分钟。
实训要求	了解托婴服务的基本概念；掌握托婴服务的程序及主要事项。
实训方法	教师示范、分组练习、考评测试。

知识链接

托婴服务是高星级饭店向客人提供的一个服务项目，也是为外出活动办事的住客提供短时间的照管婴幼儿童的有偿服务。此项服务大多由客房部服务员在班后承担，或是向社会服务机构代雇临时保育员。看护服务员的任职资格是：接受过照料孩子的专业培训；懂得照看孩子的专业知识和技能；有照看婴幼儿的经验并略懂外语。

操作流程

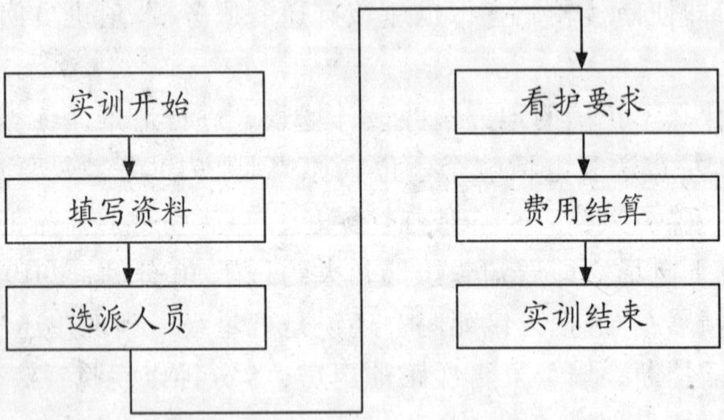

操作规范

操作步骤	主要操作内容	注意要点
一、填写资料	1. 客人需要提供托婴服务时，请客人提前 3 小时与房务中心联系，并由房务中心请客人填写一张“托婴服务申请表”。 2. 详细核对客人所填表格，理解有关婴儿的生活习惯，是否有特殊要求，并特别注意客人在表格中的填写的有关要求。	1. 应谨慎对待酒店托婴服务。 2. 提醒客人应详细填写表格，尤其是一些特殊要求应特别关照。

续表

操作步骤	主要操作内容	注意要点
二、选派人员	当值经理根据婴儿的性别，年龄情况安排适合人员提供看护服务。	
三、看护要求	1. 看护人员要按时抵达看护地点，并留意客人的有关吩咐，处理交接事宜。 2. 服务中看护人员务必小心谨慎，不能离开小孩，不随意给小孩吃东西，不让小孩接近容易碰伤的东西，不能把小孩带离指定的地方。 3. 客人外出时，需留下联系电话，以便出现特殊情况时，进行联系。	1. 不能马虎大意。 2. 不能随意喂食。 3. 不能带孩子外出。 4. 不能和孩子做带有危险性的游戏。 5. 有急事应联系孩子家长。
四、费用结算	1. 将婴儿安全地交还给客人后，请客人签单确认付费。 2. 完成托婴服务后，及时通知房务中心，并由房务中心处理有关费用问题。	

能力测试

【场景一】 在某家高星级酒店的一个豪华套房中，酒店的婴幼儿看护服务员小钟正为一对来自香港的年轻夫妇照看他们五岁的小男孩。为了不让顽皮的小男孩在独自跑动中摔伤，小钟想尽了办法和小孩做各种各样的游戏，甚至趴在地上让小孩当马骑，来自香港的小孩对这个游戏特别感兴趣，而且玩得特别开心。

正在此时，小男孩的父母从外面回来，当他们看到自己的儿子正骑在小钟趴着的身子上时，当即向小钟表示极为不满，还表示将拒付托婴费用，因为小孩子在酒店并未受到很好的照料。站在一旁的小钟怎么也不明白自己到底做错了什么。

大堂副理接到投诉后，经过认真的调查才了解到客人不满的真正原因：这对事业有成的夫妇极为重视自己孩子的心理健康，他们认为小钟让孩子当马骑的做法将会影响小孩子正常的心理发育。

请设计场景，进行情景训练。

【场景二】 某星级酒店一位客人需要外出 5 小时，向该酒店提出托婴服务，其中包括需喂两次奶粉。按其服务程序服务员接受任务，并事先了解小孩的特性以及家长的要求。客人填写“婴儿看护申请单”，并就有关注意事项向客人说明。在照看期间，婴幼儿突然发烧，客房服务人员立即报告客房部经理，及时通知家长，并按家长的要求送往医院，使孩子的病情得到有效的控制。

请设计场景，进行情景训练。

考考你

1. 什么是托婴服务？
2. 托婴服务应特别注意什么？
3. 托婴服务实训程序是什么？

实训项目八	会议送茶服务
实训目的	通过训练，学生应了解关于会议送茶服务的基本知识，掌握会议送茶服务的程序及技术标准，能达到熟练进行会议送茶服务的要求。
实训学时	实训授课1学时，共计45分钟。其中，教师示范10分钟，学员分组练习30分钟，考评5分钟。
实训要求	了解会议送茶服务的知识；掌握会议送茶服务的程序及技术标准。
实训方法	教师示范、分组练习、考评测试。

知识链接

会议服务标准如下：

1. 会议室使用的茶杯，必须配上杯碟。杯碟距茶几里侧边缘约5厘米，茶杯的杯把一律向客人右手侧45度，如圆桌会议室需放烟缸，摆放在茶杯中间稍远的地方，形成茶杯、烟缸两条平行线。方茶几会议室摆放标准：杯碟距桌边5厘米，烟缸距桌边12厘米，烟碟与烟缸间距离5厘米，烟碟与果盘间距离为5厘米。摆放后的果盘、烟碟、烟缸居中呈直线。

2. 会议室物员摆放标准。茶杯距会议桌的台边约30厘米（即里侧台边5厘米），烟缸放置在两个茶杯与台边的中间位置，即烟缸套放，以便客人记录、写字。

3. 会议室在使用时，应专人接待客人。在客人到达之前，应按会议单的需要提前做好准备，然后在客人未来前10分钟整理仪表，站立在梯口迎接。客人来时，向客人问候示意，引领客人进入会议室。如果是冬天应帮助客人将冬装挂好。

4. 会议服务。首先，茶水与香巾应该在会议召开之前的20分钟准备好。

（1）先送香巾。冬天热香巾，热天冷香巾，香巾放置在香巾器件摆放整齐饱满，干湿适度。

（2）然后上茶水。水要八分满，杯把要一律向客人右侧45度，送完香巾约5~10分钟，马上将用过的香巾及时撤换一次，在送茶、送香巾同时要轻声道"请用茶"、"请用香巾"。

（3）会议室使用时间较长时，需要10~15分钟续一次水，45~60分钟换一次香巾。续水时，左手提壶，右手的中指与无名指还将夹起杯盖，用大姆指和食指握住杯把一律向客人右侧度将茶杯端起，侧身，腰略弯，暖瓶对准茶杯口，缓缓倒入杯中，然后把茶杯放回杯碟，盖上杯盖，茶水依然八分满，如果超过3~5个烟头，必须要用干净的烟缸换下来。

（4）一般情况下，送香巾、茶水应按先宾后主，先女后男，先老后幼的原则进行。

（5）会议室正在使用时，除必要服务外一般人不应频繁进入，当有电话找会议室客人时，应用纸写上接听电话客人的姓名，请靠门边的客人代为通知，若电话找的是重要人士，应先通知秘书或随员，千万不可高呼，或直接闯入会议室叫客人的名字，在会议进行中必须站立服务，以便宾主有事及时处理。

5. 会议结束，应将客人送至梯口，帮助客人叫梯，目送客人离开。迅速检查会议室，如发现宾客遗留物品，要立即交还失主或交还主办单位的工作人员代为转交。

操作流程

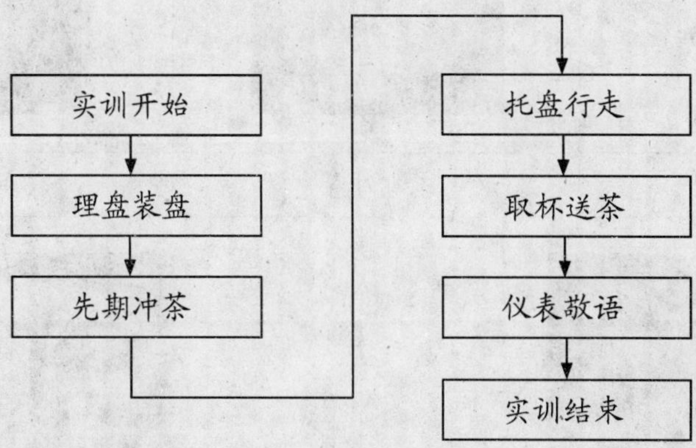

操作规范

操作步骤	主要操作内容	注意要点
一、理盘装盘	1. 将托盘洗净擦干，垫上干净的垫布，垫布要铺平拉展，四角不抛。 2. 各杯间隔距离均匀，杯把方向一致朝右前方，便于取拿。	整理要求。
二、先期冲茶	先冲二成茶卤，再冲茶至七成。各杯均匀，不得外溢。	冲泡要求。
三、托盘行走	1. 手指手掌同时用力，不靠手腕，臂肘不靠肋骨。 2. 自然平稳，眼视前方，行走无碰撞杯声，茶水不外溢。	送茶要求。
四、取杯送茶	1. 顺序正确。 2. 主次正确，落杯稳、快、轻。握杯正确，茶几上杯距均匀，杯把方向正确，目视客人。	落杯要求。
五、仪表敬语	1. 仪容整洁，头发符合标准，不戴饰物，微笑敬语自然。 2. 送茶结束后托盘离开会议室，面对客人退出。	礼仪要求。

现场直播

理盘装盘	先期冲茶	托盘行走

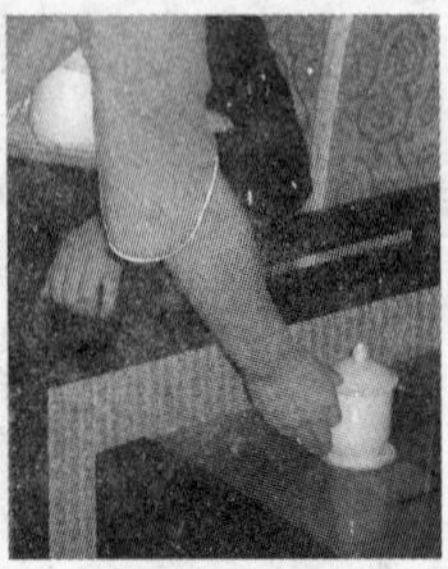	
取杯送茶	仪表敬语

能力测试

【场景一】 服务员小刘正在为某公司召开的研讨会进行会议服务，这次研讨会邀请了很多商界知名人士以及新闻界人士参加。酒店老总特别关照小刘要做好会议服务工作。

会议进行了二十分钟，小刘准备给参加研讨会的宾客倒茶续水。正在此时，会场上响起了摇篮曲，原来是小刘的手机响了。小刘急忙放下水瓶，慌慌张张把手机铃声给关闭了，一不小心，又把水瓶给碰倒了，水流了一地，这下子，小刘可成了全会场的名星……

请设计场景，进行情景训练。

【场景二】 小王与小李都是海南兴旺大酒店的实习生，主要从事会议接待服务工作。小王与小李在探讨关于会议接待服务工作。小王说，会议服务重要的是礼仪，尤其是礼节礼貌一定要到位。小李则说，礼仪不是很重要，最重要的是会议会场的布置，会场茶点的准备。两位实习生的观点不一致，我们能否考虑一下，现在酒店会展会议很多，在会议接待服务中，作为酒店的服务员工，更应该注重什么、做好什么？

请设计场景，进行情景训练。

考考你

1. 了解会议服务的基础知识。
2. 会议送茶的注意事项是什么？
3. 会议送茶的实训程序是什么？

实训项目九	客人遗留物品处理
实训目的	通过模拟训练，学生应了解客人遗留物品处理的制度要求，掌握两种不同方式中物品处理程序及注意事项，达到能够正确处理客人遗留物品的要求。
实训学时	实训授课 1 学时，共计 45 分钟。其中，教师示范 10 分钟，学员分组练习 30 分钟，考评 5 分钟。
实训要求	了解客人遗留物品处理的相关制度；掌握不同方式的处理程序及注意事项。
实训方法	教师示范、分组练习、考评测试。

知识链接

制度要求如下：

1. 归口管理。遗留物品必须归口管理，以方便客人查找。此外，物品的管理需要一套严密的程序，归口管理可提高工作效率。大部分酒店由客房部负责遗留物品的管理。

2. 明确专人管理。设有客房中心的酒店，一般由客房中心联络员负责登记和保管，并定期对遗留物品进行清点和整理。

3. 配备必要的储存柜。酒店要视自身的规模和星级，配备放置遗留物品的橱柜，大型的高星级酒店甚至要设专门的遗留物品储存室。

4. 确定保管期。酒店业对遗留物品的保管期没有硬性规定，一般规定贵重物品和现金的保管期为 6 ~ 12 个月，一般物品为 3 ~ 6 个月，水果、食品 2 ~ 3 天，药物 2 周左右。衣物保存前应先送洗衣场洗净。

5. 确定保管期后的处理方式。酒店应对遗留物品过保管期后如何处理作出统一规定。

操作流程

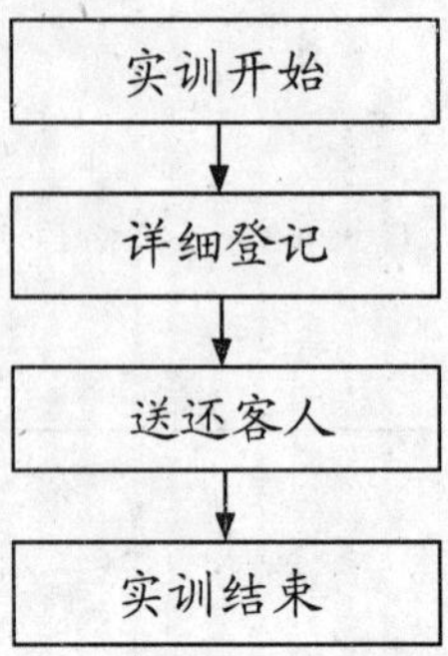

操作规范

操作步骤	主要操作内容	注意要点
一、客人结账未离店	1. 迅速收拾、检查客人离开的房间。 2. 发现遗留物品及时交还客人。	及时查房。
二、客人结账并已离店 1. 详细登记	1. 发现遗留物品，本楼层做好登记。记清物品名称、数量、特征、房间号和时间，并上交房务中心。 2. 房务中心做好登记，并给楼层“遗留物登记表”回执。 3. 同时将“遗留物品登记表”送交大堂经理处。	遗留物品应正确登记。
2. 送还客人	1. 接到大堂经理通知客人认领失物时，将失物和失物招领表送到大堂经理处，客人办理认领手续后连同失物招领单和客人认领单一起归档存查。 2. 客人通过电话、书信说明情况属实后可委托他人来店认领，须检验委托书及证件；核对无误后将遗留物品交还客人或认领人，记下认领人身份证号码，地址和姓名并填写《认领表》，由认领人签名；可以通过邮寄送还物品，邮资由客人承担（先向客人说明），邮局回执保留一段时间。	1. 通知客人认领。 2. 如需邮寄给客人遗留物，可根据邮寄费用酌情收取。

能力测试

【场景一】 在大连城市大酒店客房部，实习生小李正在整理昨天才入住的一位客人的房间，发现房间内没有客人的行李，也不见客人的其他个人物品。经过仔细查找，在抽屉里发现了客人几件衣服。小李立即向办公室查询，询问此间房的客人是否已退房。并向文员通报了客人有失物的房间，让文员做好记录，以备客人查询，而后在工作表上详细记录，注明时间及发生的事情。经办公室查询，得知此房客人入住酒店的第二天一早就换房去了其他楼层。办公室通知客人领取自己的衣物时，客人还没发觉丢失了衣物。由于小李良好的工作态度，受到客人的表扬和店方的奖励。

请设计场景，进行情景训练。

【场景二】 2003年夏某天下午，海南某旅游研究机构的刘先生与一位同事因组织一个全国性会议，入住山西太原一家大酒店808房间，由于报名人数一再突破，使本已排满的客房压力骤增。于是挤进一间套房凑合。当晚刘先生搬房匆忙，把一双洗净的袜子遗留在客房卫生间里。第二天想起后，他便直奔808房取袜，正好房客不在，就只好请服务员帮忙。他找到楼层服务员，请她打开808房取件东西。服务员请他出示住房卡，他连忙解释了原委，说明自己是昨天曾入住的会务组工作人员，服务员表示知道这件事。接着问清他要取的是晾在浴巾架上的一双灰色丝袜后，便把他领到房门口。当她打开房门后，刘先生试着想跟她进房，立即被她礼貌地制止，请他在门外稍候。接着她很快从卫生间拿出一双灰袜子，问清是这双后，便交还给他。

请设计场景，进行情景训练。

考考你

1. 了解酒店对客人遗留物品的处理制度要求。
2. 处理客人遗留物品注意事项是什么？
3. 处理客人遗留物的程序是什么？

案例解析

可以先打扫810房间吗？

住在810房的两位客人来自浙江温州，他们今天上午刚抵达杭州，经朋友介绍下榻到这家酒店。

第二天上午用完早餐回到房里，一位原定下午来与他们商议一宗出口业务的杭州市某大公司副总经理来电，因故欲改到上午进行。由于这宗买卖关系到温州客人半年的经营计划，所以尽管上午已有安排，他们还是一口答应，马上与另外两家公司联系，把原定上午会面的计划推迟到下午。

“那副总还有半小时便要到达，房里还是乱七八糟的，请服务员快来打扫吧”，年纪较大的营业部经理对助手说道。

助手开门出去找楼层值台服务员时发现，一辆服务车已停在801房外面，801房的门敞开，显然服务员已经开始在那儿做客房清洁工作。

助手到801房，请两位服务员立即打扫810房，最后没有忘记说一声“谢谢”。

两位服务员听到他的要求面面相觑，似乎有什么难处。“不知我的要求会给你们带来什么困难吗？”助手还是彬彬有礼地询问。

一位年纪稍大的服务员开口了，她说：“我们每天打扫房间都按规定的顺序进行，早上8点半开始打扫801房，然后是803、805等，先打扫单号，接着才是双号，打扫到810房估计在10点左右……”

"那么能不能临时改变一下顺序，先打扫810房呢?"助手十分耐心地问道。"那不行，我们的主管说一定要按规范中规定的顺序进行"，她们面露难色，显然她们很理解客人的心情，她们也很愿意满足他的要求，但她们不敢违反酒店的规定。

【评析】 本例反映了该酒店在管理上的两个问题：一是在员工培训方面，管理人员片面强调服务员执行规定和按程序操作，没有把服务上的灵活性告诉他们。一切规范和程序的根本目的是保证服务质量，因此制定各种规范和程序的惟一依据是站在客人立场上，为客人考虑，一味强调程序，固然能在一般情况下保证大多数客人满意，毕竟还有一部分客人的特殊需求不在规范之内，甚至可能与酒店服务程序有悖，只要那些特殊需求是合理的，酒店应予以尽量满足。

以上案例是酒店服务中常遇到的小事，但是能反映出服务员的应变能力和服务技巧，我们有些服务员在工作中确实存在上述问题，规范是不能满足所有的客人的，有些客人的需求有时比较特殊，一般规范难以包罗万象，所以要求服务员在工作中一定要灵活机智地处理每件事情，绝不能麻痹大意造成不好的后果，减少饭店潜在客源。

第七单元

公共区域清洁保养

实训课题　认识清洁剂

实训项目一	了解清洁剂
实训目的	通过模拟对酒店客房部常用清洁剂的情景训练，了解清洁剂的安全管理和控制，熟悉酒店常用清洁剂的名称，掌握酒店常用清洁剂的种类和划分，达到能选择和使用性能良好的清洁剂的目的。
实训学时	实训授课1学时，共计45分钟。其中，教师示范10分钟，学员分组练习30分钟，考评5分钟。
实训要求	掌握酒店常用清洁剂的种类和划分；熟悉酒店常用清洁剂的名称。
实训方法	教师示范、分组练习、考评测试。

知识链接

一、酒店常用清洁剂的种类和划分

（一）按清洁剂化学性质划分

1.酸性清洁剂。因酸性具有一定的杀菌除臭功效，所以用于清洁洗手间是再合适不过了。但由于其带有腐蚀性，对使用者的肌肤会造成损伤，所以在使用量及使用方法上都应特别注意，不能用于地毯、地板、木器家具和金属器皿上。酒店内使用的酸性清洁剂主要有以下两种：

（1）马桶清洁剂。主要用于清洗公厕和客房洗手间便器，具有特殊的洗涤除臭和杀菌消毒的功效。因具有一定的腐蚀作用，所以，应先按照说明书稀释。使用时，应先将马桶或便器预湿，在其有水的情况下倒入数滴，片刻后用专用刷子刷洗，再用清水冲洗干净，确保没有残留清洁剂。

（2）消毒剂。既可用于卫生间的消毒，又可用于水杯消毒，但一定要用水漂净。“八四”消毒液就是其中比较好的一种。

2. 中性清洁剂。中性清洁剂配方温和，不腐蚀和损伤任何物品，使用范围较广，是最为理想的一种清洁剂。但是，它的缺点也显而易见，就是无法或很难清除积聚严重的污垢。常见的多功能清洁剂就属于中性清洁剂。这种清洁剂用途广泛，适用于多种物体表面的清洁，基本无损害。原装的多功能清洁剂多为浓缩液，稀释后再进行使用。作为酒店用量最大的一种清洁剂，可清除多种一般性污渍，对特殊污垢作用不大。

3. 碱性清洁剂。碱性清洁剂对于清除一些油脂类污垢和酸性污垢有较好的效果。使用时也应进行稀释，使用后要用清水漂清，否则时间长了会损伤被清洁物品表面。酒店内常用的碱性清洁剂主要有以下两种：

（1）家具蜡。家具蜡有膏状、液体、糊状等几种形态，可用来清除家具表面的油迹等污垢。使用时可用抹布先将家具蜡均匀涂抹在家具表面，约 15 分钟后再擦拭一遍，以达到抛光的效果。

（2）玻璃清洁剂。玻璃清洁剂有液体的大桶装和高压罐装两种。前者只可用来去除污渍；后者含有挥发剂、芳香剂等，不仅可除油垢，用后还留有芳香味，还会在玻璃表面留下透明保护膜，方便以后的清洁工作。

4. 溶剂类。溶剂为挥发性液体，常常用来去除油污，又可以使怕水的物品避免水的浸湿。酒店常用的溶剂主要有以下几种：

（1）空气清新剂。现代化的酒店已经普遍使用空调，再加上客房的密封性好，透气性差，室内容易产生异味，并易滋生细菌，如不能开窗通风，就可以使用空气清新剂。这种清洁剂中含有香精和杀虫成分，具有灭菌和清新空气的作用。目前，市场上空气清新剂的香型种类有很多种，选择时应注意辨别优劣。由于有些客人不喜欢空气清新剂的香味，因此在客房中要慎用。

（2）杀虫剂。虫类是传播疾病的媒体，酒店要经常杀虫除害。目前，酒店使用的杀虫剂多为喷罐装，使用时将其喷洒在虫类经过或藏匿的地方，也可对准虫害直接喷洒，但是应避开食物饮料。

（3）酒精。主要用于电话消毒。为减少对人体的伤害，必须使用医用酒精。

（二）按清洁剂专门用途划分

1. 多功能清洁剂。呈中性，多用于去除家具、台面的污垢、油渍、化妆品污渍，有防霉作用。原装的多功能清洁剂为浓缩剂，使用前要根据使用说明书做好稀释。但这种清洁剂不能用来洗地毯，对特殊污垢的作用较小。

2. 玻璃清洁剂。主要适用于清洁玻璃、镜面，包括客房、卫生间镜面上所粘的一些污迹、油渍、化妆品残留污渍等。方法是将装在高压喷罐内的玻璃清洁剂对准污渍喷洒少许，然后用干布擦拭便可光亮如新，如果清洗公共区域的大面积玻璃，还有一种玻璃水，使用效果也很好。

3. 三缸清洁剂。又称卫生间专用清洁剂。主要适用于清洁马桶、便池，在有水的情况下倒入少许，稍过片刻用清洁球轻轻擦洗，再用清水冲净。日常使用三缸清洁剂最好以碱性为主，这样才有利于清洁对象的表面保养。

4. 金属抛光剂。常用的金属抛光剂有铜水、钢水、银粉等，可根据清洁对象选用。如镀铜的门把手、水龙头、扶手、栏杆等可用铜水；不锈钢的扶手、浴缸配件、手纸箱、毛巾架、浴帘杆等可选用钢水；而银器制品则最好用银粉擦拭。这类清洁剂可以去除金属表面的锈渍、污渍和手印，属于专用清洁剂范围。

5. 家具蜡。主要适用于木质家具、皮革制品等家具的清洁保养。它能较好地清除家具表面的污迹、灰尘，并能在家具表面形成一层保护膜，防尘、防潮、防污。使用时可按使用说明将家具蜡均匀地喷在家具表面，再用软的干布来回擦拭，即能光亮如新。

6. 空气清洁剂。有香味剂、辟味剂、空气清新剂等多种，一般含有香精和杀虫成分，喷在客房、卫生间和大厅等公共场所，有灭菌和清洁、清新空气的作用，可视需要适时喷洒。

7. 蜡水和起蜡水。蜡水主要用于地面打蜡，保护大理石、高级瓷砖、木质地板等地面，防止表面被磨花或损坏。起蜡水属于强碱，能将蜡水中的金属链切断，主要用于地面起蜡。两者的作用是不相同的。

8. 杀虫剂。一般含有除虫菊脂，能杀灭蟑螂、苍蝇、蚊虫等害虫。酒店客房、餐厅、厨房和卫生间等处，一旦发现虫害都应立即施放杀虫剂。

二、清洁剂的安全管理和控制

在使用清洁剂的过程中，无论是从减少清洁剂的浪费、提高使用效率来看，还是从安全管理角度考虑，对清洁剂进行科学管理都是十分必要的。

1. 清洁剂的安全管理。无论是高压罐装清洁剂、挥发性溶剂清洁剂，还是强酸、强碱清洁剂都是不安全因素。前两者属于易燃、易爆品，后两者会对人体肌肤造成伤害。因此，在管理和使用过程中，应该注意以下问题：

(1) 制定相应的规章制度，培训服务员掌握使用和放置清洁剂的正确方法。并经常检查、提醒服务员按照规程操作。

(2) 对清洁剂的管理应做到：专人管理、分类保存、摆放整齐。

(3) 对于溶剂清洁剂的保管要特别注意防火；杀虫剂等罐装清洁剂因含有大量的溶剂和推动剂，在存储时应注意不要放置在高于50℃的地方。

(4) 使用强酸和强碱清洁剂时，要先作稀释处理，并尽量装在喷壶内，再发给服务员使用。

(5) 配备相应的防护用具，如可使用的清洁工具、防护手套等。

(6) 严厉禁止服务员在工作区域吸烟，并严查严罚，以减少危险源。

2. 清洁剂的控制。合理分配清洁剂，既能满足清洁的需要，又可以减少浪费。因此，清洁剂的分配最好由一名主管或领班专门负责，在每天下班前对楼层进行补充；每周或每半个月对清洁剂的品种和用量进行盘点统计。通常，用量的多少与客房出租率高低有关，对于出现例外情况的额外补充应作详细的记载。

操作流程

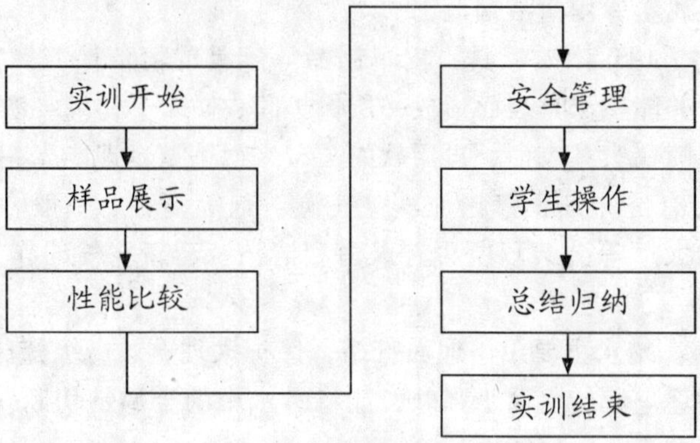

操作规范

操作步骤	主要操作内容	注意要点
一、样品展示	1. 按清洁剂化学性质划分，有酸性清洁剂、碱性清洁剂、中性清洁剂和溶剂。 2. 按清洁剂专门用途划分，有多功能清洁剂、玻璃清洁剂、三缸清洁剂、金属抛光剂、家具蜡、空气清洁剂、蜡水和起蜡水、杀虫剂等。	1. 强调正确选择清洁剂对客房部工作的重要性。 2. 每种类型可展示相关的清洁剂样品。
二、性能比较	1. 比较酸性清洁剂、碱性清洁剂、中性清洁剂不同的性能和使用范围。 2. 比较多功能清洁剂、玻璃清洁剂、三缸清洁剂、金属抛光剂、家具蜡、空气清洁剂、蜡水和起蜡水、杀虫剂的不同的性能和使用范围。	1. 熟记各种清洁剂的名称。 2. 强调各清洁剂的不同的使用范围。
三、安全管理	1. 制定相应的规章制度，培训服务员掌握使用和放置清洁剂的正确方法。 2. 对清洁剂的管理应做到：专人管理、分类保存、摆放整齐。 3. 对于溶剂清洁剂的保管要特别注意防火；杀虫剂等罐装清洁剂在存储时应注意不要放置在高于50℃的地方。 4. 使用强酸和强碱清洁剂时，要先做稀释处理，并尽量装在喷壶内，再发给服务员使用。 5. 配备相应的防护用具，如可使用清洁工具、防护手套等。 6. 严厉禁止服务员在工作区域吸烟，并严查严罚，以减少危险源。	1. 减少清洁剂的浪费。 2. 对清洁剂进行科学管理。
四、学生操作	1. 将危险性小的清洁剂样品发放给学生。 2. 熟悉名称，比较性能。	强调安全问题，尤其是有腐蚀性的酸性清洁剂。
五、总结归纳	1. 学生汇报详细。 2. 教师总结归纳。	1. 学生必须有心得体会。 2. 教师必须有要点提示。

能力测试

【场景一】 假使你是客房服务员，那么请判断下列说法是否正确？

1. 如果污渍是酒精、烟灰、铁锈，血液、啤酒、果汁，可以用 30ml 的地毯清洁剂加一匙白醋，溶在 120ml 水内。（　　）

2. 如果污渍是油漆、口香糖，可以用溶液②：将 7%的硼砂溶在 300ml 水中。（　　）

3. 杀虫剂等罐装清洁剂因含有大量的溶剂和推动剂，在存储时应注意不要放置在高于 50℃的地方。（　　）

4. 酒店客房、餐厅、厨房和卫生间等处，一旦发现虫害都应立即施放杀虫剂。（　　）

5. 清除客房、卫生间镜面上所粘的一些污迹、油渍、化妆品残留污渍等，可以用玻璃水。（　　）

【场景二】 如果你是客房部经理，准备对新员工做一次有关清洁剂类型和安全管理的岗前培训。请依此来设计一段场景。

考考你

1. 如果按清洁剂专门用途划分，酒店常用清洁剂有哪些？请举出 3 种常用清洁剂的用途？

2. 请说出酸性清洁剂和碱性清洁剂的区别？

3. 客房部如何做好清洁剂的安全管理和控制工作？

实训项目二	使用清洁剂
实训目的	通过模拟对酒店客房部常用清洁剂的使用方法和用途的情景训练，熟悉酒店常用清洁剂的名称，掌握各常用清洁剂的使用方法及用途，达到能正确使用清洁剂的目的。
实训学时	实训授课 1 学时，共计 45 分钟。其中，教师示范 10 分钟，学员分组练习 30 分钟，考评 5 分钟。
实训要求	熟悉酒店常用清洁剂的名称；掌握各常用清洁剂的使用方法及用途。
实训方法	教师示范、分组练习、考评测试。

知识链接（穿插相关知识点）

一、常用清洁剂的名称

（1）洁宝；（2）浴室清洁剂；（3）洁而亮；（4）滴露；（5）花王漂白水；（6）lime away；（7）擦铜水；（8）擦钢水；（9）安居保杀虫水；（10）拜高杀虫水；（11）地毯粉；（12）地毯去渍水；（13）香蕉水；（14）玻璃清洁剂；（15）空气清新剂；（16）施康消毒液；（17）漂白精片；（18）碧丽珠；（19）ringkee；（20）rug shampoo；（21）地毯粉（浓缩洗地毯粉剂）；（22）去污粉。

二、各种常用清洁剂的使用方法及用途

1. 洁宝（professional forward）。专业全能消毒清洁剂，绿色，味香型，使用时用水稀释。特别渍 1∶20，轻微 1∶60。主要用在卫生间的清洁，如浴缸、脸池、杯具等。

2. 浴室清洁剂（bath room cleaner）。浅蓝色，气味刺鼻，用时用水稀释比例，一般清洗 60 克清洁剂∶4 克开水；消毒清洗 115 克清洁剂∶水 4 克；严重污渍液清洗，不可用皮肤接触，要用手套。用途同洁宝。

3. 洁而亮。白色糊状，香味型，使用时直接涂在潮抹布或清洁物上均可，用时泡沫多，不要过量，擦完后过水要干净。主要用在浴缸、坐厕、脸池等瓷砖清洁。

4. 滴露（dettol）。透明咖啡色，稀释后呈乳白色，主要用于电话及卫生间消毒，特别渍，如坐厕，水再少放点，倒入坐厕浸几分钟再洗。主要起清洁消毒作用。

5. 花王漂白水。透明，跟水的颜色差不多，气味同漂白粉的气味。使用时用半杯水加瓶盖的 4 盖，比例为 1∶1，绝对不可用于云石台、墙纸、地毯等。用于地砖、瓷砖地特别去渍，最好不要与皮肤接触。

6. lime away。黄色液体，酸性气味，使用时不要碰到皮肤、裤子等，一定要戴手套，以免烧伤。可用于地砖、瓷器等特别的污渍上，用刷子刷去。

7. 擦铜水。黄色，气味刺鼻，用时摇匀，直接倒在潮的抹布上均匀地擦。可擦去铜的表面污渍或表面腐蚀，保持表面光泽。

8. 擦钢水。黄色液体，气味刺鼻难闻，直接倒在干的抹布上，均匀擦不锈钢表面，去除不锈钢表面腐蚀，保持表面的光泽。

9. 安居保杀虫水（hempo）、拜高杀虫水。罐状，使用时将瓶身垂直喷射，直接喷射害虫，不可放置在热源、人头旁边及超过 50℃的地方。

10. 地毯粉（浓缩洗地毯粉剂）。白色固体颗粒状，使用比例一桶水加 50 克（半杯）药粉，先将热水放入水桶再将粉倒入，用棒搅匀，对于特别脏的地毯，温度可再高点。在用威霸机洗客房及走廊、地毯、行李架、沙发、坐椅等时用。

11. 地毯去渍水。无色透明，气味很浓。可将去渍水直接放在潮布上，由内向外去除地毯上的污渍，未稀释的地毯去渍水不可用于墙纸。

12. 香蕉水。用于去除卫生间、天花板污渍及油漆渍。

13. 玻璃清洁剂（glass cleaner）。即喷即抹，直接喷在玻璃上，不要聚集喷，擦时要均匀。

14. 空气清新剂（good sense）。用时摇，不要存放在高温处，喷时在空调出风口位置那儿喷。

15. 施康消毒液。浅黄色，与水的比例是1:200，将杯具浸15分钟，24小时换。用于消毒杯具，用时摇匀，无气味。

16. 漂白精片。用途：与施康消毒杯具相同，使用时与水的比例是1:1，搅释成粉状，溶化在水中，将要消毒杯具浸15分钟，24小时换。

17. 碧丽珠。罐状，直接喷在家具表面，用干布擦匀，保护家具的光泽，用时摇，不要存在高温处。

18. Ring kee。用单擦机洗地毯时用，很稠的液体，稍微有点黄色，与水的比例为1:20，香型。

19. Rug shampoo。也是用单擦机洗地毯时用，浅蓝色，有点刺鼻，与水的比例为1:30。

20. 地毯粉。白色，粉状，香型，是地毯干燥剂，直接均匀地洒在地毯上即可。

21. 去污粉。白色，粉状，用于瓷砖马赛克地、刷楼梯等；先将地面拖湿，洒在上面刷。

操作流程

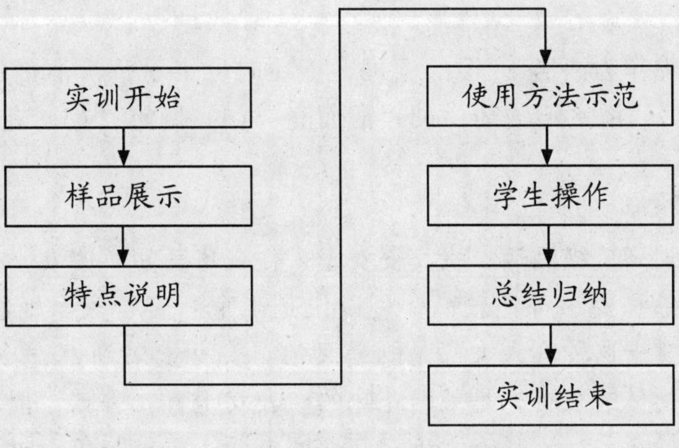

操作规范

操作步骤	主要操作内容	注意要点
一、样品展示	（1）洁宝；（2）浴室清洁剂；（3）洁而亮；（4）滴露；（5）花王漂白水；（6）lime away；（7）擦铜水；（8）擦钢水；（9）安居保杀虫水；（10）拜高杀虫水；（11）地毯粉；（12）地毯去渍水；（13）香蕉水；（14）玻璃清洁剂；（15）空气清新剂；（16）施康消毒液；（17）漂白精片；（18）碧丽珠；（19）Ringkee；（20）Rug shampoo；（21）地毯粉（浓缩洗地毯粉剂）；（22）去污粉。	1. 强调正确选择清洁剂对客房部工作的重要性。 2. 每种类型可展示相关的清洁剂样品。

续表

操作步骤	主要操作内容	注意要点
二、特点说明	1. 比较各种常用清洁剂的气味、颜色等。 2. 为各种污渍选择正确的清洁剂。	1. 熟记各种清洁剂的名称。 2. 强调各清洁剂不同的使用范围。
三、使用方法示范	1. 是否具有腐蚀性。 2. 是否需要用水稀释，如何稀释。 3. 像施康消毒液、漂白精片等浸泡的时间是怎样的。 4. 是否能直接用于家具、地毯等表面。 5. 各清洁剂的保管方法。	1. 减少清洁剂的浪费。 2. 减少与皮肤的接触。
四、学生操作	1. 将危险性小的清洁剂样品发放给学生。 2. 熟悉名称，比较性能。	强调安全问题，尤其是有腐蚀性的酸性清洁剂。
五、总结归纳	1. 学生汇报详细。 2. 教师总结归纳。	1. 学生必须有心得体会。 2. 教师必须有要点提示。

能力测试

【场景一】 假如你作为酒店 18 楼的领班，正在向员工示范清洁剂的使用，有如下几种清洁剂：（1）洁宝；（2）浴室清洁剂；（3）洁而亮；（4）滴露；（5）花王漂白水；（6）lime away。

请设计场景，进行模拟训练。

【场景二】 西北某高星级酒店，贵宾安女士入住豪华套间。安女士是位经常在外出差的商务客人，对酒店服务和要求都比较高，可以说是半个酒店行家。她经常给酒店提一些意见，当然酒店对像安女士这种客人大都是既爱又怕。安女士来到 19 楼她下榻的房间，一推开房门，就闻到一股刺鼻的浓香，是茉莉花味的。安女士喜欢香味，但不应该是这种空气清新剂，而应该是自然的花香。于是安女士拿起房间电话，要求与负责投诉的客户关系主任见面。看来一场“投诉”又开始了。

请设计场景，进行模拟训练。

考考你

1. 请为卫生间选择正确的清洁剂，至少列出三种。
2. 哪些清洁剂在使用前需要稀释？
3. 哪些清洁剂可以直接用在地毯、家具等的表面？

实训课题 认识清洁设备

实训项目一	了解清洁设备
实训目的	通过模拟对酒店客房部常用清洁设备介绍的情景训练，熟悉酒店常用清洁设备的功能和工作原理及构造，掌握酒店常用清洁设备的种类和划分，达到能选择和使用性能良好的清洁设备的目的。
实训学时	实训授课1学时，共计45分钟。其中，教师示范10分钟，学员分组练习30分钟，考评5分钟。
实训要求	掌握酒店常用清洁设备的种类和划分；熟悉酒店常用清洁设备的功能；熟悉酒店常用清洁设备的工作原理及构造。
实训方法	教师示范、分组练习、考评测试。

知识链接

为确保酒店清洁卫生，提高工作效率，酒店为员工配备了多种清洁设备，如吸尘器、洗地机、洗地毯机、打蜡抛光机等，现就这些设备作简要介绍。

1. 吸尘器。

（1）吸尘器的种类与功能。按照操作原理及构造，吸尘器大致可分为直立式、吸力式和混合式三类。

①直立式吸尘器。主要用于对地毯吸尘。它可以在吸尘的同时，将藏匿于地毯绒毛内部的灰尘、砂砾与纤维分离，让吸头吸出。它还能将黏结、倒伏的绒毛梳理如初。所以，这种吸尘器在地毯上吸尘，会有很好的效果。直立式吸尘器操作简便，使用者不需弯腰曲背。但是，由于直立式吸尘器的吸嘴通常较为高阔，所以在清洁"矮脚"家具底下等浅窄的地方时，就不如圆筒吸式吸尘器方便了。此外，直立式吸尘器在操作时发出的噪声，也往往比吸力式吸尘器大。

②吸力式吸尘器。依靠吸力吸尘，通常马达比直立式吸尘器大，因此具备较强的吸力。这类吸尘器往往配有一个长管，用来接驳各种配件，以配合不同的工作需要。适合清理地板、家具、帘帐以及较薄的织物垫套等。此外，由于本身备有"扁身"的吸管，可方便清理"矮脚"家具底下等浅窄的地方，这是直立式吸尘器所不能比拟的。

③混合式吸尘器。在构造上集合了吸力式与直立式的特点，因此在清洁效果方面就可以发挥两者的长处。

（2）吸尘器的维护与保养。为了确保吸尘器的使用性能完好，延长其使用寿命，每次使用完毕后，都应按照正确的方法进行维护与保养。

①每次用完后，先断开电源，再将积尘袋中的灰尘清除干净。

②保持吸尘器附件的清洁，如有灰尘污垢，可用湿布擦拭。切忌使用汽油等溶剂擦拭。

③经常检查螺丝是否有松动现象，如有松动应立即紧固。

④每次使用后，将刷子上的毛发及线头清理干净。如刷子的磨损较大，应及时更换。

⑤定期更换轴承机油。

⑥在使用过程中，如出现故障立即切断电源。

2. 洗地毯机。洗地毯机工作效率高，省力、省时、节水、节电。可清洗羊毛、化纤、植物纤维等地毯。洗地毯机种类很多，常见的有湿旋机、平泡机、喷吸机等。湿旋机可用于湿洗地毯和硬质地面；平泡机既可用于清洗地毯，又可用于清洗软面家具；喷吸机将喷液与吸水两个功能同步进行，洗涤力强，去污效果好。

3. 洗地机。自动洗地机具备大型擦洗机和吸水机的功能和长处，将洗地和吸水工作同时进行，清洗地面省时省力、效率高、效果好，是酒店提高清洁卫生水平不可缺少的工具。

使用自动洗地机时要先检查各个部件是否完好，污水箱是否保持密封。当使用完毕后，吸水系统要将剩余清洁液油抽至污水箱内，以方便倾倒。然后把各种配件清洗干净，晾干后妥善保存起来。

操作流程

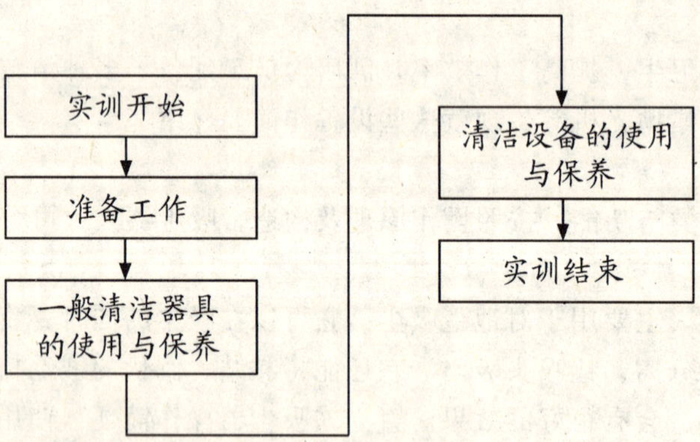

操作规范

操作步骤	主要操作内容	注意要点
一、准备工作	1. 使用和保养清洁器具应先仔细阅读使用说明书，了解其内部构成。 2. 各种清洁器具保养前应先选择好相应的保养用品，如润滑油等。 3. 清洁器具停用后或保养前应彻底清洁。	1. 准备工作充分。 2. 清洁设备主要有吸尘器、洗地毯机、吸水机、洗地机、打蜡机、高压喷水机。

续表

操作步骤	主要操作内容	注意要点
二、一般清洁器具的使用与保养	1. 抹布的使用。 2. 房务工作车的使用与保养。	1. 因抹布的使用、周转和淘汰率都很高，应多准备一些。 2. 房务工作车的布置应按酒店的规定进行，不能在车上随便堆放杂物。
三、清洁设备的使用与保养	1. 吸尘器的使用与保养。 2. 洗地毯机的使用与保养。 3. 吸水机的使用与保养。 4. 洗地机的使用与保养。 5. 高压喷水机的使用与保养。	1. 使用和保养清洁器具与设备前必须仔细阅读使用与保养说明书，了解其结构、性能和注意事项。 2. 各种清洁器具与设备在使用时，出现异常情况应立即停机检查，查找原因。 3. 使用完清洁器具和设备后应及时清洗，并定期保养。 4. 清洁器具与设备使用完毕后，应存放于干燥通风的库房，并由专人管理。 5. 对清洁设备应注意其维护与保养，尽量延长其使用寿命，为酒店节省费用。 6. 清洁设备应建立维护保养卡，随时记录其故障及维修状况。

能力测试

【场景一】 某天，客房部员工小李推着房务工作车正准备工作，东西很多，摇摇晃晃。“等一下，小李，”领班王强叫住了他，“你的房务工作车的布置应按酒店的规定进行，不能在车上随便堆放杂物。同时推拉工作车时应注意万向轮在前，定向轮靠后，避免由于硬拉而损坏工作车。房务工作车应装有缓冲器或其他弹性防护装置，推拉时应掌握行进方向，以免撞伤墙面或撞坏工作车。你的房务工作车应经常擦拭，保持清洁。另外你也要定期对房务工作车车轮加油，进行润滑和消声。”小李心中非常佩服领班，心想自己也要努力成为像领班那样的业务能力强的酒店员工。

请设计场景，进行模拟练习。

【场景二】 一天某旅游学校的老师因教学需要去某四星级酒店参观客房。因为有预约，大堂经理首先接待了他们，并带他们来到楼层，客房中心某领班安排的是服务员小刘为客人示范。两位老师注意到小刘手里拿着抹布正在折叠，不禁很诧异。小刘也仿佛看出客人的心思，缓缓说到：“在客房清扫中，抹布作为一般清洁工具，虽然不起眼，却要重视。抹布应折叠起来，可多面使用，以提高工作效率，保证清洁质量。四星级、五星级酒店的抹布最好由洗衣房负责洗涤、消毒，以确保抹布的清洁卫生。另外因抹布的使用、周转和淘汰率都很高，应多准备一些，以保证员工都能使用上符合标准的各类抹布。”两位教师不由暗自称赞酒店管理的规范和服务员的高素质。

请设计场景，进行模拟练习。

考考你

1. 吸尘器的种类与功能是什么?
2. 一般清洁器具的使用与保养要注意哪些问题?
3. 清洁设备的使用与保养要注意哪些问题?

实训项目二	使用清洁设备
实训目的	通过模拟对酒店客房部常用清洁设备使用的情景训练,熟悉酒店常用清洁设备的适用范围,掌握酒店常用清洁设备的使用方法,了解主要清洁设备的保养方法,达到能正确使用和保养清洁设备的目的。
实训学时	实训授课 1 学时,共计 45 分钟。其中,教师示范 10 分钟,学员分组练习 30 分钟,考评 5 分钟。
实训要求	掌握酒店常用清洁设备的使用方法;熟悉酒店常用清洁设备的适用范围。
实训方法	教师示范、分组练习、考评测试。

知识链接

一、清洁设备的使用方法和适用范围

(一) 服务员的工作车 (room attendant trolley)

1. 服务员的工作车要保持整洁,并放在适当的地方,确保棉织品和日用品叠放整齐。

2. 工作车上的用品摆放方式如下:

最上层:客人的日用品,如信纸、笔等。

第一层:面巾、枕套。

中间层:浴巾、脚巾、手巾。

最下层:床单。

3. 用品是否齐全,使用前要检查。

4. 把脏的棉织品放入工作车的布袋里。

5. 工作车应放在走廊边,不要碰坏墙壁。

(二) 吸尘器

1. 吸尘机内有一个尘袋,灰尘袋满时,应及时倒掉,可用另一部吸尘机吸净尘袋,这样,使用时吸力就强了。当地毯经过清洗后,可用松毛机松松毛,它的底部有一转动刷轴,使用时可打松地毯毛,也可吸去脏物,在洗涤地毯之前也可用松毛机吸尘(注:使用吸尘机

时，要注意吸尘的胶管，防止裂开，电线不可拖得太长)。

2. 吸尘机不可吸大头针之类的硬物。

(三) 吸水机

一般用于公众区，在清洗地面时可吸水分，使用后把水倒净。

(四) 洗沙发机 (upholstery shampoo machine)

清洗沙发时，把 rug shampoo 洗洁剂加入洗沙发机内，先把沙发四周刷一下，再喷药水，喷在沙发上，擦完后，可用另一吸管吸去泡沫，再擦干即可。

(五) 干泡式洗地毯机 (brush shampoo machine foam type)

洗地毯时，清洁剂放入地毯机内要经打泡，并用机上的软刷清洗地毯。洗完后，用抹布把地毯抹干，等地毯干后，用吸尘机把药剂粉末吸掉，松毛。

(六) 吹风机

酒店的吹风机只能用于房间的 220V 电压的插头上，不能在浴室内使用吹风机，因为浴室的电压不能插此吹风机，否则会烧坏插座的。它有很强的风力，可把湿的地毯吹干。

(七) 高速打蜡机 (high speed polish machine)

使用范围：木地板、水磨石地的抛光打蜡。

使用方法：当地板不光亮时，可用此机器上光，要打蜡时可装上软盘，加上蜡水即可。

(八) 低速擦地、洗地毯机 (single dispolish/shampoo machine)

低速擦地、洗地毯机的底部可交换装上四种盘，每种盘的功能如下：

1. 硬盘，用于起蜡。

2. 软盘，用于打蜡。

3. 硬刷，用于瓷砖地、水泥地的清洗。

4. 软刷，用于洗地毯。

(九) 吸水机 (large wet vacuum cleaner)

适用范围：用于地毯洗完后，吸取水分，使之干燥。主要用于需吸水的地方。

使用方法：它的结构与吸尘机相同，但里面不装尘袋。吸完水后，要把机器内的水倒干，用完后要擦干净。

(十) 装棉织品、窗帘的小车

适用范围：用于棉织品部。

使用方法：按一定的规格、程序摆放棉织品、窗帘，物品要分类排列，使用时就方便而且整齐。

(十一) 蒸汽洗地毯机

适用范围：蒸汽洗地毯机用于餐厅地毯的洗涤。

使用方法：在使用前要先吸尘，清洁地毯，然后再使用此机器。它有两个容器，一个装脏水，另一个装药水和吸污水。

(十二) 铝梯

适用范围：铝梯一般用于高空作业，擦高处的玻璃窗、天花板等。

使用方法：使用时要注意，梯子的螺丝要旋紧，在高处时要有人在下面接应，尤其要注意安全。

（十三）低速擦地机硬盘

适用范围：用于地台的起蜡。

使用方法：使用时安装在低速擦地机下部，开动机器即可。任何盘使用后要彻底洗净。

（十四）低速擦地机软刷（wetrok single disc soft brush）

适用范围：清洗地毯。

使用方法：把此软刷装在低速擦地机上即可。

二、清洁设备的保养方法

1. 吸尘机的保养。吸尘机用后必须清理尘袋，可用另一吸尘机互吸机内或机外的灰尘，电线要绕好并整齐安放在顶部，吸尘机外壳及喉管要抹干净。

2. 吸水机的保养。使用吸水机后，必须将桶内污水倒净，再用清水洗擦桶内，抹干。

3. 松毛机的保养。吸尘时要留意电线，并注意吸尘把，因为它是长方形、面积大，很容易撞到家具及墙壁，吸尘之滚刷要清理线头。

4. 单速擦地机的保养。

（1）必须装上适合的尼龙刷。洗地毯用软身尼龙刷及打泡箱，洗地用硬地刷及水箱，起蜡用硬尼龙刷。

（2）使用后，切记将刷摘下来，用布清洗放好，否则附在刷上的清洁剂会腐蚀毛刷。

（3）使用后，将打水箱或打泡箱内余下的清洁剂倒入干净桶内，并注明该清洁剂的名称（可以作下次使用），将水箱或打泡箱洗净，否则清洁剂会腐蚀或损坏水箱或打泡箱。

5. 高速抛光机的保养。装上软刷打蜡抛光用，用后要把软刷洗净。

6. 洗家具机的保养。洗家具时要留意不要在同一位置上擦很久，这样会破坏家具的木料，用后要清洗水箱。

7. 干燥机（抽湿机）的保养。平时要抹干净，使用时要留意水位，水满时立刻倒去，不用时安放整齐。

8. 自动洗地机的保养。用后将污水倒去，及时清洗；用适量的清水洗地，视地面污垢程度而定，若不了解操作及保养，可向上司请示。

操作流程

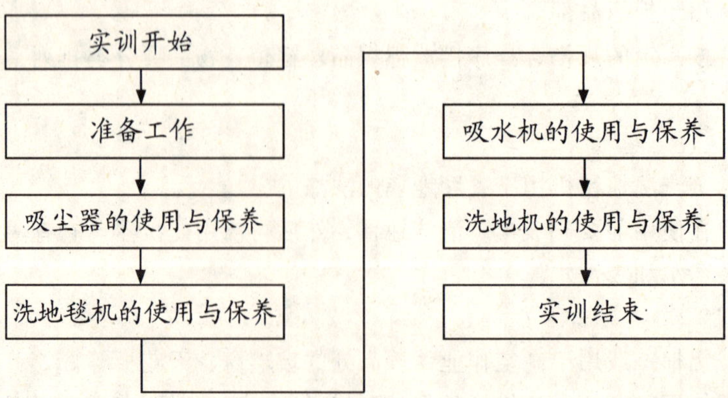

操作规范

操作步骤	主要操作内容	注意要点
一、准备工作	1. 清洁设备主要有吸尘器、洗地毯机、吸水机、洗地机、打蜡机、高压喷水机。 2. 使用和保养清洁器具应先仔细阅读使用说明书，了解其内部构成。	1. 充分做好准备工作。 2. 清洁器具停用后或保养前应彻底清洁。
二、吸尘器的使用和保养方法	1. 每次用完后，先断开电源，再将积尘袋中的灰尘清除干净。 2. 保持吸尘器附件的清洁，如有灰尘污垢，可用湿布擦拭，切忌使用汽油等溶剂擦拭。 3. 经常检查螺丝是否有松动现象，如有松动应立即紧固。 4. 每次使用后，将刷子上的毛发及线头清理干净。如刷子的磨损较大，应及时更换。 5. 定期更换轴承机油。 6. 在使用过程中，如出现故障立即切断电源。 7. 吸尘时发现地毯上有体积较大的或尖利的物体，如纸团、针尖、图钉等，应及时捡起，以免损伤内部机件或造成吸管堵塞。吸尘器堵塞时，不能继续使用，以免增加吸尘器的真空负荷。吸尘器的轮子若积聚杂物，应及时清理。	1. 首次使用前，应阅读使用说明书，按说明书所述方法将吸尘器安装好备用。 2. 每次使用前必须检查电线有无破损，插头有无破裂或松动，以免引起触电事故。 3. 拉吸尘器时要一手拿吸尘器吸管，一手拉着吸尘器的抓手，这样可方便拉动，并避免碰撞其他物体。 4. 如果不是干湿两用吸尘器，不能用来吸液体、黏性物、金属粉末等。 5. 吸尘器在使用过程中应随时将刷子上的毛发及绒线头清理干净，若发现刷头磨损较大，应及时更换，否则影响吸尘效果。
三、洗地毯机的使用与保养	1. 使用前先检查各个部件是否完好。 2. 打开机器时，应注意水箱是否保持密封，以防污水、清洁液外流。 3. 清洁工作完毕。	1. 清洁工作完毕，要将剩余清洁液抽至污水箱内，然后倾倒干净。 2. 使用完毕后，应把各种配件清洗干净，晾干后妥善保存。
四、吸水机的使用与保养	1. 使用前先检查各个部件是否完好。 2. 打开机器使用。 3. 清洁工作完毕。	1. 使用完毕后，要将各种配件洗刷干净，晾干后装入配件箱内保管。 2. 拆洗时动作要轻，做好吸水机的维护工作。
五、洗地机的使用与保养	1. 在洗地前，先将清洁剂按比例调配好后，放入水箱或泡箱内。 2. 将机器平衡后，调节手柄高低至胯部，固定锁紧。 3. 手感到刷盘平衡后，打开放水开关或泡箱开关，等地面有水或清洁剂溢出时，才能启动机器。 4. 先打开保险开关，再打开机器开关，保持机器平衡转动，左右不晃，进行清洁作业。 5. 关机时，切断电源，用干净抹布将电源线擦干净后绕好，缠至于手柄上。 6. 每次工作结束后，排空水箱或泡箱内的水及清洁剂，用干净抹布擦拭干净整台机器，入库存放于通风干燥处。	1. 开机时，保持刷盘平衡，防止左右冲撞，若不平稳应及时松开开关，停机调整。 2. 操作时不能使电线落在刷盘下，以免造成电线损坏发生危险；操作中避免电源线的磨损，电线不能打结、拉扯或卷入在旋转的配件中，避免电线受热、油污和尖锐物体损伤。 3. 除非绝对需要，否则不要使用加长电源线。 4. 工作结束后，及时切断电源，取下刷盘，清洗干净盘刷晾晒备用；清洁干净机器，重点是底盘不能有污渍、杂物等。

能力测试

【场景一】 某天服务员小王在清洗地毯时，使用洗地毯机。这时有位客人路过他身边："你在干什么?"客人怒目圆睁，小王一看，原来由于洗地毯机的水箱没有保持良好的密封性，污水外流溅到客人身上。"我要投诉！我还要赶着去见客户呢，这下可好了。"小王意识到问题的严重性。

请进行场景设计，模拟演示，并说说你的看法？

【场景二】 这一天，客房中心来了几位旅游学校的实习生，主管把他们分配好岗位以后，就开始由各自的领班带领上岗。第一次进入大酒店实习，几位年轻的学生都在好奇地打量着酒店内部，同时心里也很忐忑不安，毕竟是第一次踏入社会锻炼。小马分到了5楼，领班对他说："今天我们来用洗地机清洗地面，你会用吗?"小马生怕被领班瞧不起，于是赶紧说"我会的"，"那好，你试试看吧，"领班微笑地对他说。小马望着洗地机有些发愁了。领班看出他的心思，语重心长地对小马说："我们都是从做实习生开始的，有谁天生就会呢?关键要刻苦、谦虚。你看我做一遍吧。"领班开始操作洗地机，小马在一旁认真地看，心想在实习期间真是遇到一位好师傅。

请进行场景设计，并进行模拟训练。

考考你

1. 清洁设备的保养方法有哪些?
2. 吸水机的使用与保养是怎样的?
3. 洗地机在使用与保养过程中要注意什么?

■ 实训课题 公共区域清洁保养

实训项目一	酒店大堂清洁保养
实训目的	通过对酒店大堂清洁保养基础知识的讲解和实训项目的训练，使学生了解大堂清洁保养的工作内容，掌握酒店大堂清洁保养的技能，达到熟练操作的训练目的。
实训学时	实训授课1学时，共计45分钟。其中，教师示范10分钟，学员分组练习30分钟，考评5分钟。
实训要求	掌握酒店大堂清洁保养的技能；了解大堂清洁保养的工作内容。
实训方法	教师示范、分组练习、考评测试。

知识链接

一、基础知识

酒店大堂是酒店24小时开放使用的场所，需要进行连续不断的清洁保养，这不仅因为它是酒店里最繁忙的场所，大量的人员进出和逗留会带进和留下大量尘土、脚印、手印、烟蒂杂物等，而且它是酒店的门面和窗口，直接代表着酒店的形象，影响着公众对酒店的印象，因此大堂的清洁保养工作需要日夜不停地进行。清洁的内容主要有：

1. 入口。大厅入口处的主要清洁保养工作是清洁地面和指示牌等。酒店大门口处都有车道，由于车辆和人员往来，很容易有尘土杂物，因此白天要不断地有计划进行清扫，夜间要进行冲洗。但北方地区酒店冬季最好不要冲洗，防止地面结冰，导致行人滑倒或车辆出现交通事故。入口处的脚踏垫要及时更换清洗。另外指示牌也要经常擦拭，保持清洁光亮。

2. 门和拉手。门和拉手需要经常擦拭，清除灰尘、手印、污迹，保持清洁光亮。

3. 扶手。扶手需要经常擦拭，保证无灰尘、无手印、无锈蚀，光洁明亮。金属扶手须用金属上光剂（擦铜水、不锈钢清洁剂）擦拭。木质扶手需要用清洁蜡除污上光，通常每天一次。

4. 室内地面。大厅内地面白天用推尘拖把或吸尘器清除灰尘杂物、脚印等，晚间客人少时用打蜡机抛光，还要定期清洁打蜡。大厅地面必须保持无灰尘、无污迹、无杂物，清洁明亮。

5. 沙发、座椅。要随时清除沙发、座椅上面的灰尘杂物，并经常整理复位，如有污渍，要及时安排清洗，保证清洁整齐。

6. 茶几、茶台。茶几、茶台上面的烟灰缸要经常更换。客人正在使用的烟灰缸，里面的烟蒂不得超过三个，更换清洁烟灰缸时要注意是否有未熄灭的烟头，确保安全。要经常擦拭台面，保证无灰尘、无污迹、无杂物，摆放物品要整齐。

7. 公用电话。电话间要经常进行清洁，保证无灰尘、无污迹、无垃圾杂物。电话机要整理复位，并经常消毒。电话间里面的垃圾桶和烟灰缸要及时清倒。

8. 植物花草。及时清除枯死的枝叶、花朵，并按规定浇水、施肥、喷药，要及时清除花草中的烟蒂杂物和花盆盆套上的泥土、灰尘、污迹。如果是人造植物花草，可以直接清洗。

9. 水池。要及时清除水池内的杂物及沉积的泥沙，定期洗刷。

10. 告示牌、画牌。要经常擦拭玻璃面和金属框架，还要整理复位，保证无灰尘、无污迹，摆放整齐。

11. 烟灰桶。酒店大厅通常都有很多烟灰桶（兼做垃圾桶）。这些烟灰桶要保持清洁，定期清洗。平时，还要检查有无未熄灭的烟头、火种等。

二、准备工作

1. 准备好抹布、吸尘器、擦铜水、不锈钢清洁剂、恭桶清洁剂、酒精等。

2. 将清洁剂按比例配置好。

3. 检查吸尘器及附件是否适用。

操作流程

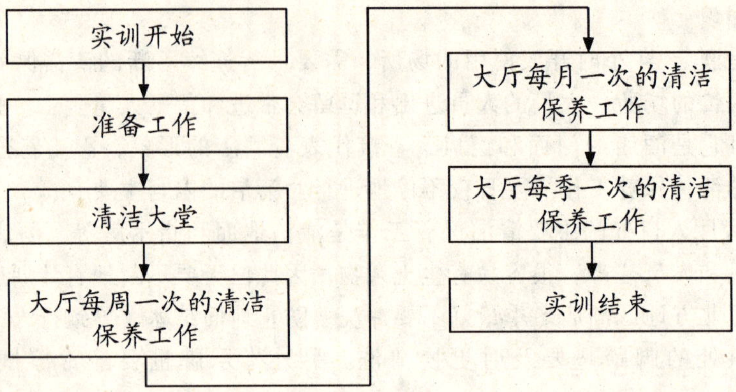

操作规范

操作步骤	主要操作内容	注意要点
一、准备工作	1. 准备好抹布、吸尘器、擦铜水、不锈钢清洁剂、恭桶清洁剂、酒精等。 2. 将清洁剂按比例配置好。 3. 检查吸尘器及附件是否适用。	1. 充分做好准备工作。 2. 选择正确的清洁剂和设备。
二、清洁大堂	1. 推尘。大厅多是硬质地面，在客人活动频繁的白天，必须不停地进行推尘，使地面保持光亮如镜。雨雪天时，应在大厅入口处放上存伞架，铺上鞋垫（踏垫）或小地毯，并保持无污迹。 2. 清理沙缸或烟灰缸。按清洁卫生质量标准要求，公共区域的烟灰缸应及时替换，且烟蒂不得多于三个。替换时，必须用托盘盛放干净的烟灰缸，先用干净烟灰缸放到脏的烟灰缸上面一起拿掉，放到托盘里，然后将干净的烟灰缸换上。若有客人正在使用烟灰缸，则应把干净的烟灰缸放回原处，以方便客人。若发现沙缸内有烟头、纸屑等亦应及时清理掉。 3. 整理座位。大厅休息处的沙发、茶几、台灯等，由于客人使用频繁，必须随时整理归位；地面上、沙发茶几上若有果皮、纸屑，应及时清理，大厅椅垫、沙发应每日除尘。 4. 除尘。负责大厅清洁的服务员必须不间断地巡视大厅各处，抹去浮尘，包括大厅内各种指示牌、公用电话机、总服务台、台面灯座、电梯厅、花盆（捡去烟蒂、火柴梗等）和大厅玻璃门等。另外,大厅内若有钢琴,也应该每天擦拭干净,摆放在钢琴上面的鲜花应注意更换。	1. 上述工作应该根据客流情况反复进行，一般要求一两个小时循环一次。 2. 工作时应尽量不影响客人和其他员工。

续表

操作步骤	主要操作内容	注意要点
二、清洁大堂	5. 其他工作。大厅休息处若铺有地毯，服务员应定时吸尘，用酒精清洁公用电话；还应清洁大厅公共洗手间；擦拭绿色植物枝叶上的浮尘，用湿布擦拭花盆边，保持盆内无枯叶及脏物；清理过道地面等等。	
三、大厅每周一次的清洁保养工作	1. 清洁窗台。 2. 木质家具打蜡上光。 3. 对百叶窗进行吸尘。 4. 用装有长吸管的吸尘器对天花板通风口除尘。 5. 用装有清洁缝隙设备的吸尘器对脚踢板进行吸尘。 6. 大厅地面清洗打磨抛光。 7. 擦拭应急灯等设施。 8. 清理各处死角的卫生。 9. 公共洗手间的彻底清洁。	1. 大厅的清洁保养应根据客流量的具体情况来进行。 2. 对大厅部分清洁保养工作，如地面的打蜡、翻新等，须在深夜客流量小的时候进行。 3. 大厅清洁应注意死角，避免堆积灰尘。
四、大厅每月一次的清洁保养工作	1. 对软面家具和窗帘进行吸尘，如灰尘堆积很快，则应根据需要及时吸尘。 2. 对灯座及各种装饰性摆设进行清洁、打蜡，使其减少灰尘堆积。 3. 干洗休息区域的地毯。 4. 窗户每月轮洗一次，平时若有脏迹应及时清洁。 5. 对门的侧柱及门锁进行除尘。 6. 对公共区域尤其是大厅的墙面进行清洗。 7. 走廊灯、吊灯、落地灯的清洁。 8. 金属、石料的清洁、打蜡。	1. 大厅清洁保养的间隔周期、项目内容由各酒店根据人员的配备、人流频率等因素而定，并非固定不变。 2. 工作时应尽量不影响客人和其他员工。
五、大厅每季一次的清洁保养工作	1. 软面家具的彻底清洗。 2. 窗帘、帷幕等的清洗。 3. 湿洗地毯。	1. 大厅清洁保养的间隔周期、项目内容由各酒店根据人员的配备、人流频率等因素而定，并非固定不变。 2. 工作时应尽量不影响客人和其他员工。

能力测试

【场景一】 几位客人坐在某酒店大厅休息处的沙发上聊天，其中一位客人沈先生从口袋里掏出一盒三五牌香烟，抽出一支烟，点燃后，便顺手将放在茶几中间的烟灰缸移至靠近自己的一侧。客人们谈得十分融洽，沈先生也一支接着一支地抽烟。负责大厅清洁的公共区域保洁员小叶看到烟灰缸中已经有了三四个烟蒂，便迅速前来为客人换烟灰缸，她将干净的烟灰缸叠放在脏烟灰缸上，将两个烟灰缸一起撤下，然后按标准将干净烟灰缸放回到茶几中间位置。沈先生刚要弹烟灰，却发现烟灰缸已不在他方便的位置，便又一次将烟灰缸移至自己的身旁。在沈先生继续抽了三支烟后，小叶再次前来换烟缸，她还是将干净烟灰缸放到了茶几的中间，这次，沈先生对小叶说："小姐，能不能将烟灰缸放在我旁边？"小叶礼貌地回答到："对不起，先生，酒店的服务标准要求我们将烟灰缸放在茶几的中间。"

请设计场景，并进行模拟演示，尝试来解决客人的烦恼？

【场景二】 一天上午 10:00，某酒店大厅内热闹非常，有一个 20 人的团队正在办理入住登记手续，还有五六个客人坐在大厅的休息处聊天。大堂吧内也有很多客人在喝茶。此时，公共区域洗涤工小张和小许推着地面清洁设备来到大厅，小张很快接通电源，开始对地面进行喷磨，小许协助他喷洒清洁蜡。在机器的转动声中，大厅内顿时显得忙乱而嘈杂。小张和小许不断地对正在办手续的团队客人说："对不起，请让让。"客人们自觉地避让他们。最后，他们推着机器来到大厅休息处，准备对大厅休息区域的地面进行喷磨时，小张在插电源，小许对坐在沙发上的客人非常有"礼貌"地说："对不起，先生，请您们让一让，我们很快就好。"大部分客人站了起来，准备离开休息处。但有一位客人与他们起了争执，他激动地说："你看客人都给你们吵跑了。"小许和小张回过头环视大厅，才发现刚才还热闹的大厅现在已经变得安静了……

请设计场景，进行模拟演示，并尝试来解决这一问题。

考考你

1. 请阐述大堂清洁工作的主要内容。
2. 大厅每周清洁保养和每月清洁保养、每季清洁保养有什么不同？
3. 在大堂清洁保养工作中应注意哪些问题？

实训项目二	大理石地面清洁保养
实训目的	通过模拟对大理石地面清洁保养知识的讲解和实训项目的训练，使学生了解大理石地面的种类，掌握大理石地面的清洗、打蜡及晶面处理的操作技能，达到操作规范的目的。
实训学时	实训授课 1 学时，共计 45 分钟。其中，教师示范 10 分钟，学员分组练习 30 分钟，考评 5 分钟。
实训要求	掌握酒店常用清洁设备的使用方法；熟悉酒店常用清洁设备的适用范围。
实训方法	教师示范、分组练习、考评测试。

知识链接

一、准备工作

1. 针对每一种清洁保养方法准备好相应的设备用具。
2. 清洁保养前检查各种设备是否适用。
3. 部分保养项目开始前应先清除障碍。
4. 按比例配置清洁剂。
5. 在一些程序开始前应设立警示标志。

二、相关知识

大理石的主要成分是碳酸钙，其漂亮的色泽就是由石内的杂质所形成的，对大理石地面进行有效的清洁保养，既可以使其清洁美观，还可以延长其使用寿命。对大理石地面进行保养时一定要方法得当，否则会造成伤害，影响其外观，缩短使用寿命。因此，清洁保养时应注意以下几点：

1. 避免使用酸性清洁剂。因为酸性清洁剂会与大理石中的碳酸钙发生化学反应，腐蚀大理石表面，使其失去光泽和韧性，这样的大理石既不美观，又易碎裂。

2. 避免使用粗糙的东西摩擦大理石，如此会使其永久磨损。

3. 避免使用砂粉或粉状清洁用品。使用砂粉或粉状清洁用品清洁大理石，干燥后会形成晶体，留在大理石表层的洞孔内，造成表面爆裂。

4. 不能使用肥皂水清洁大理石地面。因为肥皂水会在大理石表面留下黏性沉淀物不易清除，使大理石地面变滑，影响行人安全。

操作流程

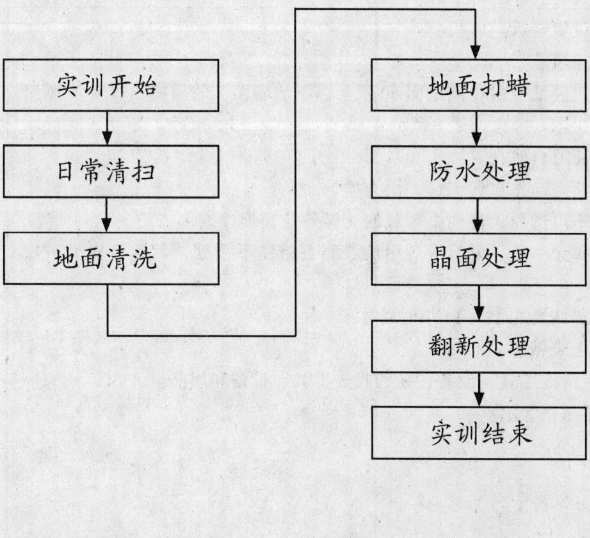

操作规范

操作步骤	主要操作内容	注意要点
一、日常清扫	1. 尘推是利用其与地面摩擦时产生静电，从而将灰尘吸起，达到除尘的目的。 2. 推尘时应手握尘推杆靠在腹部，尽量保持直线向前。从一头开始推进，平行地来回往复，行进中尘推紧贴地面，不能抬起，以免灰尘飞扬。 3. 拐弯时，尘推应做180°转向，始终保持尘土往前推。 4. 尘土积到一定程度时，应将尘土推至一边，并用吸尘器将其除去。 5. 尘推积尘过多时应及时更换，以达到较好的推尘效果。 6. 尘推用完后拿到工作间及时清理干净，并把推头向上挂好。	准备物品尘推、吸尘器等。
二、地面清洗	1. 通风。 2. 设置警示。 3. 清除障碍。 4. 将清洁剂溶液放入清洁桶，用地拖或机器将清洁剂溶液洒到地面上。 5. 用机器分块清洗。 6. 用手工擦洗边角部位。 7. 及时用吸水机或地拖清除溶液和污物。 8. 用清水彻底清洗。在最后一次清洗时，要在水中加入适量的醋，用以中和碱。 9. 将地面处理干燥。 10. 清洁所用设备、工具，妥善收放设备、工具和用品。 11. 并撤销警示。	物品准备警示牌、吸水机、碱性清洁剂（$10 < pH < 11$）等。
三、地面打蜡	1. 设置警示。 2. 通风。 3. 用胶纸带封住离地面60厘米以下的墙面上的插座，以免液体溅入。 4. 面对自然光。 5. 涂蜡动作自然流畅，用力均匀。 6. 不可遗漏，把两个区域的交界处轻轻带过。 7. 每涂一层，要等干后用机器磨去粗糙不平处，然后再涂另一层蜡。 8. 封蜡要在12～16小时后才干。 9. 上光抛磨。 10. 清洗工具、设备；妥善收放工具、设备和用品。 11. 撤销警示。	1. 物品准备：警示牌、涂蜡拖把（棉或羊毛制品）、蜡液容器、抛光机、封蜡、上光蜡等。 2. 涂蜡时，用力要均匀，动作要流畅，交界处要处理好，以免蜡层高低不平。 3. 再上蜡层时，须等前一层蜡干后再进行。 4. 涂蜡前应对地面彻底清洁，尤其应注意对碱性清洁剂的清除。 5. 上蜡过程中上光剂的用量应适宜。

续表

操作步骤	主要操作内容	注意要点
四、防水处理	1. 将工作区域内的大理石晾晒充分，大理石表面及内部不得留有水分及水迹。 2. 将警示牌立于工作区域，先将工作区域内家具等撤至其他区域，用尘推将地面推尘干净，如果地面已上蜡必须先将蜡层清除干净，再将地面晾晒充分。 3. 防污剂倒至双格桶内，用毛刷蘸防水防污剂充分刷涂工作区域内大理石表面及缝隙，不得有遗漏；在1小时或半小时后用加重机配钢丝垫或用抹布将大理石上的残留的防水、防污剂清除干净；如还有难以去除的污迹，可用抹布蘸少量防水防污剂擦拭掉。为达到更加防水效果，以上操作再重复做一遍。 4. 工作区域彻底做完防水后，用尘推将地面尘推干净；用加重机配钢丝棉，将少量水晶加硬剂喷到做完防水的地面上，用加重机配钢丝棉均匀打磨一次效果更佳。以上操作结束后，用白色抛光垫将工作区域地面彻底抛光。 5. 撤除警示牌，收齐各种工具设备、清洁剂撤出工作区域，清洁干净工作区域及周边卫生，将工作区域恢复原状。 6. 各种工具设备用清洁剂清洁干净，收回库房做好各项出入库登记或记录，清洁干净库房卫生。	1. 物品准备：加重石材打磨机、不锈钢丝垫、大理石防水防污剂、尘推、白色抛光垫、毛刷、双格桶、抹布、警示牌等。 2. 在进行防水处理前应将大理石地面充分晾干。 3. 防水处理前须将上一层蜡清除干净。
五、晶面处理	1. 设置警示。 2. 彻底清洁地面并风干。 3. 将选择好的晶面处理剂倒入处理机的相应装置内，开启机器。 4. 处理剂被均匀地喷涂在地面上，高速转动的钢丝垫迅即抛光。 5. 地面上很快形成一层透明薄膜牢固地附着在地面表层，约两小时后即可在上面行走。 6. 清洁设备、工具，并妥善收放设备、工具和用品。 7. 撤销警示。	1. 物品准备：晶面处理机带抛光钢丝垫、洗地机带吸水机、晶面处理剂、地面清洁剂等。 2. 做晶面处理时，须防止灰尘、砂粒进入工作场地。 3. 晶面处理剂在使用时需摇匀，如不小心撒在地面上需迅速擦净。 4. 如地面表层已凹凸不平，在晶面处理前应先用特殊的钻石垫对不平处进行研磨和砂磨，使地面恢复平滑后再进行晶面处理，这种处理被称为石质地面翻新。 5. 生锈的抛光钢丝垫不能使用，所以，在工作结束后应妥善保管钢丝垫。

续表

操作步骤	主要操作内容	注意要点
六、翻新处理	1. 树立警示牌于工作区域，先将工作区域内家具等撤至其他区域。 2. 如工作区域地面未做防水处理，必须按大理石防水处理程序处理好工作区域大理石，防水重点是大理石缝隙处防水。 3. 用尘推或拖把将工作区域地面的沙尘等清除干净，然后用单擦机将地面清洗干净，如地面已上蜡必须先将蜡层清除干净。 4. 如工作区域地面高度差在 3 毫米以上，必须先把金属剪口片加到打磨机相应针盘上进行处理；然后更换 100# 翻新碟，从工作区域一端开始打磨，一般打磨面积控制在 1～2 平方米之内。 5. 研磨前和研磨过程中必须保持研磨地面清水充足，研磨过程中机器操作要正确，打磨要均匀，机器操作应缓慢、平稳，一般每平方米来回往复打磨需要 3～5 分钟，也可视地面具体情况延长或缩短打磨时间。 6. 打磨结束后，用玻璃刮刮除水分，观察效果，如未达到要求可继续研磨。 7. 第一套碟打磨结束后，用吸水机将水及磨粉彻底吸除干净，更新下一套翻新碟片。 8. 打磨过程中，再打磨粗碟时不能靠边，要留有约 10 厘米距离。在磨下一套碟时必须压过上一套粗碟约 2 厘米。在使用 600# 以上翻新碟时，可以靠边打磨，但必须保证不能打磨到其他非工作区域地面。 9. 全部打磨结束后一定要保证地面彻底用清水清洗干净，再处理下一块地面。 10. 工作区域地面全部打磨结束后，根据地面具体情况按“大理石结晶护理程序”处理打磨后的地面。 11. 一个工作区域操作结束后，撤除警示牌，收齐各种工具设备、清洁剂，撤出工作区域，清洁干净工作区域及周边卫生，将工作区域恢复原状。 12. 各种工具设备、清洁剂清洁干净收回库房，做好各项出入库登记或记录，清洁干净库房卫生。	1. 物品准备加重石材打磨机、吸水机、单擦机、拖把、尘推、玻璃刮、警示牌、翻新碟、细磨碟、高抛碟、红色百洁垫、大理石结晶粉等。 2. 地面翻新前应先进行大理石防水处理。 3. 翻新前须清除干净上一层蜡。 4. 研磨大理石地面时应保持研磨区域地面清水的充足。 5. 打磨全部结束后，应将地面彻底清洗干净，再处理下一块。

能力测试

【场景一】 深夜某四星级酒店内实习服务员小林正在酒店大堂内对大理石地面进行地面打蜡，他按照大理石地面的打蜡程序，对大堂内的大理石地面进行清洗、打蜡、上光、抛磨。完成工作后，收拾好所有工具，小林就回宿舍休息。第二天早上，PA（公共区域）组主管检查卫生时，发现整个大堂地面虽然光亮，但却明显高低不平，并且地面上有细微的颗粒出现在蜡层上。主管立即翻看 PA 组工作记录，发现昨晚是小林对大堂地面进行打蜡。她就明白是怎么回事了。第二天晚上，她安排老员工对大堂地面重新进行清洗和打蜡。两星期后，PA 组举行了对新服务员和实习生的岗位专业培训。

请设计场景，说明该如何处理？

【场景二】 一个春光明媚的日子，业内人士雷小姐到某酒店看望住在商务楼层的老同学。雷小姐走进酒店大厅，径直走向电梯却总感到似乎有人跟着自己，回头一看，果然有一位40多岁的公共区域保洁员推着尘推，跟在自己的后面，雷小姐走到电梯口，按下电梯按钮，公共区域保洁员即转身推着尘推，向门口推去。

又一位客人走进大厅，雷小姐惊奇地发现保洁员推着尘推又跟着客人走，客人走进大堂吧坐下后，保洁员又推着尘推回到大厅门口。

这时，电梯来了，可是雷小姐却没有走进电梯，而是来到这位保洁员的身边，好奇地问这位保洁员："请问，你为什么要跟在客人的后面推尘呢?"保洁员回答说："当然应该这样做，每个客人走进酒店鞋子上都会有灰尘，踩在地面上就有鞋印，我们的工作就是不能让地面上有鞋印，所以客人进来，我们就跟在后面，及时地将鞋印推掉。"雷小姐听完之后，笑着说："那么，你将组成鞋印的灰尘推到哪儿去了呢?准确地讲，你不是保洁员，而是搬运灰尘的搬运工。"说完，雷小姐向电梯走去。

请设计场景，进行模拟练习。

考考你

1. 大理石地面清洁保养的方法有哪些?
2. 大理石地面清洁保养前要做哪些准备工作?
3. 大理石地面清洁保养时的注意事项有哪些?

实训项目三	地毯清洁保养
实训目的	通过对地毯清洁保养基础知识的讲解和实训项目的训练，使学生了解地毯的种类和性能，熟悉地毯保养的措施，掌握地毯清洁保养的程序与方法，达到熟练操作的目的。
实训学时	实训授课1学时，共计45分钟。其中，教师示范10分钟，学员分组练习30分钟，考评5分钟。
实训要求	了解地毯的种类和性能；熟悉地毯保养的措施；掌握地毯清洁保养的程序与方法。
实训方法	教师示范、分组练习、考评测试。

知识链接

一、地毯的种类

地毯因具有美观、安全、舒适、清洁、吸音、保温等特点，除了在客房内铺满地毯外，还被广泛地用于餐厅、会议室等场所。地毯的更新周期一般为5~7年，但若保管不善，不到一二年便面目全非；而保养得好，5年后仍美观柔软如新，因此在酒店经营管理中应重视对地毯的清洁保养。地毯的种类有：

1. 羊毛地毯。羊毛地毯的优点是华贵，柔软，装饰性强，保温性好，不易产生静电。缺点是吸潮，易缩水变形，易霉烂，易被虫蛀，价格昂贵，难以保养。

2. 化纤地毯。化纤地毯的优点是耐磨，耐热，抗皱性和保形性好，不易吸水和霉烂，易洗、易干。缺点是不耐碱，手感差（发涩），不抗静电，易起毛球，不易染色。

3. 混纺地毯。混纺地毯是羊毛和化纤混合纺织而成，兼具羊毛地毯和化纤地毯的特点，并根据两者混纺的比例而更接近比例大的一方。

二、地毯洗涤种类和方法

地毯洗涤是酒店公共卫生管理的重要工作内容之一。酒店地毯以保养为主。洗涤是根据设置地毯的区域交通密度和容易弄脏的程度分别制定洗涤计划，然后按计划分别洗涤。有的三个月一次，有的半年一次。地毯洗涤一般都在夜间进行，主要有六种方法，具体采用哪种方法，需要各酒店根据地毯干净程度和具体情况确定。其基本方法是：

（一）湿洗法

采用湿洗法需要的材料及工具是：地毯清洁剂、洗地毯机、软尼龙垫、吸尘器、保护胶垫和水桶。其操作方法是：

1. 彻底吸尘后，用专门洗涤地毯的中性清洁剂，按照说明书所指示的加水倍数混合，倒入水桶内。不使用碱、洗衣粉、洗涤灵等清洁剂。

2. 将水桶里兑好的清洁剂溶剂倒入洗地毯机的水箱内。

3. 将混合后的清洁剂溶剂均匀地擦入地毯中。机器的走向是方形互叠或圆形互叠，这样可使地毯各个部分都能达到较好的去污效果。

4. 湿洗地毯时注意以水分透达地毯背面为准。如果地毯搞得太湿，一会使地毯容易重新弄脏，二会使地毯褪色缩水，甚至会产生异味。

5. 用清洁剂溶剂清洗后，再用净水清洗一次，以彻底清洁去除污迹为准。

6. 地毯完全风干后再彻底吸尘。用湿洗法清洗地毯时，要注意均匀操作，避免留下湿痕。

（二）干洗法

干洗法的材料及工具是：粉状地毯清洁剂、压粉机、滚筒吸尘器。其操作方法是：

1. 吸尘器彻底吸尘后，把粉状地毯清洁剂均匀地洒在地毯表面。

2. 用压粉机将这些干粉刷进地毯内，存留40~50分钟。

3. 用吸尘器把干粉和所吸附的污物彻底吸除。用干洗法清洁地毯，主要适用于面积较小的地毯或地毯局部范围，属于轻便清洗方法，不可用于大面积地毯的彻底清洗。

（三）干泡洗法

干泡洗法的材料及工具是：干泡地毯清洁剂、干泡机、洗地毯机、软尼龙擦、吸尘器、胶质保护垫及水桶。其操作方法是：

1. 用吸尘器彻底吸尘后，将清洁剂按比例兑好倒入水桶内，然后再倒入干泡机中。

2. 用干泡机将泡沫均匀地擦在地毯表面。

3. 干泡地毯机的操作走向，由左上截开始向右角作圆形互叠，将机器推向左面，向下退下行，再以圆形互叠向右推。每行长 2.5 米左右，上行与下行的间隔互叠约 12 厘米。

4. 待地毯完全风干后，用吸尘器彻底吸除污物。干泡洗法适用于较脏的地毯清洗，要注意因机身较重致使地毯纤维松散，因此停机时，应立即离开地毯面或放下胶质保护垫。

（四）热水抽洗法

需要准备的材料及工具是：抽洗机、地毯清洁剂、吸尘器及水桶。其操作方法是：

1. 用吸尘器彻底吸尘后，按比例将热水与清洁剂兑好后放入水桶中。

2. 打开机器，用扒头推动扒洗地毯。关闭喷水器，还原位置拖动，以吸除多余的水分。

3. 将抽洗机移到另一行，重复上述动作。

4. 待地毯风干后，再彻底吸尘。热水抽洗适用于更脏地毯的清洗，因这种洗法对地毯表面有损伤，故只能偶尔使用，每年同一块地毯用此法洗涤不得超过两次。

（五）冷水抽洗法

若将热水抽洗法中的热水换成冷水，即为冷水抽洗法。无论冷水抽洗法或热水抽洗法，都不宜经常使用，使用时须由专业人员操作，一定要避免地毯过湿而影响地毯使用寿命。

（六）手泵喷洗法

需要准备的材料及工具是：地毯清洁剂、手提压力泵、单擦洗地毯机、海绵垫、吸尘器。其操作方法是：

1. 吸尘器彻底吸尘后，将地毯清洁剂按比例倒入泵内，再将清洁剂均匀喷洒在地毯表面，同时洒少量地毯清洁剂于海绵垫上。

2. 将海绵垫安装在单擦洗地毯机上，开动机器，将清洁剂擦入地毯中。

3. 清洗过程中注意更换海绵垫。

4. 洗地毯机的走向，用圆形互叠或方形互叠均可。

5. 待地毯完全风干后，用吸尘器彻底吸尘。

手泵喷洗法适用于一般脏度的地毯清洗，但不能彻底清洁地毯。操作过程中，须控制清洁液喷洒量，避免因地毯过湿而发生的地毯缩水后产生水渍。

三、地毯保养方法

地毯的清洗和保养是两个概念。清洁是清除地毯上的污渍，保养是对地毯的日常维护。酒店地毯清洁保养内容和方法包括：

（一）化纤地毯保养方法

1. 吸尘。是保养地毯的重要工序。吸尘时应选用适当的吸尘器，做好经常性的地毯吸尘清洁工作，可减少地毯清洗的次数而延长地毯使用寿命。减少酒店成本开支，提高经营效益。

2. 选择清洁剂。使用何种清洁剂清洗地毯，要先翻阅查看使用说明与操作注意事项，不要盲目滥用。如无把握，可先使用少量清洁剂在视觉不很明显的地毯表面做试验，看是否对地毯造成损坏，切忌将清洁剂大面积过量地直接喷洒，以免损坏地毯。

3. 避免事项。要避免使用过热或过冷的水清洗地毯。冬天不要把地毯拿到室外用冷水清洗，同时避免使用碱性过高的清洁剂。

4. 地毯压痕处理。因家具等物体长期放置形成。可用手将地毯表面抹平，然后用蒸汽熨斗在距压痕10厘米高的地方停留一会儿，让那一部分充分得到热气，可消除压痕。

（二）羊毛地毯保养方法

1. 地毯铺设。铺设地毯前，先搞好地面清洁卫生，做好地面打蜡、抛光等工作。

2. 日常维护。地毯铺好后，注意保持日常清洁，做好吸尘工作。

3. 防止淋水。地毯被淋水，要马上用干布吸干，并将局部垫起，使之通风，防止沤烂，如果因卫生间、房间暖气、空调器跑水造成地毯大面积打湿，要立即搬走。

4. 防止砸损。平时多注意检查地毯下有无锋利物品，如铁钉、碎石等，以防地毯被划破线，造成拖毛；注意避免因烟头和火种掉在地毯上将其烧坏。当阳光照射在地毯上时，要拉上薄纱帘，以防因久晒而使地毯褪色，如果需要对地面进行维修，要将地毯卷起移走，以免被污损。每个台阶的边沿是承受最重负荷的地方。为延长整个地毯的使用期限，可在铺设新地毯时，把地毯多留出30～40厘米，将这部分多余地毯在楼梯顶部叠折一层或二层，当地毯的边沿有陈旧或破损的迹象时，移动一下地毯，就可以保持整块地毯的清洁度和新度。移动要在地毯尚未达到残旧时进行。移动过程中，将多余部分向楼梯底层折叠。这样，楼梯地毯就可以移动数次之后再更换，延长整块地毯的使用寿命。

操作流程

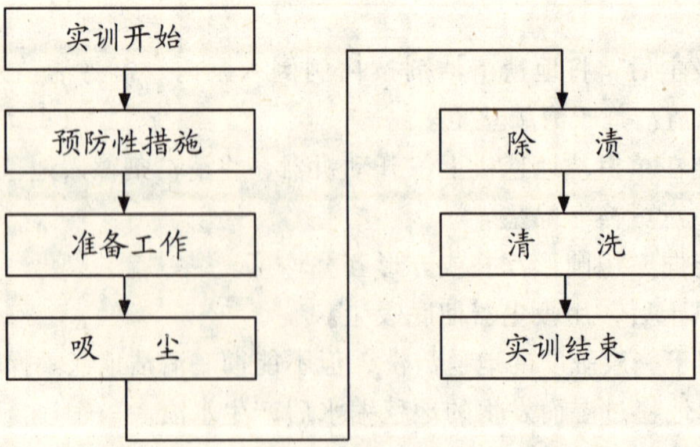

操作规范

操作步骤	主要操作内容	注意要点
一、预防性措施	1. 喷洒防污剂。地毯在启用前，可以喷洒专用的防污剂，在纤维外表面加一层保护层，起到隔离污物的作用，即使有脏物，也很难渗透到纤维之中，而且很容易清除。 2. 阻隔污染源。酒店要在一些出入口处铺上长毯或擦鞋垫，用以减少或清除客人鞋底上的尘土污物，避免客人将污物带进酒店，从而减轻对包括地毯在内的地面的污染。 3. 加强服务。通过周到的服务也可以达到防止污染地毯的目的。例如，有些客人有时会在客房内吃一些瓜果。发现这种情况时，服务员应为客人提供专门的用具用品，并给予适当的帮助，从而避免将瓜果壳及汁水弄在地毯上。	1. 采取适当的预防性措施，可以避免和减轻地毯的污染。 2. 这是地毯清洁保养最积极、最经济、最有效的办法。
二、准备工作	1. 准备好各种清洁保养措施所需的设备用品。 2. 检查各种设备的适用性。 3. 彻底清洗地毯时，先清理障碍物。 4. 按要求配置好各种清洁剂。	1. 正确使用清洁地毯的各种清洁剂。 2. 正确配置各种清洁剂。
三、吸尘	1. 地毯吸尘，一般在客房区域，要求每日一次；客人活动频繁的区域每日不得少于三次。平时可用普通吸尘器，但应定期使用直立式吸尘器彻底吸除地毯根部的杂质、砂粒等。 2. 吸尘前先清除区域内大的垃圾和尖利物品。 3. 吸尘时，客房或公共区域的角落、墙边等处应选用合适的吸尘器配件。 4. 吸尘时应采用由里向外的方法进行，并按一定的顺序，以免遗漏。 5. 吸尘时应采用推拉式，推时应逆毛，拉时应顺毛，保证吸过的地毯纤维倒向一致。	1. 物品准备：吸尘器。 2. 彻底的吸尘是保养地毯最重要的工作。 3. 对使用频率高的地毯吸尘次数应增加。 4. 对于不同区域的地毯吸尘可使用不同的吸尘器及配件。 5. 吸尘时应注意推拉方向与地毯绒毛倒向相协调。
四、除渍	酒店常见的地毯污渍及其处理方法有： 1. 黄油。将落在地毯上的黄油全部彻底刮掉，用海绵蘸上地毯干洗溶液擦拭，然后吸干。如清除不彻底，可重复进行，直到彻底去除为止。 2. 奶油。先把地毯上的奶油用抹布、纸巾等彻底吸干，再用海绵蘸上清洁剂溶液擦拭，把溶液吸干，然后再用海绵蘸上温水擦拭，吸干水分即可。 3. 咖啡、可乐、果汁、茶水。将地毯上的咖啡液、可乐汁、果汁、茶水用纸巾、抹布彻底吸干，用海绵蘸上清洁剂溶液擦拭，再用纸巾、抹布吸干溶液，然后再用海绵蘸清水擦拭，再用同样的方法吸干水分。如果污渍是以前沾上的，可用带微量漂白剂的专用溶液除去，吸干溶液后再用海绵蘸上清水擦拭并吸干水分即可。如果是茶渍，最后还应用海绵蘸上专用弱酸性溶液擦拭，并把溶液吸干。 4. 呕吐物。发现地毯上有呕吐物时，应立即刮去并吸干脏物，用海绵蘸上清洁剂溶液擦拭，把溶液用抹布或纸巾吸干，再用海绵蘸上清水擦拭，然后把水分吸干。	1. 物品准备：海绵、抹布、纸巾、刀片、剪子、砂纸、漂白剂、地毯清洁剂、地毯干洗剂。 2. 不同的地毯污渍须使用不同的清洁剂和不同的方法清除。 3. 地毯除渍应及时，一经发现，马上去除，以免留下顽渍，难以去除。

续表

操作步骤	主要操作内容	注意要点
四、除渍	5. 口香糖。先用小刀小心地把口香糖彻底刮去（如口香糖已结成硬块状时，最好先用冰块冷敷一下使其发脆，再用刀刮去），用海绵蘸上地毯干洗剂擦拭，然后用纱布吸干。如口香糖较多时，可用同样方法反复进行，或使用专用的喷剂去除。 6. 血迹。对地毯上的血迹，可用纸巾吸干后用蘸上冷水的海绵擦拭，把水分吸干后再用海绵蘸上清洁剂进行擦拭，用抹布吸干溶液，最后用海绵蘸上清水擦拭，把水吸干。 7. 烧焦痕迹。被燃烧的烟火毁伤的地毯，可小心将地毯上簇绒烧焦的一端剪去加以擦拭，然后再用海绵蘸上清洁剂进行擦拭，对毯绒很短的地毯，有时可采用砂纸擦拭，消除烧焦处的痕迹。	
五、清洗	1. 清洗地毯时，应先将地毯上的家具、物品撤除或移开。 2. 将待洗地毯彻底吸尘。 3. 检查地毯有无严重污渍，若有应先除渍。 4. 将清洁剂按使用说明配置后，装入洗地毯机内。 5. 清洁地毯时应严格按机器使用说明进行操作，并设计合理的清洗路线，以免遗漏。 6. 干洗时，等地毯干后，使用直立式吸尘器彻底吸去清洁剂与污垢结合而成的结晶体即可。 7. 湿洗时，洗地毯机刷洗完毕后，用吸水机吸干地毯，将污水彻底吸净，使地毯容易干燥。 8. 用刷子逆毛将地毯纤维刷起，使之干后富有弹性。 9. 将清洗区域内空调的风量开到最大或使用吹风机，使其通风。地毯干后，用吸尘器彻底吸尘，除去残余物，理顺地毯纤维倒向，并将彻底清洗后的区域恢复到原来状态。	1. 要有齐全适用的设备、工具。物品准备吸水机、烘干机、吸尘器、盘刷机、干泡机、手工刷、地毯清洁剂、干泡洗涤剂、专用干粉等。 2. 清洁剂要合理配置。 3. 水温不能过高。 4. 清洁前要先移开家具和其他障碍物。 5. 边角部位要用手工处理。 6. 如果很脏，不要指望能一次性清洗干净。 7. 必须待完全干燥后才能使用。 8. 局部严重污迹，可先用手工清除。 9. 安全操作。

能力测试

【场景一】 卫生计划安排某酒店的605房应于某日清洗地毯。但由于客房中心员工的一时粗心，错误地将609房（OK房）当作原先需要清洗地毯的605房（关闭房），而公共区域组洗地毯的员工也没有仔细核对，致使洗错了房间的地毯。更为糟糕的是洗地毯的员工在洗完地毯后没有将报废的床单及时撤出房间，工作结束后虽发现没有了床单，也没有及时查找。当天晚上，有客人入住609房。当客人进房开灯后，不由大吃一惊，房内桌椅翻起，一片狼藉。虽然楼层服务员及时整理，向客人作了解释，并再三道歉，但无疑已给客人留下了极为不好的印象。

请设计一段场景，进行模拟训练，并说明该如何处理？

【场景二】 晚上七点半左右，新装修的某餐厅内灯火辉煌，十分热闹，服务员忙个不停。在餐厅靠窗户的位置，坐着三位客人，他们是一家三口。那个调皮的小男孩一会儿站在椅子上，一会儿在餐厅里跑来跑去。突然，小男孩不小心将妈妈为他盛的一碗羹碰翻在地上，地毯上顿时湿了一大块。值台服务员小彭立即找来抹布，对地毯作简单的处理，并安慰小男孩，帮助客人检查是否被烫。惹祸的小男孩在爸爸的训斥之下乖了许多。晚餐结束之后，小彭拿来一个装有清洁剂的小桶和刷子、抹布，对地毯进行了去除污渍的处理。经过处理的地毯很快又恢复了原来的美丽，小彭将一块专用的干抹布铺在地毯上，防止踩脏。

请设计一段场景，进行模拟训练，并说明该如何处理？

考考你

1. 酒店常见的地毯种类有哪些？
2. 地毯洗涤种类和方法有哪些？
3. 地毯清洁保养的预防性措施有哪些？

实训项目四	公共卫生间清洁保养
实训目的	通过对公共卫生间清洁保养基础知识的讲解和实训项目的训练，使学生了解公共卫生间清洁保养的项目，掌握公共卫生间清洁保养的要求、程序与技能，达到熟练操作的目的。
实训学时	实训授课1学时，共计45分钟。其中，教师示范10分钟，学员分组练习30分钟，考评5分钟。
实训要求	了解公共卫生间清洁保养的项目；掌握公共卫生间清洁保养的要求、程序与技能。
实训方法	教师示范、分组练习、考评测试。

知识链接

酒店公共洗手间的清洁保养工作可分为一般性清洁保养和全面彻底的清洁保养。一般性清洁保养要求每一小时一次。每日夜间及下午客人活动的低峰时，各安排一次彻底清洁，使公共洗手间始终保持清洁、干净、无水迹、无污渍。

操作流程

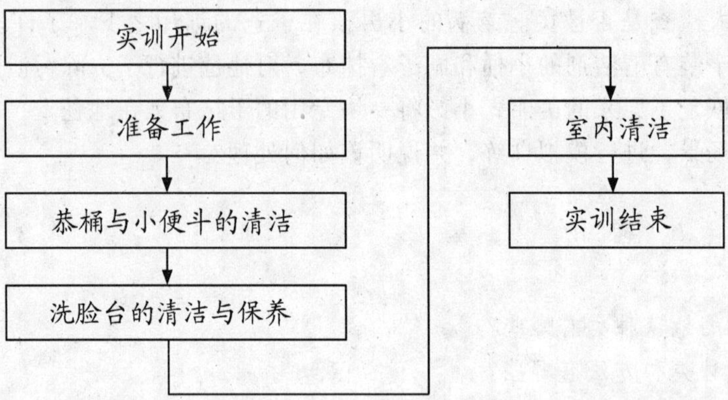

操作规范

操作步骤	主要操作内容	注意要点
一、准备工作	1. 准备各种清洁设备及用品。 2. 按比例先配置好清洁剂。	1. 物品准备：海绵、恭桶刷、玻璃清洁剂、洁厕剂、消毒水、干湿抹布、拖把及除臭剂等。 2. 正确使用清洁剂和清洁设备。
二、恭桶与小便斗的清洁与保养	1. 用洁厕剂少许倒入水中搅匀后用恭桶刷洗刷恭桶内外及底座，并用水冲净。 2. 用海绵沾万能清洁剂擦拭恭桶盖，坐垫用水冲洗，接着用干抹布把水抹干，再用消毒毛巾对坐垫进行消毒，最后把地拖干。 3. 小便斗清洗方法同上。如发现水锈、水迹必须用酸性清洁剂，否则水迹无法洗净。要注意酸性清洁剂不能滴在地面上，以免损坏地面。	1. 在清洁卫生间时，应注意不要将酸性清洁剂直接滴在恭桶表面，以免损伤恭桶表面的釉层。 2. 防止酸性清洁剂滴落在地面上，以免损伤地面。
三、洗脸台的清洁与保养	1. 先喷洗洁精在洗脸盆内，用海绵来回洗刷，直到污迹洗净为止。 2. 用湿布将台面上的水滴擦拭干，并用干布将水龙头及其他配件擦亮。 3. 用玻璃清洁剂把镜面擦亮。 4. 补充擦手纸、卫生纸卷及洗手液。	1. 在清洁卫生间时，服务人员应戴好手套，以免清洁剂损伤自己。 2. 水滴滴落在地面和台面上，要擦拭干净，以免客人滑倒。

续表

操作步骤	主要操作内容	注意要点
四、室内清洁	1. 地面以万能清洁剂加水洗刷干净，尤其在小便斗的周围要特别加强。 2. 用拧干的拖把将地面拖干净。 3. 大理石的地面要定期清洗打蜡，使地面保持亮丽光洁。 4. 呕吐物。发现地毯上有呕吐物时，应立即刮去并吸干脏物，用海绵蘸上清洁剂溶液擦拭，把溶液用抹布或纸巾吸干，再用海绵蘸上清水擦拭，然后把水分吸干。 5. 空调出风口、墙角、厕所的隔间壁面及门要保持无灰尘、无污迹。	1. 女服务员进入男性卫生间清洁时，应注意在里面无人时进行，并在清洁时应在门口有所提示。 2. 为了保证客用洗手间的清洁卫生质量，酒店在洗手间入口处后面贴有一张“公共卫生间清洁维护记录表”。 3. 服务员在完成客用洗手间的清洁整理后，必须在表上填写记录。 4. PA组领班或主管在巡查时，根据检查状况签名以示督导，若有应加强处则记录下来并加以追踪。

能力测试

【场景一】 某酒店的会议大楼内一片繁忙，因为正值“两会”期间，酒店会议楼的1～3层所有的会议室都已租出。由于会议档次较高，全体会议服务人员都一丝不苟地在会场内服务，生怕出现差错。早上十点，会议中途休息时，却发生了一件意想不到的事，一位老先生从二楼的洗手间内被扶出来。原来是洗手间因使用过于频繁，又无人打扫，所以地面非常湿滑，客人刚进洗手间就一脚滑倒在地上，再加上客人年岁已高，受伤不轻，立即被送往医院。事故发生后，会议组织方和酒店进行协调，认为酒店没有提供安全的服务环境，应对此次事故负责。酒店也在事后马上进行调查核实。在调查中发现，当天会议楼安排的三名公卫组服务员却只有两位服务员在岗，因其中一位服务员临时请假，公卫组领班没有增派人手，要求三楼和一楼的服务员兼顾打扫二楼的卫生，但由于会议楼实在太忙，两位服务员顾不上二楼的卫生，因此出现上面的失误。在调查清情况后，酒店认为此次事故的主要责任在于酒店，同意赔偿客人因此而造成的所有损失。

请设计一段场景，进行模拟训练，并说明该如何处理？

【场景二】 北方某城市一家高星级酒店，在当地是个社会名流常来之地。常客苏先生在总台办理退房，自己因急于方便，便到大堂公共卫生间去了。一进卫生间门，一股难闻的味道扑鼻而来，差一点呕吐了。他憋住气勉强方便后火速离开，然后找服务员提意见。谁知服务员说：“卫生间总会有臭味的，我们酒店人来人往，有些客人卫生习惯也不好，素质不高，怎么能弄得干净？”苏先生听后非常生气，但仍压住火气，对这位年轻的、一脸不屑的服务员说：“你们也算一家高星级酒店，国际上一些发达国家甚至流传一种说法，‘卫生间占人生一半，’可见他们的重视程度。既然我们国家要与国际接轨，你们酒店又有那么多外宾，就要从观念上转变对厕所的偏见。”服务员听后脸都红了。

请设计一段场景，进行模拟训练。

考考你

1. 酒店公共卫生间清洁保养的要求有哪些？
2. 酒店公共卫生间清洁项目主要有哪些？
3. “公共卫生间清洁维护记录表”的作用是什么？

实训项目五	墙面清洁保养
实训目的	通过对墙面清洁保养基础知识的讲解和实训项目的训练，使学生了解墙面材料的种类和性能，掌握各种墙面材料清洁保养的要求与程序，达到墙面的清洁保养技术娴熟的目的。
实训学时	实训授课1学时，共计45分钟。其中，教师示范10分钟，学员分组练习30分钟，考评5分钟。
实训要求	了解墙面材料的种类和性能；掌握各种墙面材料清洁保养的要求与程序。
实训方法	教师示范、分组练习、考评测试。

知识链接

现代酒店的墙面装潢已是日新月异,装饰材料品种繁多。墙对酒店公共区域的视觉感受是首先的,它的好坏直接影响到客人对酒店的印象和评价,因此,酒店投入大量资金用于墙面装饰,以使整个酒店更具有特色和吸引力。酒店用于墙面的装饰材料主要有硬质材料、墙纸、墙布、木质材料、软墙面、油漆墙面、涂料墙面等,不同材料的墙面须采用不同方法清洁保养。

1. 硬质墙面。酒店很多地方的墙面为硬质墙面，常见的主要有瓷砖和大理石等。

(1) 瓷砖墙面。瓷砖墙面表面光滑，防水性极佳，使用寿命较长，价格便宜，因此，被大多数酒店客房卫生间所采用。瓷砖本身的清洁保养很容易，主要是拼缝受潮后易脏，并且易变黄、变黑，所以尽量不用清洁剂，尤其是酸性清洁剂擦洗，只需用清水由上至下擦洗后并立即擦干即可。

(2) 大理石墙面。抛光大理石墙面给人一种豪华的感觉，通常只用在高档客房的卫生间内。作为墙面材料，特别是在卫生间内，经常被溅上水、肥皂液，如果不及时清洁干净，会使表面暗淡无光，所以每天应用清水和海绵从上至下擦洗，并擦干即可。

2. 墙纸。墙纸又称为壁纸，是一种比较经济的墙面装饰材料，分为塑料墙纸、非塑料墙纸和特种壁纸等。其特点是色彩图案繁多，粘贴方便，但缺点是拉力差、易褪色、泛黄、易破裂、防潮性能差、污渍难以清除、使用寿命短。清洁保养时要注意经常除尘、防潮湿、防污渍，遇有污渍时，可用海绵蘸上清洁剂擦拭。

3. 墙布。墙布又称为壁布，目前常见的墙布的种类主要有以下几种：

(1) 无纺墙布。采用棉、麻等天然纤维或涤、腈等合成纤维，经成型，上树脂、印刷花纹而成。特点是：较挺括、有弹性、不易折断、表面光洁，有羊绒毛感，色彩艳丽，不褪色、耐磨。

(2) 装饰墙布。装饰墙布是以纯棉布经过预处理、印花、深层制作而成。特点是：强度大、静电小、吸音、无毒无害、花型色泽美观大方；由于其防潮性能较弱，故使用范围不是很大。

(3) 化纤装饰贴墙布。这种墙布是以化纤布（如涤纶、腈纶、丙纶等）为基材，经处理后印花而成。特点是：无毒无味、防潮性能好、经久耐用、清洁保养方便、适用范围广，是客房内使用较广的墙面装饰材料。

(4) 玻璃纤维印花贴墙布。简称玻纤印花墙布。它是以中碱玻璃纤维织成的布为基材，表面涂以耐磨树脂，并印上彩色图案而制成。其特点是：玻璃布本身具有布纹质感，经套色印花后，装饰效果好、色彩艳丽、花色繁多、不褪色、不老化、防火、防潮，可用清洁剂洗刷、价格便宜，是中档酒店客房墙饰的首选。

在日常清洁保养时，主要是除尘除迹。对于耐水的墙布可用中性、弱碱性清洁剂和毛巾、软刷擦洗，擦洗后用纸巾或干布吸干。对于不耐水的墙布，只能用干擦的方法，或用橡皮擦拭，或用毛巾蘸少许清洁剂溶液擦拭。

4. 木质墙面。木质墙面的特点是风格独特，保暖性能好。最大的优点是清洁保养方便，定期需油漆一次或上密封剂，平时主要正常除尘除迹，定期打蜡上光，防碰撞或擦伤。

5. 软墙面。软墙面的清洁保养，主要也是除尘除迹。除尘时可用干布或吸尘器，如有污渍，可选用适当的方法清除，一般不宜水洗，以防止褪色或留下色斑。如用溶剂除迹时，要注意防火。

6. 油漆墙面。油漆墙面清洁保养时可用潮湿抹布擦拭，以清除灰尘污垢，但忌用溶剂。

7. 涂料墙面。涂料墙面的清洁保养，主要是除尘除迹。灰尘可用干布清除；污迹可用干擦等方法擦除，另外还要定期重新粉刷墙面。

操作流程

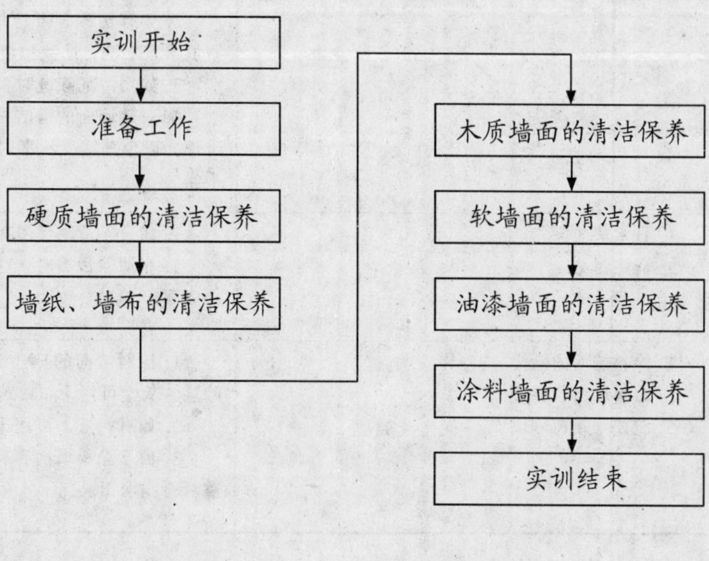

操作规范

操作步骤	主要操作内容	注意要点
一、准备工作	1. 准备好各种设备和用品。 2. 预先按比例配置好清洁剂。	1. 物品准备充分。 2. 正确使用清洁剂和清洁设备。
二、硬质墙面的清洁保养	1. 日常清洁保养。 2. 定期清洁。 3. 厨房、卫生间的墙面清洗。	1. 日常清洁保养主要是除尘除迹。 2. 定期清洁保养大多是全面清洗，光面层可用蜡水清洁保养。 3. 厨房、卫生间的墙面可用碱性清洁剂清洗，但洗后用清水洗净，否则，时间一长，表面会失去光泽。
三、墙纸、墙布的清洁保养	1. 墙纸、墙布的除尘。 2. 墙纸、墙布的除渍。	1. 除尘时可用干布、鸡毛掸、吸尘器等。 2. 除渍时需要谨慎操作。 3. 在墙纸、墙布的清洁保养中应注意对不耐水材料的清洁保养，注意不能湿擦，以免对其造成损坏。
四、木质墙面的清洁保养	1. 木质墙面的日常清洁保养。 2. 木质墙面的定期清洁保养。	1. 木质墙面的日常清洁保养主要是除尘除垢，除尘除垢可用潮抹布。 2. 木质墙面的定期清洁保养主要是打蜡上光，打蜡上光须选用家具蜡，并按规范程序进行。 3. 木质墙面平时应防碰撞或擦伤。如有破损应由专业人员维修。 4. 木质墙面在使用溶剂清洁时，应注意防火。
五、软墙面的清洁保养	1. 软墙面的除尘。 2. 软墙面的除渍。	1. 软墙面的清洁保养主要是除尘除迹。除尘时可用干布或吸尘器。 2. 如有污迹，可选用合适的方法清除，一般不宜水洗，防止褪色或形成色斑。 3. 如用溶剂除迹时，要注意防火。 4. 对软墙面的清洁保养后，要让其尽快干燥，以免其霉变，平时也应注意让其保持干燥。
六、油漆墙面的清洁保养	1. 日常清洁保养。 2. 清除污垢。	1. 在日常清洁保养时，可用潮布擦拭。 2. 在清除污垢时，忌用溶剂，以免破坏油漆面。
七、涂料墙面的清洁保养	1. 涂料墙面的除尘。 2. 涂料墙面的除迹。 3. 定期重新粉刷墙面。	1. 涂料墙面的日常清洁保养主要是除尘除迹。灰尘可用干布或鸡毛掸清除。 2. 如有污迹，可用干擦等方法清除。 3. 由于涂料墙面容易脱落，因此要定期重新粉刷墙面。

能力测试

【场景一】 某公司决定下月将举办为期三天的新产品展示会，办公室徐主任和文员小张一起到一家四星级酒店考察会议场所。两人在酒店公关部经理的陪同下参观了酒店会议室。会议室的布局、设施设备以及面积都符合会议的要求。公关部经理觉得这次合作的可能性很大。但是徐主任一行在会议室呆了一会儿，总觉得有不对劲儿的地方，原来是会议室内不时散发出轻微的霉味。后来发现，怪味来自软墙面，再仔细一看，金色的软墙面上出现一点点黑色霉斑。徐主任对酒店公关部经理说："谢谢你们带我们参观，我们会认真考虑合作的。"事后，徐主任联系去另一家同等级的酒店举办了这一次新产品展示会。

请设计一段场景，进行模拟训练。

【场景二】 一天晚上 19:00，某大公司高级职员来先生在行李员的引领下走进行政楼层的豪华套房 1502 房间。来先生是第一次入住本酒店，在抵达酒店前他就通过电话预订了该套房。预订员在电话中向他描述这间套房可以眺望紫金山优美的景色，房间是中式风格的，摆放着红木家具和古玩。来先生心中是非常期待的，因为他爱好收藏红木家具。在行李员离开后，他洗了个澡准备睡觉，却发现身后的木质墙面上有一道刺眼的裂缝，于是心里就不乐意了，心想酒店对客房设备的保养如此不重视，管理和服务肯定好不到哪里去，心中甚至有了退房的念头。

请设计一段场景，进行模拟训练。

考考你

1. 墙面材料有哪些种类？
2. 硬质墙面清洁保养是怎样的？
3. 软墙面的主要性能特点如何？

实训项目六	玻璃窗户清洁保养
实训目的	通过对玻璃窗户清洁保养基础知识的讲解和实训项目的训练，使学生熟悉玻璃窗户清洁的方法，掌握玻璃窗户清洁的操作程序，达到熟练操作的目的。
实训学时	实训授课 1 学时，共计 45 分钟。其中，教师示范 10 分钟，学员分组练习 30 分钟，考评 5 分钟。
实训要求	熟悉玻璃窗户清洁的方法；掌握玻璃窗户清洁的操作程序。
实训方法	教师示范、分组练习、考评测试。

知识链接

一、相关知识

玻璃因其晶莹剔透而备受装潢设计者和酒店管理者的青睐。酒店内一般都用大量的玻璃装潢内外门墙和窗户。但玻璃属易碎品，因此，清洁保养玻璃制品便是一项难度较大的工作。

二、清洁保养要求

玻璃表面无灰尘、无污渍，保持光亮、洁净。

三、清洁方法

1. 用玻璃涂水器蘸洗涤溶液均匀擦洗玻璃表面。
2. 用玻璃刮子将玻璃上的溶液刮净。
3. 用玻璃涂水器蘸清水洗涤玻璃表面。
4. 用玻璃刮子将玻璃上的水刮干净。
5. 用抹布将玻璃表面未刮净的水迹和边框上的水迹抹净。
6. 如仍有斑迹，可在局部用清洁剂或铲刀去除。

操作流程

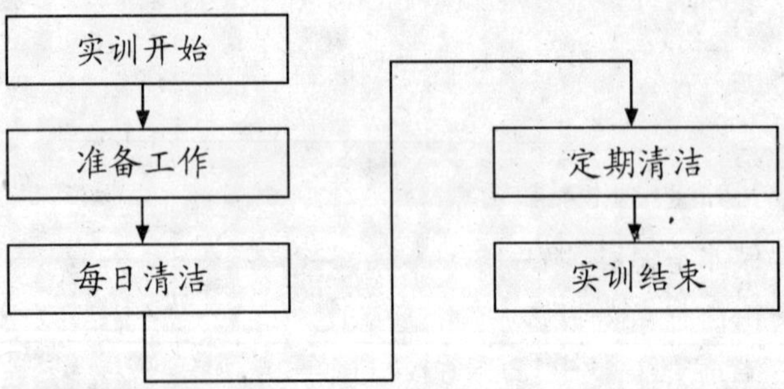

操作规范

操作步骤	主要操作内容	注意要点
一、准备工作	1. 准备好各种设备和用品。 2. 预先按比例配置好清洁剂。	1. 物品准备充分。 2. 正确使用清洁剂和清洁设备。

续表

操作步骤	主要操作内容	注意要点
二、每日清洁	1. 用柔软洁净的抹布从上到下抹去玻璃或镜面上的浮灰。 2. 若有斑迹，可用抹布蘸上一点儿清水擦拭，再用干抹布擦干、擦亮。 3. 若用清水无法去除，可喷射或用抹布蘸一点儿玻璃清洁剂再擦拭，然后用干抹布或报纸擦净、擦亮。 4. 若仍去除不掉，可用铲刀轻轻刮去，但应注意力度，切勿刮伤镜面。	1. 日常的清洁保养可用不会起毛的软布或报纸擦拭，报纸上的油墨为溶剂，对清除玻璃表面的污垢很有效，并且不会在玻璃表面留下纤维物质，是一种既省钱又高效的清洁剂。 2. 对于磨砂玻璃，清洁保养只能用柔软的干抹布擦拭，不可用报纸擦拭，若有油污可用牙膏擦拭。
三、定期清洁	1. 每 1~2 周彻底清洗一次。 2. 检查并准备擦玻璃所需器材，如高空作业还必须检查升降机、吊篮等的运转情况，安全带的接头是否牢固等（一般在白天进行高空作业）。 3. 准备玻璃清洁剂，按规定配置溶液，玻璃受污程度轻时，则可用清水。 4. 准备好一桶清水。 5. 用玻璃涂水器蘸上玻璃清洁剂从上部开始不断地从左至右擦拭，然后反过来从右到左，一直往下擦拭到底部。横向擦拭之后，再从左边起上下擦洗直到右边。若是大块玻璃，则将玻璃涂水器伸缩杆拉长，按在玻璃顶端从上往下垂直擦洗。 6. 用玻璃刮子将玻璃上的溶液刮净。可采用左右横向刮擦的方法，先把橡皮刮头放在玻璃左上方，向右刮擦，在半途停下，再用同样的方法从右往左刮擦。刮擦时应注意及时用抹布除去刮子上的水分，并用这种方法刮至玻璃底部。若是大块玻璃，则用橡皮刮从玻璃顶端从上向下垂直刮去水分。 7. 用玻璃涂水器蘸清水按程序 5 所述擦洗玻璃表面。 8. 用玻璃刮子按程序 6 所述将玻璃上水分刮净。 9. 用抹布将玻璃表面未刮净或边框上的水迹抹净。 10. 如仍有斑迹，可在局部用清洁剂重新擦洗，也可用小铲刀或剃须刀片轻轻刮去，注意不可刮伤玻璃表面。 11. 若是小块玻璃，可用海绵代替涂水器，用抹布代替玻璃刮子，具体清洗方法同上。	1. 玻璃表面有顽渍时，可用铲刀或剃须刀去除，但使用铲刀或剃须刀时要注意不可将刀刃正对玻璃，并掌握力度，以免划伤玻璃表面。 2. 凡使用清洁剂或人工合成清洁剂的，还应注意先仔细参阅使用说明书，仔细研究后再开始清洁工作。 3. 高档酒店在平时保养时还可使用高压罐装的玻璃清洁剂。虽然价格较高，但高效，清洁后在玻璃表面留下一层透明的保护层，使玻璃不易沾染污物，定期使用便可达到清洁保养的功效。

能力测试

【场景一】 无锡某五星级酒店的 PA 组小王推着打蜡机正准备去大厅打蜡，当他推车经过游泳池附近的时候，恰好有两位宾客要从通道走向游泳池，小王马上把打蜡机倾靠在一边，向客人问好并让路。但这时打蜡机一滑一下子碰到了旁边的玻璃门。等客人走后，小王拉开打蜡机一看，光亮如镜的玻璃门被碰下了指甲大小的一块。小王如实地向部门领导报告了实情。领导考虑到酒店刚刚装修好，所有物品都是从国外进口的，为了保持酒店的豪华、高雅、完美的环境，一点点破损都是不能有的。所以立即决定更换碰坏了的玻璃门。鉴于小王是出于礼貌躲闪宾客时无意碰坏了门，给予其800元的处罚。但当酒店与国外的生产厂家联系定购这种玻璃门时，被告知这种型号的门已不再生产了。为了维护酒店完美的形象，酒店无奈花了近万元重新购买了两扇新玻璃门。通过这件事，小王工作起来格外小心，他认识到哪怕是一点点失误，都会造成巨大的损失。

请设计一段场景，进行模拟训练。

【场景二】 位于市中心的某城市时尚酒店是一家主题酒店，里面的客房非常有特色，尤其是写字台和卫生间，都是玻璃结构的，让原本拥挤的客房显得非常宽敞明亮。客人对这种风格也很欣赏，尤其吸引了年轻的自助游客人。但清洁起来非常麻烦。客房服务员小王是位酒店老员工了，刚跳槽来到这家酒店不久，一开始的新鲜劲儿过了，现在可是满腹牢骚，“还不是那玻璃闹的，每日清洁复杂不说，定期还要保养。”他一挥手，用抹布在玻璃写字台台面上重重地来回擦拭，突然背后冒了一身冷汗，原来台面上出现一道刮痕，再仔细一看，客人在办公时遗留在写字台上一个大头针，小王刚刚用抹布擦拭的时候肯定刮到了玻璃。

请设计一段场景，进行模拟训练。

考考你

1. 玻璃窗户清洁的方法主要有哪些？
2. 在清洁玻璃时，应注意哪些事项？
3. 为什么说报纸是一种既省钱又高效的清洁剂？

案例解析

烟灰缸给您放这儿可以吗？

一天上午10:00，几位客人走进了某饭店大厅，其中一位客人随手从口袋里掏出一包香烟，抽出一根点燃，然后随同其他几位客人向总台走去。正在休息区域抹尘的公共区域清扫员小秦发现这一情况后，立刻拿了一个烟灰缸跟了上去。当客人站在总台办理入住登记手续时，发现烟灰已经很长，于是，下意识地随手想往地上弹烟灰。正在此时，小秦将烟灰缸递了过去，放在客人最顺手的地方，对客人说：“先生，烟灰缸给您放这儿可以吗？”客人一愣，马上笑着说：“好的，好的，谢谢。”登记完毕之后，客人在烟灰缸里将烟头掐灭后才离开总台。小秦又及时将烟灰缸撤除。

【评析】 在饭店接待的客人中，确实有一些客人有着不太好的卫生习惯，如随意往地上弹烟灰或扔烟头。客人的这种做法无疑不利于饭店的清洁保养工作。但饭店无法对客人说“禁止扔烟头或弹烟灰，否则罚款”之类的语言。因此，饭店只有通过服务员对客人行为的观察和预测，在客人的不良行为发生之前，及时用委婉和不伤及客人面子的方式提醒客人或提供相应的服务。

本案例中的小秦是一个具有敏锐观察力的服务员，当她发现客人点燃香烟之后，即想到客人会需要烟灰缸，并在客人最需要的时候适时地递了上去，同时用委婉的语言询问客人烟灰缸摆放的位置，而不是直截了当地让客人将烟灰弹在烟灰缸内，既达到保持环境卫生、培养客人良好习惯的目的，又不伤及客人自尊心。这就是饭店所提倡的通过服务约束客人，使客人愉悦地接受饭店的服务和约束。

第八单元

安全事件处理

实训课题 一般事件处理

实训项目一	客人受伤处理
实训目的	通过模拟对住店客人受伤处理的情景训练，了解预防客人意外受伤的基础知识，掌握客人受伤的处理程序，达到增加安全意识和提高员工处理问题的应变能力的目的。
实训学时	实训授课1学时，共计45分钟。其中，教师示范10分钟，学员分组练习30分钟，考评5分钟。
实训要求	掌握客人意外受伤的防范措施；熟悉客人受伤的处理过程。
实训方法	教师示范、分组练习、考评测试。

知识链接

一、客人意外受伤

客房安全，除做好消防安全和财物安全外，还应重视住店客人意外受伤的防范工作。客人意外受伤是指客人在酒店内因某种原因而意外受到伤害。

二、预防措施

1. 告知客人如何使用客房设备。
2. 水杯无破裂，无缺口。
3. 家具稳固，无刺无钉。
4. 电器无漏电。
5. 卫生间防滑。
6. 饮水洁净。

7. 冷热水龙头有标记。

操作流程（流程图）

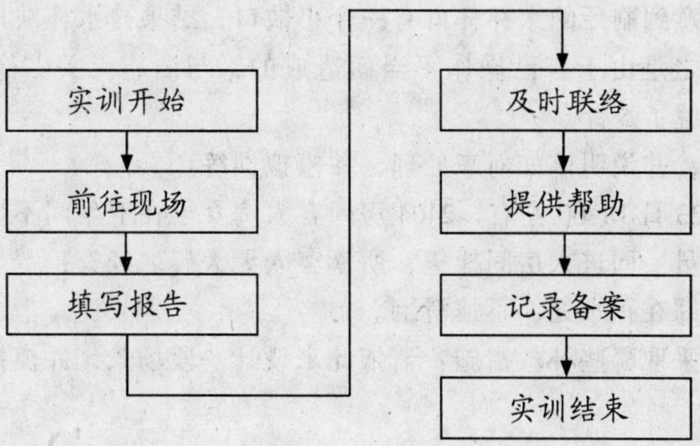

操作规范

操作步骤	主要操作内容	注意要点
一、前往现场	1. 接到报告后立即前往现场。 2. 询问受伤者的伤情。 3. 如需要，建议伤者前往医院接受进一步检查。 4. 如伤情严重，安排能与客人进行语言沟通的酒店人员陪同伤者去医院就诊。	1. 必须在第一时间赶到现场（3分钟以内）。 2. 安抚客人。 3. 判断伤情。
二、填写受伤报告	1. 填写受伤报告，包括发生地点、时间、受伤人员情况、证人等详细资料。 2. 将受伤报告的复印件上交总经理、驻店经理、财务总监，并根据发生地点分别上交给客务总监、工程总监、餐饮总监和保安部经理。	1. 报告填写正确。 2. 进行客人受伤分析（客人原因或酒店原因）。
三、及时联络	1. 立即将事件向酒店领导汇报。 2. 及时与在医院的陪伴人员联系，随时掌握客人伤情，保证酒店领导了解最新状态。	1. 必须汇报。 2. 了解客人病况。
四、提供帮助	与有关部门合作，为伤者提供一切酒店能够给予的帮助，如客用品和食品等。	有必要，可安排酒店工作人员陪护。
五、记录备案	1. 详细记录事件发生和处理过程。 2. 保存好受伤报告，但不能给客人。	1. 必须有分析报告。 2. 必须有处理结果。

能力测试

【场景一】 1808号房间的徐先生在客房卫生间刷牙的时候，随手拿了一个酒店配置的水杯，徐先生没有注意到刷牙的水杯杯口有一个小缺口，结果被水杯缺口处划破了嘴巴，投诉到酒店。而酒店告之是由于自己操作不当而造成的，与酒店无关。徐先生又气又急又无奈，只好独自去医院缝了5针。

请设计一段场景，并说明该如何来处理，并模拟训练。

【场景二】 7月23日18:00左右，2404房间客人梅女士在卫生间不慎摔倒，服务员接到通知后，会同医务人员一同进入房间探望，所幸客人无大碍。经查：卫生间洗脸台下的下水管滴水，客人洗脸时踩在积水处，不慎滑倒。

酒店对此事故应采取哪些补救措施？请依此来设计一段场景，并模拟训练。

考考你

1. 如果是由于客人自己不小心而意外受伤，酒店是否无过错？(讨论)
2. 当客人意外受伤，作为客房服务员该如何安抚客人？
3. 作为酒店方，应该如何提醒和保护住店客人的安全？

实训项目二	住客醉酒处理
实训目的	通过学习本项目内容，了解醉酒客人的基本特征，掌握醉酒客人的处理方法。
实训学时	实训授课1学时，共计45分钟。其中，教师示范10分钟，学员分组练习30分钟，考评5分钟。
实训要求	正确辨识客人的醉酒程度；熟悉处理醉酒客人的程序。
实训方法	教师示范、分组练习、考评测试。

知识链接

一、醉酒客人

宾客酗酒现象在酒店时有发生，其处理方式因人而异，一般应根据醉酒客人的情况，适时劝导，使其安静，并提供相应服务。有些客人醉酒后会痛哭流涕，或破坏酒店财产，或大吵大闹等，客房服务员应立即通知上级和保卫人员，必要时可协助保卫人员将其制服。值得注意的是，千万不要不管客人，或嘲讽客人。

二、客人喝醉的程度

稍醉：酒精在血液中浓度为0.05%以下，大约为一瓶啤酒，表现为话多。

醉酒：酒精在血液中浓度为0.05%～0.1%，大约三瓶啤酒，表现为反应迟钝，说话出现语言障碍。

大醉：酒精在血液中的浓度为0.1%～0.3%，大约为4～6瓶啤酒，表现为东倒西歪，重复说同一句话。

烂醉：酒精在血液中浓度为0.4%，大约8瓶啤酒，步行困难。

操作流程

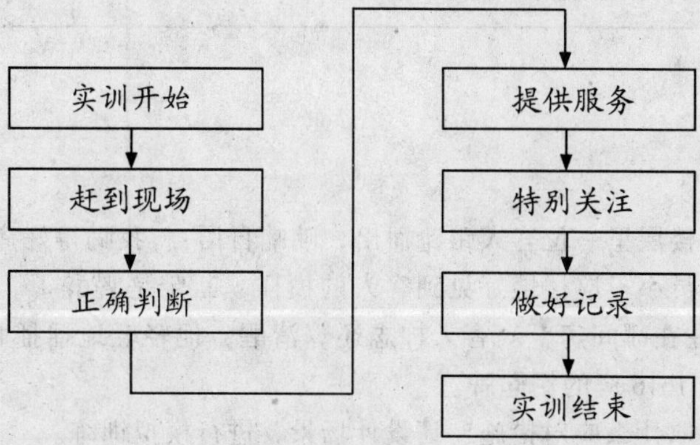

操作规范

操作步骤	主要操作内容	注意要点
一、赶到现场	1. 接到报告后应迅速赶到现场。 2. 密切注意其醉酒程度及行为。	1. 必须在第一时间赶到现场（3分钟以内）。 2. 观察客人，若有暴力或反常行为，请保卫人员强行制服。
二、正确判断	1. 如果是深度醉酒，应立刻报告上级及保卫、医务部门。 2. 如果是轻度醉酒，应劝客人回房休息。	1. 深度醉酒者可考虑送去医院就诊。 2. 客房服务员应在同事或保安人员帮助下搀扶客人回房。

续表

操作步骤	主要操作内容	注意要点
三、提供服务	应主动提供相应服务，将纸巾、热水瓶、茶杯、茶叶、垃圾箱等放在床边，方便客人取用。	1. 可冲泡浓茶给客人。 2. 不可随意给客人吃醒酒药等。 3. 不可随便为其宽衣，以免发生误会。
四、特别关注	1. 特别留意此房客人的动静。 2. 将房间的火柴、打火机撤出，以防意外。 3. 将可移动的门窗，尤其是阳台门等锁死。	有必要可安排酒店工作人员（同性）看护。
五、做好记录	1. 交接班时要作相应的记录。 2. 对交接班人特别叮嘱。	必须有记录报告。

能力测试

【场景一】 客房楼层里一位客人踉跄而出，喃喃自语："我喝得好痛快啊！"口里喷出一股浓烈的酒气。保安员小王巡楼恰好见到客人的模样，断定是喝醉了。连忙跑上去扶住他，并问道："先生，您住在哪间房?"。客人神志还算清醒，他轻轻地摇摇自己的左手。小王看到了客人左手中一块1616房的钥匙牌。

这时，小王应采取什么应对措施？请设计场景，进行模拟训练。

【场景二】 大厅领班小陈正在做日常的巡视工作，突然听到几声叫喊和谩骂，她顺声看过去，看到靠窗的小桌上有两位先生好像在争执什么。看到这种情况，小陈马上走到客人桌前，礼貌地问候客人发生了什么事，有什么需要帮助的，但两位先生像是没有听见似的，仍在相互对骂。在问候的同时，小陈看见客人的桌面上摆了好几个空的酒瓶子，而且两位客人都是面红耳赤，一说话满口酒气，就知道客人一定是喝多了，正当小陈要继续劝说时，两位先生突然扭打了起来，碰倒了椅子，打翻了餐具。

这时，小陈应采取什么应对措施？请设计场景，进行模拟训练。

考考你

1. 请模仿醉酒者的语态与举止行为。
2. 如何与醉酒者进行沟通？请讨论。
3. 你会区分轻度醉酒和深度醉酒吗？

实训项目三	客人疾病处理
实训目的	通过情景模拟教学，使学员掌握客人突发疾病的处理过程，提高对客接待的应变能力。
实训学时	实训授课1学时，共计45分钟。其中，教师示范10分钟，学员分组练习30分钟，考评5分钟。
实训要求	熟悉整个处理过程；提高反应能力。
实训方法	教师示范、分组练习、考评测试。

知识链接

一、疾病种类

客人在酒店居留期间，身体可能会偶有不适或突发疾病。客房员工要能及时发现，及时汇报处理。一般性疾病要帮请驻店医生，严重性疾病要派人派车将病人送往医院救治。另外，在客房的卫生间还应设有紧急呼救按钮或紧急电话以及供客人浴晕时用的紧急开门器等，以备突发疾病时使用。

1. 一般性疾病。客人可能会偶感风寒或有其他小恙，服务员发现后可询问情况，帮助客人请驻店医生。在此后的几天中应多关心该客人，多送些开水，提醒客人按时服药。

2. 突发性疾病，包括心脑血管病、肠胃疾病、食物中毒等。服务员要立即请医生来，同时报告管理人员。绝对不能自己擅作主张，救治病人，那样可能导致更严重的后果。在没有驻店医生的情况下，如果患者头脑尚清醒，请服务员帮助购药服用，服务员应婉言拒绝，劝客人立即到医院或请医生到酒店治疗，以免误诊。

3. 传染性疾病。如果发现客人患的是传染性疾病，必须立即向酒店总经理（夜间是大堂值班经理）汇报，并向防疫卫生部门汇报，以便及时采取有效措施，防止疾病传播。对患者使用过的用具用品要严格消毒，并在客人离店后对房间、卫生间严格消毒。对接触过患者的服务人员，要在一定时间内进行体检，防止疾病扩散。

二、观察病情方法

1. 用视觉。通过视觉可以看到生病客人一般身体情况，如面部表情与态度、皮肤的颜色、体表及身体形态、体位与肢体活动情况等。

2. 用听觉。凭听觉可辨别生病客人的语言、呼吸、咳嗽等异常情况。

3. 用触觉。用触摸的方法测知某部位是否正常。

操作流程

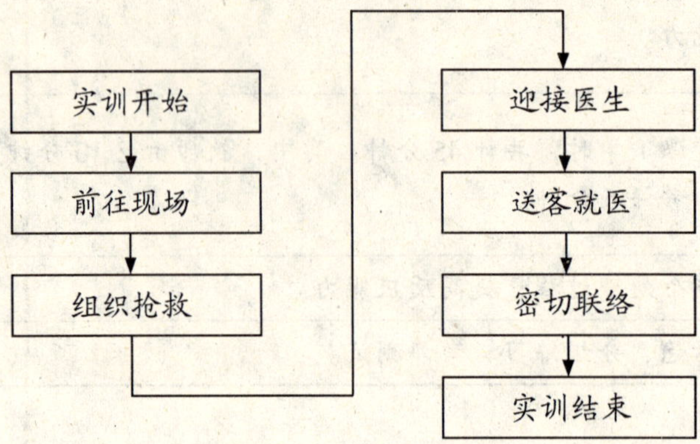

操作规范

1. 一般病症。

操作步骤	主要操作内容	注意要点
一、客人提出就诊	接到客人电话后，询问客人姓名、房号、性别和病情。	1. 确认客人身份。 2. 告之就诊时间。
二、协助就诊	1. 电话通知医务室医生出诊。 2. 必要时亲自到房间协助就诊。	严禁擅自提供药物。
三、记录	记录就诊处理情况以备查。	记录详尽。
四、确认	亲自与客人联系，确保客人已与医生取得了联系。	

2. 重要病症。

操作步骤	主要操作内容	注意要点
一、前往现场	接到报告后迅速到达现场查看病情。	3分钟以内。
二、组织抢救	1. 同时通知酒店医生在3分钟之内到达。 2. 亲自打电话向急救中心求救。	1. 酒店医生5分钟内到达。 2. 快速通知急救中心。
三、迎接医生	通知保安部领班，在医生到达时将其立即带到现场。	1. 专人引领医生。 2. 提供急救工具。
四、送客就医	1. 通知有关人员控制一部电梯。 2. 确保一名酒店医生同一名能够与客人进行语言沟通的酒店工作人员陪同病人前往医院。	1. 启动快速通道。 2. 通知家属。
五、密切联络	保持与医院的联系，及时向酒店领导汇报客人病情。	1. 作好记录。 2. 掌握病况。

能力测试

【场景一】 一位来自西藏拉萨的客人下榻友谊宾馆，住208房。第二天早上9点，服务员小尤还不见208房客人开门，不禁心生疑窦。记得昨天刚来时这位客人脸色苍白、萎靡不振，到现在还没起床，莫非……小尤不由得担心起来。又是半小时过去了，客人仍然未露面，小尤决定前去了解情况。果然客人身体不舒服，也许是由于旅途疲乏，多年未发的旧病突然袭来，四肢无力，食欲全无。小尤立刻与医务室联系，宾馆医生诊断后决定送医院进一步诊治。医院医生说不需住院，配了些药片，还开了张中药处方。

小尤又犯难了，配来的中药怎么办？按宾馆规定，客房里不准生火，这就把电炉煎药的可能性排除了。小尤到处找人想办法，最后想到了餐饮部。尽管熬制中药不是一项难度很大的工作，但毕竟需要有容器、有人照看，还要有人一日两次送药、倒药渣、洗药罐等。小尤把拉萨客人的病情向餐饮部经理说明后，餐饮部欣然把煎中药的事承揽下来，小尤大喜过望。

当天下午，餐饮部便特地派人买来药罐，并指定专人负责煎制，客房部小尤等人负责送药，每日上、下午各一次，前后共7天。在客房部和餐饮部的通力合作下，每次煎好的药都能准时送到病人手中。第八天，病人痊愈，他找到客房部经理，感激万分地说，他永远不会忘记宾馆对他的精心照料，下一次来成都一定仍然住友谊宾馆。

请设计场景，进行模拟训练。

【场景二】 11日凌晨2时32分，新星大酒店大堂值班经理接到716房间客人打来的电话：客人陈先生急性腹痛，难以忍受，需马上急救。

酒店应该采取什么紧急应对措施？请设计场景，进行模拟练习。

考考你

1. 客房服务员能否随便拿药给客房的病人服用？
2. 发现客人突发疾病，客房员工该怎么办？
3. 对于病重的客人，酒店该如何处理？

实训项目四	客人失窃处理
实训目的	通过教学演示和模拟训练，学员应了解客房、客人财物安全防范的基本知识，掌握客房财物和客人失窃的处理程序。
实训学时	实训授课1学时，共计45分钟。其中，教师示范10分钟，学员分组练习30分钟，考评5分钟。

续表

实训要求	了解财物安全的防范措施；掌握客人财物失窃处理过程。
实训方法	教师示范、分组练习、考评测试。

知识链接

一、报案与报失

住店客人的财物被盗后，客人直接通知公安局的有关部门，这叫作“报案”。客人没有报公安局，而是向酒店放映丢失情况，这属于“报失”。无论是报案或是报失，酒店领导、客房服务员包括公安局都应该帮助客人调查失窃原因，积极反映有关情况，尽快解决客人提出的问题，把自己范围内的工作做好。

二、配置安全设施

为有效防止失窃事件的发生，除增加客房服务人员安全意识外，首先要注意配备必要的防盗设施。一般酒店应有：(1) 闭路电视监控系统；(2) 安全报警装置；(3) 钥匙系统和防盗链；(4) 通信联络系统；(5) 房内保险箱。

三、客房失窃类型

客房失窃可分为酒店财物失窃和宾客财物失窃两种类型。

1. 酒店财物失窃。酒店失窃的物品通常有床单、毛巾、毛毯以及客房用品。失窃金额虽然比较小，但还是要引起客房部员工的重视。

2. 宾客财物失窃。为避免客人丢失贵重物品，服务员应提醒宾客要做好贵重物品的登记工作。

四、盗窃事故预防

为有效防止失窃事件的发生，应针对不同的失窃原因采取相应的预防措施。

1. 防止员工偷盗行为。客房部的员工平时接触酒店和宾客的财物，因此，客房部应从实际出发，制订以下有效防范员工偷窃的措施：

(1) 聘用员工时，严格进行人事审查。

(2) 制订有效的员工识别方法，如通过工作牌制度识别员工。

(3) 客房服务员、工程部维修工、餐饮部送餐服务员出入客房时应登记其出入时间、事由、房号及姓名。

(4) 制定钥匙使用制度。客房服务员领用工作钥匙必须登记签名，使用完毕后将其交回办公室。

(5) 建立部门资产管理制度，定期进行有形资产清算和员工存物柜检查，并将结果公之于众。

(6) 积极开展反偷盗知识培训和对偷盗者的教育培训。

2. 防止客人偷盗行为。客房部制订科学、具体的“宾客须知”，明确告诉宾客应尽的义务和注意事项，也可以采取以下措施：

(1) 在酒店用品上印上或打上酒店的标志或特殊标志，使客人打消偷盗的念头。

（2）制作一些有酒店标志的精美的纪念品，如手工艺品等，给客人留作纪念。

（3）做好日常的检查工作，严格管理制度，杜绝不良客人的企图。

3. 防止外来人的偷盗行为。酒店周围可能会有一些不法分子盯着客人伺机而动，因此：

（1）加强楼层进出口控制及其他场所的不定时巡查。

（2）加强安全措施，对于有价值的物品（如景泰蓝花瓶）摆放在公共场所的，要注意保护。

（3）注意来往人员携带的物品，对于可疑人物尤其要高度重视。

操作流程

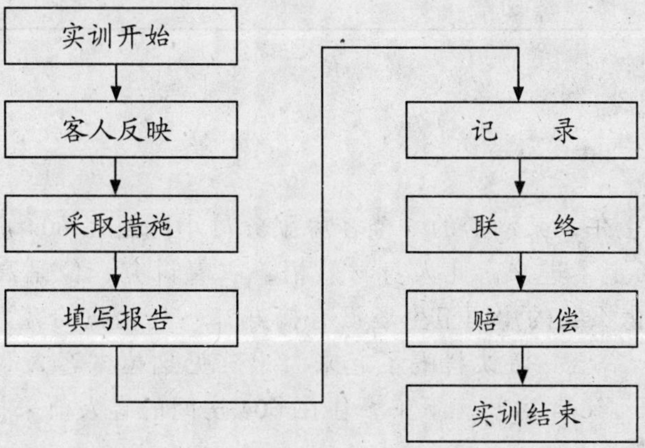

操作规范

操作步骤	主要操作内容	注意要点
一、客人反映	向客人表示歉意，并记录发生地点和丢失物品。	1. 正确记录。 2. 恰当询问（注意语气）。
二、采取措施	1. 通知保安部，并与保安人员共同到达现场。 2. 当客人与保安人员发生语言障碍时，负责翻译。 3. 协助保安人员在丢失地点查找丢失物品。 4. 若在工作现场未能找到丢失物品，请客人填写丢失报告并签字。	协助相关部门仔细勘察现场。
三、填写报告	1. 如客人在丢失报告中有指控酒店的内容，则不能签字。 2. 如客人有要求，可将丢失报告复印交给客人保存，总经理、住店经理、财务总监、客务总监和保卫部门各送一份丢失报告复印件。	应仔细推敲客人填写的丢失报告是否存在不利于酒店声誉的描述。
四、记录	记录整个事件过程。	
五、联络	随时与保安部联系，了解事态进展状况，以便及时将结果通知客人。	1. 对客人反馈信息及时。 2. 做好解释工作。

续表

操作步骤	主要操作内容	注意要点
六、赔偿	1. 如客人离店丢失案件尚未查明，而客人坚持要求赔偿时，向客人解释在客人登记住房卡上，已注明酒店关于丢失赔偿的政策。 2. 向客务总监报告，请示裁决办法。 3. 赔偿办法。若客人仍在住店，可供选择： (1) 从客人在酒店消费中的数目上减去赔偿金额。 (2) 将赔偿金额划到客人提供银行的账号上。 (3) 现金赔偿。 若客人已经离店，可通过客人留下的地址进行联系，协商决定赔偿方法。	1. 坚持酒店赔偿原则和程序。 2. 对店客之间存在的赔偿矛盾进行解释。 3. 若有必要，酒店可作出合理让步。 4. 处理过程有始有终。

能力测试

【场景一】 一天上午，某酒店的6楼客房服务员小陈正在604房间打扫卫生，房门开着，这时一位男子走了进来，此人身材魁梧，衣着讲究，像是高级客商，此人一进来就冲小陈喊到："怎么我的房间卫生还没有搞好？一会儿我的客人要来，快点打扫！"说着随手打开冰箱，拿出一瓶饮料喝了起来。小陈见这位"客人"着急了，于是就急急忙忙做完卫生离开了604房间。下午，住在604房间的客人前来报案，说在房间内丢失了8000元人民币。

通过反复观看酒店内部的监控录像后，发现有一男子曾多次在酒店大堂和客房闲逛，最后在6楼客房找到偷盗作案的机会。经服务员小陈辨认，此人正是她在604房间碰到的那位"客人"，案情真相大白。

请进行场景设计，并进行模拟演示。

【场景二】 楼层服务员在整理108房间时发现客人窗户门没有关，当时也没在意，心想开门通通风也好，但是没想到就是因为这个疏忽导致了客人价值4000元左右的相机不翼而飞。退房时客人投诉到大堂副理处，为查清事实真相甚至检查了监控录像，没有其他人从正门进入过，理由只有一个，那就是有人从一楼的窗户进入进行偷窃。

事故已经发生，作为酒店要承担一定的责任。请进行场景设计，并进行模拟训练。

考考你

1. 如何防止酒店员工的偷窃行为，请讨论。
2. 如果发生住店客人偷窃酒店客房物品，作为酒店方应如何处理？
3. 对于一些报假案的住店客人，酒店方该怎么办，请讨论。

实训项目五	停电事故处理
实训目的	通过教学演示和模拟训练，学员应了解酒店停电对客人带来的重大影响，掌握处理停电事故的程序及注意事项。
实训学时	实训授课 1 学时，共计 45 分钟。其中，教师示范 10 分钟，学员分组练习 30 分钟，考评 5 分钟。
实训要求	了解停电事故的危害；掌握处理过程。
实训方法	教师示范、分组练习、考评测试。

知识链接

停电事故可能是外部供电系统引起的，也可能是酒店内部设备发生故障引起的。停电常会造成诸多不便。因此，酒店须有应急措施，如采用自备发电机，保证在停电时能立即自行起动供电。客房部在处理停电事故方面，应该制订周密计划，使员工能从容镇定地应对。

操作流程

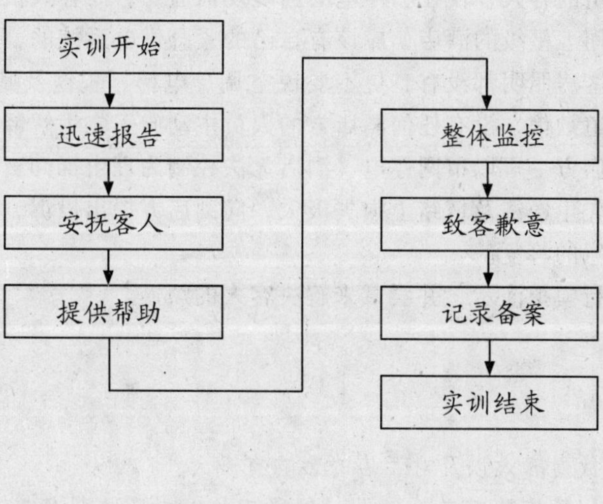

操作规范

操作步骤	主要操作内容	注意要点
一、迅速报告	保持镇定，立即通知客房部，由上级要求工程与动力部门查明原因。	1. 不能慌乱。 2. 快速汇报。
二、安抚客人	劝说和制止客人大声喧哗和乱跑动，使客人保持镇定。	关注客人异常。

续表

操作步骤	主要操作内容	注意要点
三、提供帮助	使用蜡烛、手电筒和应急灯等临时照明设备，及时帮助有需要的客人。	使用紧急照明，保证公共地方及主要通道的照明。
四、整体监控	派保安员到各主要电梯厅及酒店出入口维护秩序，监控中心和巡查保安员密切注视酒店各楼层。	防止有人趁机制造治安问题。
五、致客歉意	向客人道歉并解释原因。	真诚道歉。
六、记录备案	做好工作记录。	

能力测试

【场景一】 酒店意外停电，一位客人来退房。总台收银员小张帮这位客人退房，核对夜审打印的宾客余额表给客人进行手工结账，因宾客余额表是夜审，在夜间过账后打印的，该客人的部分电话（一般在晚24:00后）计费无法统计。客人因为要赶飞机，很急。

小张应如何应对才能尽可能减少酒店的损失？请设计场景，并进行模拟演示。

【场景二】 6月23日，王先生出差入住阳光大酒店，当晚收到酒店的道歉信，通知酒店从凌晨4点停电到次日下午1点（因电网维修）。次日下午再通知，停电到6点；事实上直到7点多供电才恢复正常。王先生当时非常气愤，质问大堂副理，停电这么大的事，为什么酒店不提前通知订房的客人，仅在临停电的当晚发信通知，令客人根本没有另外选择酒店的余地。而且作为一间五星级的酒店，应该有自己的紧急供电系统的，为什么没有保证客人的利益（连最基本的客房照明都没有，更不要说空调、电梯、餐饮及其他服务）？在停电期间，除了一封打印的道歉信，没有任何酒店方的人员主动向王先生解释事件的缘由，也没有任何安抚的措施，酒店方一概以市网停电、酒店无法控制为理由推卸责任。由于停电造成大部分服务缺失，令王先生经济及情绪上损失极大，向酒店方提出投诉，直至王先生离开，也没有得到一个令人满意的答复。

请设计场景，进行模拟演示，并尝试来解决客人的烦恼。

考考你

1. 请阐述停电事故对客人以及对酒店的影响有多大？

2. 对于突然停电，酒店员工应如何做好解释工作？对于乘机捣乱的客人，酒店应如何控制？

3. 停电时如何保证客人安全？来电后如何处理客人投诉？

实训项目六	客人受侵扰处理
实训目的	通过教学使学员了解目前酒店客房客人受侵扰的不同类型，掌握酒店在此方面应采取的预防措施和正确处理过程。
实训学时	实训授课1学时，共计45分钟。其中，教师示范10分钟，学员分组练习30分钟，考评5分钟。
实训要求	了解客人受侵扰的不同类型；掌握处理程序。
实训方法	教师示范、分组练习、考评测试。

知识链接

一、相关知识

客房部安全管理工作要预防外来侵入和骚扰事件。此类事件既影响酒店的正常营业，威胁着酒店、客人的名誉安全，也干扰、妨碍客人在酒店中的正常活动与休息。

1. 预防外来侵入。为防止住客在客房内遭受外来的侵扰，客房门上的安全装置十分重要，包括能双锁的门锁、安全链、无遮挡视角一般不低于160°的门镜、其他能进入客房的入口处的门（阳台门、连通门等）都应能上闩或上锁。

2. 预防骚扰。预防外来的对住客的骚扰，尤其是娼妓骚扰（往往采用打电话式），是客房安全管理中很棘手的一个问题，不但影响酒店的声誉和正常营业，而且也干扰了客人在酒店中的正常活动和休息，威胁着客人的安全。根据国内外一些酒店的经验，可以采取较为灵活的方法加以控制：

(1) 保安人员和服务人员不动声色地进行监视，一旦有娼妓嫌疑的人准备乘电梯上楼时，保安人员即用对讲机或电话通知楼层服务员，告知其特征，注意对其的“接待”。

(2) 当“客人”走出电梯时，客房服务员可让其办理访客登记手续，并以巧妙方式提问试探，必要时可委婉地请其上楼。

(3) 客房服务员应尽量记住住客和访客，特别是一些可疑者的特征，如发现异常情况及时向管理人员或保安部门报告。

(4) 可在酒店总机房安装电话来电显示器，如发现有相同号码的电话经常打往酒店不同客房时，可采取预防措施。

(5) 当客房部员工发现有住客带暗娼进房时，应报告酒店保安部。

二、住客受侵扰的预防

1. 加强电话控制。住客在房内可能会受到电话侵扰，针对这一点，酒店要加强对电话的控制，一是总机不要随便将外来的电话转接进客房，也不得将住客的情况向他人透露；二是客房的电话机要具备免打扰的功能。

2. 配备安全装置。客房内要配备一系列安全装置，以增强住客的防范能力。客房内的安全装置主要有安全牢固的门锁、安全链、窥视镜等。另外，其他能进入客房的门窗要上锁。

3. 增强客人安全意识。提醒客人不要为陌生人开门。

操作流程

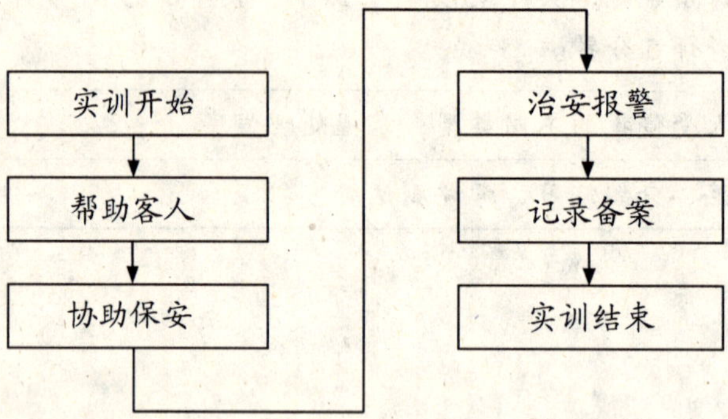

操作规范

操作步骤	主要操作内容	注意要点
一、帮助客人	发现客人在房间受到侵扰，服务人员应予以必要的帮助。	1. 要信任和维护客人。 2. 控制事态。
二、协助保安	情况严重的，请保安部人员前来解决。	保安部介入。
三、治安报警	如属于治安事故的，向当地公安机关报警，请求帮助。	1. 报警果断迅速。 2. 控制肇事者。
四、记录备案	做好记录并存档。	正确记录。

能力测试

【场景一】 7点45分的时候，前台打电话给赵经理说708的客人要见他，3分钟后，赵经理赶到前台，见是酒店的老客户，上前寒暄，问牛先生有什么不满意的地方。牛先生说要到房间去说。和牛先生到了708房间后，牛先生告诉赵经理，住在708房间的是他请的北京女客，客人反映在凌晨2点左右，有人进入她的房间，骚扰她，她在睡梦中醒来，对服务员进行了呵斥。听完客人的讲述后，赵经理立即联系保安主管检查凌晨此时段的录像，结果令人吃惊：值大夜的员工确实进入过客人的房间，而且进入客人房间门以前，也没有遵守酒店的进房程序，直接拿着工作卡进入了房间，在708房间大概呆了20多分钟才出来。

请设计场景，并模拟训练，说明该如何处理。

【场景二】 王女士与同事孙先生因公事至某地出差，入住当地宾馆。进入客房不久，房间电话突然响起，王女士接起一听，原来是推销化妆品的。起初也没太在意，但在之后的一个小时内，王女士陆陆续续接到近10个类似的电话，这使她感到十分不安全，索性搁起电话。

第二天，王女士听孙先生说他也同样接到了这些骚扰电话，并且除一些推销电话外，还有一些关于不正当交易的来电，令孙先生不堪其扰。更令人恼火的是，很大一部分来电者知道两人的姓名、工作单位等多种资料。

作为酒店，如何避免此类情况的发生？请设计场景，进行模拟练习。

考考你

1. 现在的宾馆经常能接到一些莫名的骚扰电话，请说明该如何解决？
2. 酒店方如何帮助客人预防骚扰？
3. 如果出现酒店员工打扰客人或客人骚扰服务员工，应该如何处理？

实训项目七	客人损物处理
实训目的	通过教学演示，要求学员了解客人损物赔偿制度，掌握在不同状态下针对客人的赔偿程序，强调损物处理有利于酒店和客人双方利益。
实训学时	实训授课 1 学时，共计 45 分钟。其中，教师示范 10 分钟，学员分组练习 30 分钟，考评 5 分钟。
实训要求	了解酒店客人损物的一般赔偿制度；熟悉处理流程；维护双方利益。
实训方法	教师示范、分组练习、考评测试。

知识链接

一、客人损物

客人在住店和逗留期间，有时会因种种原因，有意无意地损坏酒店的财务。为保护财物的安全，减少损失，酒店一般都酌情要求客人作相应的赔偿。

从法律角度讲，如果客人损坏了酒店的物品，酒店有权要求客人赔偿。我国《民法通则》第一百一十七条规定："损坏国家的、集体的财产或其他人的财产的，应当恢复原状或折价赔偿，受害人因此遭受其他重大损失的，侵害人并应当赔偿损失。"客人无论是过失或故意损害酒店的物品，都应当承担赔偿责任。

二、客人损物索赔措施

客赔问题相信是每一个员工都会时常面对和处理解决的一个让人非常头疼的事，但往往由于赔偿事件的性质不一样，客人的个人素质不尽相同，酒店员工处理问题的能力和水平也不相同，以及各酒店对待此类问题的规范不同，造成处理同一性质或同类问题出现很多的偏差。

1. 酒店处理此类问题的原则。如果客人损坏了酒店的物品，酒店有权要求客人赔偿。客人无论是过失或故意损害酒店的物品，都应当承担其赔偿责任。但客人面对的问题往往是酒店对客人损坏物品赔偿价定价过高，如一只口杯 100 元，一只烟缸 200 元，一把磁卡钥匙 50 元。为此，受到客人的投诉和消费者协会及媒体的批评。

客人赔偿应该是按物品的同等价格赔偿，或购买新的，或赔偿修理费，但不应该要求客人高价赔偿。很多因赔偿问题最终失去客户，还是由于酒店在赔偿问题上明显要价过高，造成一线员工处理上的两难局面。

2. 对处理赔偿问题的员工授权。作为酒店的经营者通常不愿意因为微小的损失而带来不良的后期负面效果。像这样的小问题，应该不难处理，该免则免，但酒店必须要准确授权，避免指令不清、责任不明、秋后算账，使勇于处理问题的员工承担不应承担的责任，从而打击员工的工作积极性和主动性，造成一线员工不愿承担责任。

但有的赔偿是必须要赔的，否则有可能会给酒店带来很大的损失，在处理时要注意方法。

3. 处理技巧。

(1) 判断客人情绪。如当告诉客人赔偿时，客人情绪激动，此时酒店大厅有很多客人，被索赔的客人这时会提高音调，引起别人的注意，就会让酒店处于被动。这时，处理人员可请客人到休息处说明情况；问题严重时，可以请客人到房间看损坏的物品，根据情况予以处理，做到赔偿自愿，不失客人的面子且挽回酒店损失。

(2) 语言处理。耐心地倾听客人的抱怨，不可对客人的语言分贝还高过客人；察言观色，客人情绪波动特别大时，学会忍让，可待客人情绪稳定后再处理。

(3) 赔偿物的鉴定及时准确。对赔偿物品鉴定需准确，报价准确，特别是巾类物品和床上用品。对入住时间久的顾客，当发现有赔偿时，在客人回来后及时告知客人，特别是地毯烟洞问题。客人要知道已损坏的物品是否必须赔偿。赔偿责任一拖就很麻烦。判断的另一点是一定要看当时情况，及时作出最佳处理方案。

操作流程

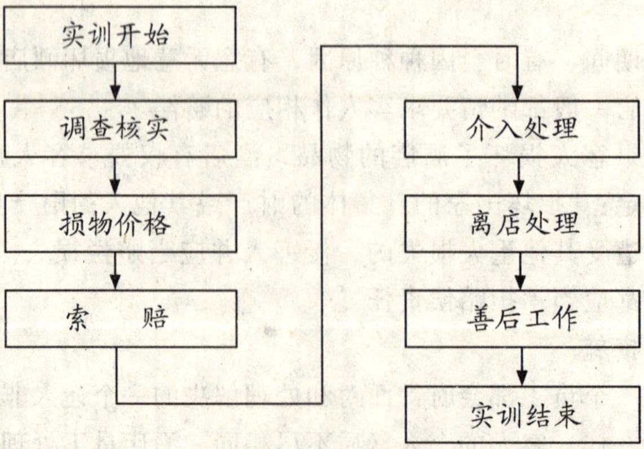

操作规范

操作步骤	主要操作内容	注意要点
一、调查核实	接到客房部通知客人损坏酒店财务的报告，亲自检查被损物品，与客人核实情况。	1. 确定损物。 2. 客人认可。
二、查阅价格	查阅被损物品的赔偿价格。	了解规定价格。
三、索赔	直接与客人联系，有礼貌地讲明酒店制度并要求赔偿。	1. 坚持索赔制度。 2. 注意说话语气。
四、被损物品物件小，价值可及时弥补的处理	1. 向损坏者表明酒店将保留向其索赔的权利，或及时判断赔偿金额，或付现金，或打入房账并填写赔偿单。 2. 若客人不在场时，先打入其房账并填写赔偿单，再留言，请其与大堂经理联系，由大堂经理向其解释说明。 3. 用相机拍摄现场。	1. 处理及时合理。 2. 在符合酒店利益范围内，适当照顾赔偿人的利益要求。 3. 努力作到有理有据。
五、被损物品物件大，价值无法及时弥补的处理	1. 判断是否有潜在危险，通知工程人员到场判断及时拆换或封锁现场危险区。 2. 向损坏者表明酒店将保留向其索赔的权利，或第一时间判断金额和索赔，或付现金，或打入房账，填写赔偿单。 3. 填写酒店财务损坏报告，连同现场照片呈交管理层及有关部门。	1. 消除潜在危险。 2. 在符合酒店利益范围内适当照顾赔偿人的利益要求。 3. 努力做到有理有据。
六、客人已离店后处理	若客人已经离开酒店而找不到当事人向其索赔，需记录事情经过于日志，向上级汇报。	追查怠事责任，维护酒店利益。
七、善后工作	1. 通知有关部门进行事后总结。 2. 将详细情况记录于值班日志上。	

能力测试

【场景一】 陈先生在办理退房手续时，酒店的工作人员让赵先生支付680元的物品赔偿金，他对此十分不解。酒店工作人员说，客人损坏了房间里的一个电水壶。损坏东西要赔偿，这个道理谁都懂。但陈先生感到很冤枉的是，自己并没有搞坏东西，可又拿不出有力的证据来。双方为此发生了争执。

由于陈先生无法证明不是自己所为，无奈之下，只好认赔。但酒店方提出的赔偿价格又让他大吃一惊：这个水壶要赔680元钱！既然只是壶盖脱落，经过简单维修仍可以继续使用，为何酒店却要求他赔偿整个壶呢？再说市面上卖的电水壶也就百十来块钱，怎么这里的电水壶一赔就近700元呢？经再三理论，酒店工作人员还是坚持必须赔整个壶，并拿出了物品价格赔偿表，表上标明价格为680元。但陈先生对此表上的价钱并不认同，因为上面既没有工商部门的盖章，也没有物价部门的批示。他要求对方出示购买水壶时的原始发票，遭到拒绝。

陈先生坚持不赔，但在入住之前酒店已经收取了2000元押金，不赔就从押金里扣。赵先生只好忍气吞声付给酒店680元作为赔偿金。

请设计一段场景，进行模拟训练，并讨论是否有更适合的解决方法？

【场景二】 1206房的张先生来前台办理退房结账手续，服务员说在1206房间内的地毯上发现有三个焦洞，形态像是客人弹烟灰所致，于是收银员小方按酒店规定向张先生提出索赔，按酒店的规定：每个焦痕赔50元。

"凭什么说这是我烫的烟洞？不说清楚，我坚决拒付赔款。"张先生扫视着一下子围过来的客人，理直气壮地说。

周围的客人都在观望。大堂经理走了过来，先把客人让到了大堂一角，不一会儿又把客房服务员小王叫来，小王回忆了昨天晚上的情景：1206房间的客人要打扑克，客房服务员小王在送扑克牌给客人时，看到房间内共有4个男人，谈笑风生，而且每个人都在吸烟，由于烟灰缸不够，有位客人还拿了个茶杯装烟灰，她马上到工作间又拿了三只烟灰缸为客人送去，以方便客人，同时也确保客房内地毯不至于被烟蒂烫坏。谁知客人还是把地毯烫了三个烟洞。大堂经理把这个情况解释给了张先生，并说："酒店为避免地毯被烫，专门提醒客人，在吸烟时请使用烟灰缸，不要往地毯上弹烟灰。"张先生自知不对，只好缴纳了赔款。

请设计一段场景，进行模拟训练。

考考你

1. 请结合第一个场景内容，讨论酒店带有明显的惩罚性赔偿是否合理？

2. 酒店方在对客人要求损物赔偿时应注意哪些环节？

3. 如果客人是无意损坏客房物品并且该物品的价值不高，酒店方是否能够对客免责处理？请讨论并说明理由。

实训课题　重大事件处理

实训项目一	客人死亡处理
实训目的	通过模拟住店客人死亡的情景训练，了解预防客人死亡的应急措施，掌握死亡处理程序和要点。
实训学时	实训授课1学时，共计45分钟。其中，教师示范10分钟，学员分组练习30分钟，考评5分钟。
实训要求	了解酒店预防客人死亡的措施；掌握客人死亡的处理程序。
实训方法	教师示范、分组练习、考评测试。

知识链接

一、住客死亡

住客死亡是指客人在住店期间因病死亡、意外事件死亡、自杀、他杀或其他原因不明的死亡。除前一种属正常死亡外，其他均为非正常死亡。

二、预防措施

1. 房内有安全告示或须知。
2. 提醒客人保持警惕，增加防范意识。
3. 不要将自己的房号告诉陌生人。
4. 平时多留意神情、行为异常的客人，并对客人多加关心。
5. 加强对楼层的安全管理。

操作流程

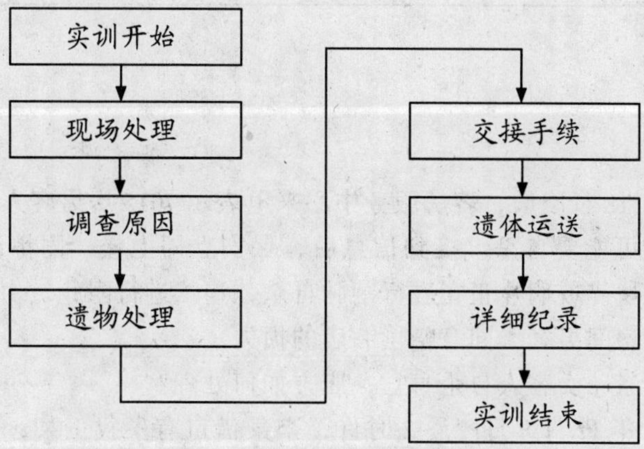

操作规范

操作步骤	主要操作内容	注意要点
一、现场处理	1. 接到客人死亡报告后，立即亲自前往现场。 2. 通知保卫部总监和酒店医生。 3. 证明死亡后，保护现场。 4. 通知总经理和副总经理。	1. 保护现场。 2. 医生到场。 3. 确定是否已经死亡。

续表

操作步骤	主要操作内容	注意要点
二、调查原因	1. 协助保卫部调查客人死亡原因。 2. 如查明属自然死亡，通知医院出示死亡证明。 3. 如属其他原因造成死亡，请公安局调查并等待结果。	死亡原因一定要明确。
三、遗物处理	1. 与保卫部合作，清理客人遗物并列出清单。 2. 房间上双锁。 3. 保存客人住宿登记卡和身份证。	保证客人遗物完整无缺。
四、交接手续	1. 与死者家属或使馆联系。 2. 确定遗物处理权。 3. 将遗物转交死者家属或使馆，进行登记。	全部归还客人遗物，并登记签字。
五、遗体运送	1. 不得通过大厅和厨房。 2. 单独使用一部服务电梯。 3. 安排救护车后门等候。	
六、详细纪录	记录全部处理过程。	

能力测试

【场景一】 10 月 18 日凌晨，客房服务中心来电表示 7015 房男客人反映其妻子将自己反锁在卫生间里，估计可能要自杀。接到信息后，保安立即上楼，因情况紧急，保安破门而入，发现一女子用一块碎玻璃片正在进行割脉自杀，连忙进行阻止。由于破门及时，该女子无任何危险，同时，房间男客人同意赔偿酒店的损失。

请设计另一种场景：女客人自杀身亡，店方如何处理？

【场景二】 2007 年 12 月 8 日凌晨 2 时许，李某借口有事找王某，叫客房部服务员打开 503 房门，服务员在没有请示王某的情况下，为李某开启了 503 号房门并随即离开。此时，李某正处于睡眠之中……次日早上，酒店方面发现王某遇害。经法医鉴定：王某是受钝性暴力阻塞呼吸道致机械性窒息死亡。

请设计场景：酒店方犯了什么错误？应该如何补救？

考考你

1. 讨论：如果客人在客房自杀身亡，责任在谁？
2. 请列举客人自杀前有哪些症状？
3. 如果死亡客人的家属到酒店吵闹，酒店该如何处理？

实训项目二	火灾应急处理
实训目的	了解火灾的国家标准及常用的灭火方法，掌握发生火灾的处理程序。
实训学时	实训授课1学时，共计45分钟。其中，教师示范10分钟，学员分组练习30分钟，考评5分钟。
实训要求	了解灭火的基本方法；掌握火灾处理的程序。
实训方法	教师示范、分组练习、考评测试。

知识链接

一、火灾国家标准

1. 普通物品火灾（A类）。由木材、纸张、棉布等固体所引起的火灾。

2. 易燃液体火灾（B类）。由汽油、酒精等所引起的火灾。

3. 可燃气体火灾（C类）。由液化石油气、煤气等所引起的火灾。

4. 金属火灾（D类）。由钾、钠、镁等物质引起的火灾。

二、灭火方法

1. 冷却灭火法，将燃烧物的温度降到燃点以下，使燃烧停止。

2. 窒息灭火法，是采用一定方法隔绝空气或减少空气中的含氧量，使燃烧物得不到足够的氧气而停止燃烧。

3. 隔离灭火法，是把正在燃烧的物质同未燃烧的物质隔离开来，使燃烧不能蔓延。

4. 抑制灭火法，用有抑制作用的化学灭火剂喷射到燃烧物上，参与化学反应，与燃烧反应中产生的游离基结合，形成稳定的不燃烧分子结构而使燃烧停止。

三、火场逃生九法

1. 绳索自救法：可用床单、窗帘结成绳索，将其一端拴在门、窗、暖气或重物上沿绳索爬下。

2. 匍匐前进法：由于火灾发生时烟气大多聚集在上部空间，因此在逃生过程中应尽量将身体贴近地面匍匐或弯腰前进。

3. 毛巾捂鼻法：火灾烟气具有温度高、毒性大的特点，一旦吸入后容易引起呼吸系统烫伤或中毒，因此疏散中应用湿毛巾捂住口鼻，以起到降温及过滤的作用。

4. 棉被护身法：用浸泡过的棉被或毛毯、棉大衣盖在身上，确定逃生路线后用最快的速度钻过火场并冲到安全区域。

5. 毛毯隔火法：将毛毯等织物钉在或夹在门上，并不断往上浇水冷却，以防止外部火焰及烟气侵入。

6. 搭桥逃生法：可在阳台、窗台、屋顶平台处用木板、竹竿等较坚固的物体搭在相邻建筑，以此作为跳板过渡到相对安全的区域。

7. 跳楼求生法：火场切勿轻易跳楼！在万不得已的情况下，住在低楼层的居民可采取跳楼的方法进行逃生。但要选择较低的地面作为落脚点，并将席梦思床垫、沙发垫、厚棉被抛下做缓冲物。

8. 管线下滑法：当建筑物外墙或阳台边上有落水管、避雷针引线等坚固竖直管线时，可借助其下滑至地面，同时应注意一次下滑时人数不宜过多，以防止逃生途中因管线损坏而致人坠落。

9. 固守待援法：当实在无路可逃时，可利用卫生间进行避难，用毛巾紧塞门缝，把水泼在地上降温，也可躺在放满水的浴缸里躲避。但千万不要钻到床底、阁楼、橱柜等处避难，因为这些地方可燃物多，且容易聚集烟气。

操作流程

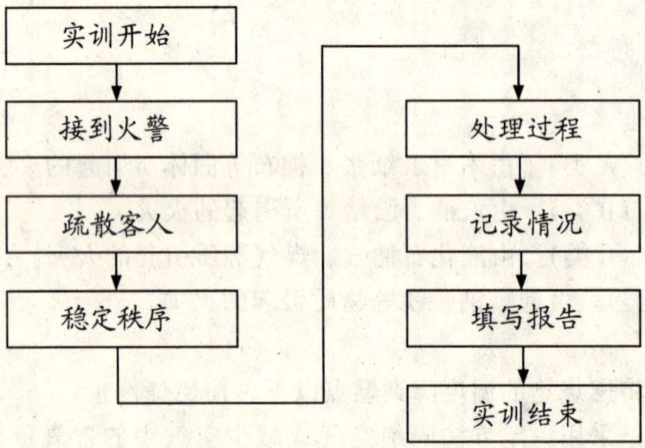

操作规范

操作步骤	主要操作内容	注意要点
一、接到火警	1. 接到火警通知，应立即赶赴现场，确认火灾后，马上调动保安部人员到场。 2. 迅速通知接待处打印客房号。 3. 报告总经理，副总经理。 4. 通知值班医生。	1. 及时赶到现场。 2. 医生作好救护准备。
二、疏散客人	1. 与保安经理携万能钥匙、紧急钥匙逐层逐房巡查，疏导客人走消防通道。 2. 确认无客人滞留后，通知楼层服务人员撤至广场空地。 3. 做好安抚工作，回答询问可答：情况正在调查中。	确保每一个客人离开客房区。
三、稳定秩序	1. 接到总指挥疏散返回酒店命令后，通知客人返房，由低开始逐层进行，指示客人走楼梯，并由客房部人员校对证件。 2. 电告总机负责处理客人提出各种问题。	1. 引导客人回房。 2. 防止有人趁乱作案。

续表

操作步骤	主要操作内容	注意要点
四、处理过程	1. 有关当日房租酒水等问题请示上级作灵活处理。 2. 与保安部经理返回现场拍摄照片。 3. 如有人员伤亡，马上联系医院，作好送院准备。	
五、记录情况	1. 记录火警详情，包括地点、时间、参加扑救人员、报警人员、伤亡人员、被救人员等。 2. 记录救援进展情况、起火原因、消防队到达时间及结果等。	
六、填写报告	将书面报告呈交管理层。	

能力测试

【场景一】 23时40分左右，住在起火房间对面的日本客人健一边突然听到门外有异常响声，打开房门发现走廊里已是烟雾弥漫。他一边敲打着其他客房的房门，一边设法逃生，其凭记忆低身沿白天熟悉过的疏散通道撤至安全区。一些外宾被叫醒后，发现浓烟太大，无法沿疏散通道撤离，利用床单结绳下至其他楼层逃生；一些外宾用湿棉被将房门封闭，阻止烟气进入，直至消防救援人员赶到。而一些中国客人面对火灾，手慌脚乱，无应急措施，很多人被烟气熏呛致死。

请设计场景，发生大火灾时，有哪些办法可以逃生？

【场景二】 全世界每年发生在宾馆酒店内，一次性造成50人以上死亡的大火近400起，死亡3万多人。造成人员大量死亡的主因，大都是人们对在大火中逃生的概念几乎一无所知。因此，真正被大火烧死者同被烟雾窒息而死，因惊慌而盲目逃生致死者的比例是1∶4.5，这就说明火场逃生的可能性还是相当大的。

1990年2月25日，江苏省天华宾馆由于电线短路引燃地毯，造成14死11伤，其中有13人是窒息死亡，只有1人是烧死的。

请设计场景，说明为什么不是烧死而是窒息死亡？

考考你

1. 酒店中有哪些地方最容易引起火灾？
2. 如果火势凶猛，该如何保护自己？
3. 酒店客房内为什么都有“请勿卧床吸烟”的警示？

实训项目三	自然灾害处理（以台风为例）
实训目的	通过模拟情景训练，了解自然灾害及其带来的巨大危害，掌握一般酒店预防措施以及特殊处理程序。
实训学时	实训授课 1 学时，共计 45 分钟。其中，教师示范 10 分钟，学员分组练习 30 分钟，考评 5 分钟。
实训要求	掌握自然灾害的概念；掌握台风应急处理程序。
实训方法	教师示范、分组练习、考评测试。

知识链接

一、何为自然灾害

“自然灾害”是人类依赖的自然界中所发生的异常现象，自然灾害对人类社会所造成的危害往往是触目惊心的。它们之中既有地震、火山爆发、泥石流、海啸、台风、洪水等突发性灾害；也有地面沉降、土地沙漠化、干旱、海岸线变化等在较长时间中才能逐渐显现的渐变性灾害。

二、预防措施

1. 要把预防自然灾害作为安全工作的重要内容。
2. 根据本酒店所处地域及可能遇到的自然灾害，制定相应预警方案。

操作流程

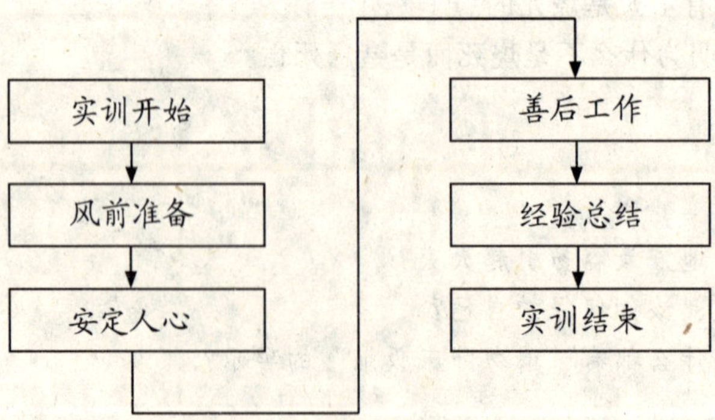

操作规范

操作步骤	主要操作内容	注意要点
一、风前准备	听到气象部门有关台风预警时，马上通知： 1. 所有员工留在宿舍或酒店待令，不许外出。 2. 礼宾部将台风预警牌置于大堂电梯入口处，由大堂经理调校风向字眼。 3. 楼层不关闭所有门窗。 4. 巡视酒店，发现不妥立即通知有关部门跟办，确保所有部门已采取适当安全有效的防范措施。 5. 回答客人各种咨询及向管理层报告台风动向。 6. 随时留意气象部门最新气象讯息。	提醒客人注意安全，保持酒店秩序稳定。
二、安定人心	1. 帮助客人查询交通信息。 2. 配合值班经理及管理层的工作。 3. 确保台风来临时所有人员能在岗工作。	
三、善后工作	查看酒店各公共区域有无财务损坏，咨询各部门有无财务损坏；将资料汇总呈交管理层。	损失确认，缺补坏修。
四、经验总结	在本次应急处理后，结合现场情景，进行经验交流，总结得失。	

能力测试

【场景一】 国庆节，小赵和小许的婚礼仪式在当地一家最气派、最豪华的大酒店门前隆重举行，双方亲朋好友应邀出席。坐在正中首席的正是小赵年已九旬的祖母。正当婚礼结束，亲朋进厅赴宴时，一阵约九级的强风刮来，轰的一声巨响，2 块约 2 平方米的蓝玻璃突然从 10 米高空坠下，正好击中小赵祖母头部，致其顿时头破血流，瘫倒在地，不省人事。婚宴不得不暂停。为救人，全家人惊慌失措，忙成一团，后经医院多方及时抢救，命虽保住了，却落下了终身瘫痪的后遗症，光医疗费就花去了 1.5 万余元。

事故发生后，小赵父母多次找酒店协商有关赔偿事宜，但均被酒店拒绝。酒店将“球”踢到装修单位（已名存实亡），装修单位原负责人则强调，狂风大作，属不可抗拒的自然灾害，玻璃幕墙遭狂风袭击而坠塌落属于天灾，他们无法承担赔偿责任。无奈之下，他们一纸诉状告到法院，把该大酒店及装修单位推上了被告席。

请设计场景，说明如何处理意外事故。

【场景二】 无锡红苹果酒店的客房内，客人正在收看有线电视播出的电视节目时，突然一声闷雷，电视机的图像、声音全部消失，以后再收看也声像全无。经调查，当天雷击时，由于转播台的避雷装置质量不合格，致使雷击时强烈的放电通过天线传递到用户家中，使电视机被击坏。酒店方认为是客人使用不当造成的，要求赔偿；而客人则认为雷击是不可抗的自然力，不该赔偿。

请设计场景，并说明该问题如何处理？

考考你

1. 地震发生时，人应该呆在哪里？
2. 台风暴雨袭来时，客房部员工应做些什么？
3. 如果酒店真的遇到了自然灾害，酒店的处理原则是什么？

案例解析

对客服务既要用心也要用脑

住在某酒店412房的刘小姐见到隔壁413房间的客人衣着光鲜、穿戴时尚，遂起歹意。当她看到并确认该房客人离开房间、房内无人后，就佯装成413房的房客，站在413门口给服务中心打电话，要求楼层服务员送一瓶开水到413房。

服务员很快将水送到413房，见该小姐站在门口，就将水瓶递给她，刘小姐谎称，房卡忘带出来，请服务员开一下门。该服务员见状，立即为该小姐微笑着打开413房间的房门，然后离去。刘小姐进房后，立即将房内客人携带的贵重物品拿走，并马上到总台办理了退房手续。

413房客人回来后，发现自己的贵重物品不见了，便打电话问服务中心，询问是否有人进她的房间。服务中心告知，曾有一位小姐说413房要开水，该客人立即明白她的东西已经被该小姐偷走，严厉要求酒店承担责任。

【评析】 乍看起来，这类骗术不好防，这位楼层服务员很无辜。那么，如何避免本案例类似的问题发生呢？

一是要记住每一位入住客人的外貌和房号。作为楼层服务员，一定要训练自己迅速熟记每一位入住客人的外貌特征和房号的本领，这是基本功，是干好本职工作的要求。更进一步，还要尽可能记住客人的姓名甚至偏好，这是个性化优质服务的要求。本案例中的服务员如果做到了这些，那么这位小姐的骗术就会立马穿帮。

二是要提高识别判断能力。服务工作要用心还要用脑，本案例中的服务员工作很热情，客人提出的送水要求马上予以满足，而且很热心，客人提出要她帮助打开房门的额外要求，她也不假思索照办。正是这份热心，中了这位客人的奸计，好心办了坏事。这说明有时工作光用心还不够，还要用脑，也就是遇事要有起码的判断，不能客人要求什么就做什么。因为酒店是个小社会，什么样的客人都有。如果这位服务员当时稍微有点判断能力，想想给客人送开水一般哪有客人站在门外等的？而且客人还被反锁在门外？急客人所急是对，但也要想"客人所想"，及时察觉客人的真实意图，才能防止上当受骗。

三是要健全和落实万能卡管理制度。在楼层，一方面对万能卡由谁保管和使用应该作出明确规定，通常由每一个楼层值台服务员保管，没有设楼层值台服务员的，也应该指定有经验的专人（一般是领班）负责。另一方面，当客人需要开门时，一般应由万能卡保管者负责开门，拿不准该客人的房号时，应该避开客人，马上与总台取得联系，问清楚需要开门的房间的住客姓名，然后询问提出开门申请客人的姓名，核对无误后，方可以给客人开门，这是从根本上杜绝此类问题发生的关键。

主要参考文献

1. 朱承强:《饭店客房管理》,旅游教育出版社 2005 年版。
2. 何丽芳:《酒店服务与管理案例分析》,广东经济出版社 2005 年版。
3. 范运铭:《客房服务与管理案例选析》,旅游教育出版社 2005 年版。
4. 于英丽:《前厅客房服务技能实训教程》,东北财经大学出版社 2006 年版。
5. 徐文苑等:《饭店前厅管理与服务》,清华大学出版社 2006 年版。
6. 张润钢:《客房管理规程》,经济科学出版社 2000 年版。
7. 梭伦:《客房管理实务》,中国纺织出版社 2001 年版。
8. 翁汉平:《前厅客房服务与管理》,武汉大学出版社 2006 年版。
9. 劳动和社会保障部组织编写:《客房服务员》,中国劳动社会保障出版社 2004 年版。
10. 沈忠红:《现代饭店前厅客房服务与管理》,人民邮电出版社 2006 年版。
11. 孟庆杰等:《前厅客房服务与管理》,东北财经大学出版社 2002 年版。
12. 栗书河:《客房服务训练手册》,旅游教育出版社 2006 年版。
13. 吴军卫:《旅游饭店前厅与客房管理》,北京大学出版社 2006 年版。